公共政策学

石橋章市朗/佐野 亘/土山希美枝/南島和久

［著］

ミネルヴァ書房

は し が き

　公共政策系の学部・大学院が設置されるようになってから30年近くの歳月が経過した。現在，数多くの公共政策学のテキストが出版されている。公共政策学と銘打つテキストの共通点は合理化への志向にある。この合理化志向は，都市化の進展，科学技術の高度化によって，社会そのものが合理性の度合いを高めようとしていることと深く関係してきた。

　他方で，こうした技術的・経済的な合理化から取り残されていくものへの危機感もいっそう顕著となっている。2011年3月11日に発生した東日本大震災，およびそこから派生した東京電力福島第一原子力発電所の事故は，技術的・経済的な合理化の負の側面を浮き彫りにするものであった。また，経済合理性を求めて大都市圏に人口が集中する裏側で，さらなる人口の減少や地方消滅の危機も注目を集めるようになっている。こうした合理化の潮流から取り残されていくものは，私たちの社会そのものの民主的なありようを問いかけてやまない。

　本書は，旧ミネルヴァ書房版の『公共政策学』から15年の時を経て，再び，「民主主義と政策」を問うものである。そこで焦点となるのは政府と政策との関係である。この15年の間に，日本の政治・行政ではさまざまな変化が生じた。55年体制の崩壊と政権交代時代の到来，中央省庁等改革や地方分権改革に端を発する統治構造の改革，18歳選挙権の実現，これを踏まえた高校の地理歴史・公民科目の再編などがそれである。

　上記のうち，大学で学ぶ公共政策学との関係で特筆されるのが，高校の地理歴史・公民科目の再編である。2018年2月に発表された高等学校学習指導要領改訂案（2022年度より導入予定）では，新たに「地理総合」「歴史総合」「公共」の必須科目化が謳われた。このうち高校の「公共」は，大学で学ぶ「公共政策学」と接続していくことになろう。

　この改訂案を導いた中央教育審議会の答申では，「公共」のコンセプトは，「現代社会の諸課題を捉え考察し，選択・判断するための概念や理論を，古今

東西の知的蓄積を踏まえて習得するとともに、それらを活用して自立した主体として、他者と協働しつつ国家・社会の形成に参画し、持続可能な社会づくりに向けて必要な力を育成する」と表現されていた。このコンセプトと表裏の関係にあったのが「18歳選挙権」の導入であった。大学の公共政策学ではこうした新たな科目、「公共」の登場を踏まえつつ、これを発展させ、異質な他者、価値の相克、葛藤や対立などを交えながら学びを展開させるものとなる。

公共政策学の発展とともにあった平成の時代も終わろうとしている。私たちは、これから新しい時代を迎えていく。その新しい社会における民主主義をいっそう深化させることが、公共・公共政策学に期待されていることである。それは、旧ミネルヴァ書房版の『公共政策学』の視座でもあった。あえて旧版と同じ書籍タイトルを掲げて本書を世に問う意義はこれである。

本書は、ミネルヴァ書房の堀川健太郎氏および石原匠氏のご協力がなければ、到底実現できなかった。記して謝意を表したい。

本書を松下圭一先生に捧げる。松下先生は初代の公共政策学会会長を務められるとともに、長年にわたり日本の公共政策学の理論的指導者でもあった。先生は2015年5月6日に永眠された。ご冥福をお祈りする。

2018年5月

執筆者一同

公共政策学

目　次

はしがき

序　章　視　座——公共政策と現代社会 ……………………………… I
　　1　公共政策学の視座 …………………………………………… I
　　2　政策を取り巻く環境の変化 …………………………………… 2
　　3　本書のコンセプトと構成 ……………………………………… 16

第Ⅰ部　いまなぜ公共政策か

第1章　政　策——政策の概念とその定義 ……………………… 21
　　1　公共政策学とは何か ………………………………………… 21
　　2　政策の定義 …………………………………………………… 24
　　3　3つの理念型 ………………………………………………… 27
　　4　公共政策学の学問的構成 …………………………………… 34

第2章　歴　史——公共政策の今日的位相 …………………… 41
　　1　歴史的発展モデル …………………………………………… 41
　　2　近代以前の国家 ……………………………………………… 43
　　3　近代国家の成立 ……………………………………………… 49
　　4　近代的合理化の試み ………………………………………… 54
　　5　現代化とそれに伴う諸課題 ………………………………… 59

第3章　市　民——政策の民主的制御 ………………………… 65
　　1　市民と政府と政策の関係 …………………………………… 65
　　2　三層化する政府と市民 ……………………………………… 70

目　次

　　3　政府政策の過程と市民……………………………………73
　　4　市民の意思は政府政策を制御するか……………………81

第4章　自　治——市民政策の展開………………………………91
　　1　社会の共有基盤としての公共政策………………………91
　　2　自治の政策主体としての市民……………………………97
　　3　市民自治の政策基盤………………………………………100
　　4　自治・共和・公共——政策と熟議………………………107

第Ⅱ部　政策過程とは何か

第5章　形　成——問題から解決策へ……………………………115
　　1　アジェンダ設定……………………………………………115
　　2　政策立案……………………………………………………124
　　3　政策と政治の交錯…………………………………………128

第6章　決　定——合理性と制度…………………………………139
　　1　決定アジェンダと政策の窓モデル………………………139
　　2　決定とは何か………………………………………………142
　　3　合理的な決定とインクリメンタリズム…………………144
　　4　アリソン・モデル…………………………………………149
　　5　政策決定と政治家…………………………………………154

第7章　実　施——行政活動とその変容…………………………163
　　1　政策実施の視点……………………………………………163

2　実施研究の拡張 …………………………………………………169
　　3　行政改革と政策実施 …………………………………………175
　　4　トップダウンか，ボトムアップか ………………………181

第8章　評　価——アカウンタビリティと改善 ………………185
　　1　政策評価の概念 ………………………………………………185
　　2　日本の政策評価 ………………………………………………191
　　3　政策過程と政策評価 …………………………………………196
　　4　プログラムの概念 ……………………………………………200

第Ⅲ部　政策をどうデザインするか

第9章　問　題——調査と構造化 ………………………………213
　　1　政策デザインとは何か ………………………………………213
　　2　問題の性質 ……………………………………………………215
　　3　問題状況の調査 ………………………………………………222
　　4　問題構造と定式化 ……………………………………………228

第10章　手　段——政策のツールボックス …………………237
　　1　さまざまな手段 ………………………………………………237
　　2　人々の行動を変える …………………………………………239
　　3　サービスの提供 ………………………………………………251
　　4　社会的解決の支援 ……………………………………………253
　　5　どの手段を選択すべきか ……………………………………258

目　次

第11章　文　脈——状況への配慮 …………………………………… 261

1　コンテクストとは何か ……………………………………… 261

2　政策手段にとってのコンテクスト ……………………… 263

3　政策デザイナーにとってのコンテクスト ……………… 271

4　政策内容に関するコンテクスト ………………………… 276

5　政策デザイナーの解釈枠組み …………………………… 281

第12章　価　値——政策の規範 …………………………………… 283

1　政策デザインにおける価値の重要性 …………………… 283

2　公共的な価値 ………………………………………………… 290

3　諸価値の衝突と調整 ……………………………………… 301

4　社会的な対話のために …………………………………… 305

```
── Column ──
①政治政策の変化……8　②行政機関と政策(1)──予算……30　③行政機
関と政策(2)──法律……35　④18歳選挙権……47　⑤参加型政策分析……
60　⑥常設型住民投票の意義……72　⑦常設型住民投票の課題……83
⑧憲法政策論……102　⑨政策法務……108　⑩政策論争とメディア……121
⑪観光政策の形成……131　⑫日銀の独立性と金融政策……146　⑬ビッグ
データと AI ……156　⑭藤田宙靖の「必要性論」と「効率性論」……168
⑮センター試験と政策実施……180　⑯自殺対策の評価……193　⑰政策終
了論……201　⑱ブレグジットと政策規範……220　⑲高等教育と政策論
……232　⑳ゲーミフィケーション……245　㉑費用便益分析……255　㉒
非理想理論……270　㉓児童虐待と政策の断片化……287　㉔ケイパビリテ
ィ……292　㉕デザイナーベイビー……297
```

人名・事項索引……307

序　章

視　座
──公共政策と現代社会──

── この章のねらい ──

　序章では，公共政策学の基本的な視座を説明したうえで，なぜ，いま，公共政策について議論しなければならないのかについて考える。

　近年，日本の公共政策，特に政府政策を取り巻く環境は大きく変化しつつある。本章では，国際情勢の変化，政府財政の状況，中央地方関係の変容，人口構造の変化，環境問題および災害，科学技術の進歩，情報化社会の進展の7項目を取り上げる。これらの状況の変化をふまえることで，私たちが，なぜ公共政策と向き合わなければならないのかということについて，理解を深めていくことができるだろう。

1　公共政策学の視座

　現代社会において，公共政策は私たちの生活の基盤そのものであるといってよい。現代社会に生きる私たちは，公共政策と無縁のままでいることはできない。

　公共政策をめぐっては，時として私たちの社会のあり方そのものを左右するような大論争も巻き起こる。民主主義のもとでは，公共政策をめぐる論争について，だれもが自分の意見を述べる権利を持っている。しかしこのことはそのまま，だれもが適切な判断を下すための十分な能力を有していることを意味していない。大学で学ぶ公共政策学，あるいはその関連科目は，現代社会を生きる私たちが市民的教養を身につけるための糧として重要な意味を持っている。

　公共政策をめぐる論争は，しばしば政治の舞台において先鋭化する。特に選挙の際には，与野党の間で激しい政策論争が繰り広げられる。また，議会においては，与野党の間に説得・妥協・取引・駆け引きを交えた激しい攻防が展開

する。選挙や政治は，それ自体が権力闘争の一環であると同時に，私たちの社会の未来のあり方にかかわる枠組みを提供するものともなる。

政治に付随する権力闘争の側面に目を向けるなら，そこでは数々の人間ドラマをみることになる。この人間ドラマをみるとき，私たちはそれを鑑賞する「観客」となる。

しかし，政治がうみだす結果や影響，すなわち，私たちの社会の未来のあり方にかかわる側面に目を向けるならば，私たちは自分自身を「当事者」として規定しなければならない。「観客」ではなく「当事者」としての私たちは，社会のあり方に関する責任を分有する存在である。たとえば，選挙の結果はそれを選んだ私たちの責任であるといわれる。また，私たちがその選択を間違えたとしても，その責任は私たち自身が負わなければならない。その選択は個々人の判断だけでおこなわれるのではなく，私たちが所属する社会全体の判断としてなされるものであるが，それが自分の選択と異なるからといって免責されることはない。

序章では，特に近年の公共政策学に求められている背景をあらためて整理しておくことにする。ここでは，日本の公共政策を取り巻く近年の環境変化について主要なものを説明する。

序章で取り上げるのは，「国際情勢の変化」「政府財政の状況」「中央地方関係の変容」「人口構造の変容」「環境問題および災害」「科学技術の進歩」「情報化社会の進展」の7項目である。

2　政策を取り巻く環境の変化

国際情勢の変化

戦後の国際関係の中心にあったのは東西の冷戦構造であった。冷戦構造下の国際政治では，資本主義・自由主義陣営と共産主義・社会主義陣営とにわかれ，激しいイデオロギー対立が展開してきた。そして，この対立が最高潮に達したのが，1962年10月の「キューバミサイル危機」であった。このとき，米ソ両国の間では，全面核戦争が起きる直前であったとまでいわれている。

1980年代後半に入ると，共産党独裁体制の打破と市場主義経済への移行を伴

う東欧諸国の民主化革命が連鎖的に起きはじめた。この一連の動きの象徴が，1989年11月9日の「ベルリンの壁の崩壊」であった。さらに，1991年12月にはソビエト社会主義共和国連邦（ソ連またはソ連邦）の構成共和国が独立する中で，ついにソ連邦，ソ連ブロック，それを前提とした冷戦構造が崩壊した。

　冷戦構造の崩壊は，日本の政治情勢にも強い影響を与えた。戦後の日本政治の枠組みは，東西冷戦構造下の対立の一環として「55年体制」（升味準之輔：政権党たる自由民主党と野党たる日本社会党との対立構図）と呼ばれていた。この体制は，戦後の政党政治の基本的な枠組みであった。しかし，東西冷戦構造が崩壊すると，イデオロギー対立とは異なる，政策面における政党間競争が必要であることが主張されるようになっていった。また，こうした政治的文脈の中で政治改革が求められ，自民党の分裂劇が起き，1993年には細川護熙を首班とする非自民の連立政権が誕生し，38年間続いた55年体制は崩壊するに至った。

　ソ連ブロックの崩壊後，多くの東欧諸国は資本主義経済体制への移行をめざし，世界経済はグローバリゼーションの波にさらされるようになった。これを受け，2000年代の日本でも民営化や規制緩和をはじめとする「新自由主義的政策潮流」が席巻するようになった。ところが，2008年にリーマンショックが起きると，行きすぎた自由主義経済体制に対する疑念の声が聞かれるようになった。同時期，アメリカでは共和党から民主党への政権交代が起き，2009年1月にバラク・オバマ（B. Obama）政権が誕生した。また，同年9月には，自公連立政権から民主党等連立政権への政権交代が起き，鳩山由紀夫政権が誕生した。

　リーマンショックに端を発する景気後退は，グローバリズムの負の側面に注目を集める契機ともなった。政治的には「反グローバリズム」と「ナショナリズム」の動きが連動しながら，経済的保護主義の動きが加速するとともに，いわゆる「ポピュリズム政治」の台頭がみられるようになった。イギリスのブレグジットやアメリカのドナルド・トランプ（D. Trump）政権の成立過程もこうした観点から説明されることが少なくない。

　このようにみてくると，日本の政治や政策の変容も国際政治・国際関係と無縁ではないといえる。特に安全保障政策に関しては国際政治の動向を顕著に反映している。近年の動きを振り返っておくと，防衛庁から防衛省への昇格（2007年），集団的自衛権の行使容認をめぐる憲法9条の解釈の変更（2014年），

これに基づく平和安全法制の制定（2015年），防衛施設庁にかわる防衛装備庁の設置（同年），ついで憲法9条や緊急事態条項をめぐる憲法改正論議などがある。これら一連の動向は，アメリカ，ロシア，中国，韓国，北朝鮮など日本と隣接する国際政治情勢の変化と無縁ではない。

政府財政の状況

　政府政策のあり方を検討する際にはその財政面の構造について一定の理解があることが望ましい。2017年の歳入・歳出状況を例にとりながらみておこう。

　まず，2017年度の一般会計歳出だが，その総額は97兆4547億円であった。内訳は社会保障費が約33％，地方交付税交付金等が16％，公共事業費，文教・科学技術振興費がそれぞれ約6％，防衛費が約5％，その他諸費が約10％，国債費が約24％であった。これに対し，一般会計歳入総額の内訳は，租税・印紙収入が約59％，その他の収入が約6％，公債金収入が約35％であった。単年度でいえば，租税収入等でまかなえているのはおおむね6割であった。そして，30％強が，いわゆる借金によって補塡されていた。

　税収は中長期のトレンドでみれば，40兆円から60兆円の間で推移している。平成年間でもっとも税収が低かったのは2009年の38.7兆円であった。逆にもっとも税収が高かったのは1990年の60.1兆円であった。その差は20兆円程度である。差額の補塡は国債や基金の取り崩しなどで埋め合わされてきた。もちろん税収の高低は景気動向と連動する。不況になれば税収は伸びず，好景気になれば税収は増える。他方，不況になればなるほど財政出動が求められ，財政の引き締めは景気に水をさすものとなる。これに為替相場や金融政策が連動する。

　上記の借金補塡分を圧縮するためには，景気を拡大させる「成長戦略」を積極的に打ち出して税収増につなげていくか，もしくは「歳出の見直し」をおこなうということになる。財政構造改革とは，「成長戦略」と「歳出の見直し」を高い次元でバランスさせるような財政構造の転換をはかっていくことを意味する。以上を前提として「歳出の見直し」に目を向ける時，一体どの部分を見直すことができるのだろうか。

　もっともボリュームがあるのは「社会保障費」である。これは主に厚生労働省が所管するが，その多くは年金・医療・介護といった高齢者福祉である。社

4

会保障給付費は各種保険の保険料収入と公費負担で構成されている。社会保障給付費の総額は118.3兆円であり，そのうちの32.2兆円が一般会計に計上されている。そして，世界で例をみないスピードで進展する高齢化によって，これが膨らみ続けている。それゆえ，社会保障費を見直すことは高齢者福祉政策の規模を圧縮することにつながるものとなる。これは政治的に難しい問題となる。

　つぎに規模が大きいのは「地方交付税交付金等」である。地方交付税交付金の原資は所得税，法人税，酒税，消費税，地方法人税のうちの一定割合であり，配分を受けた自治体は自由にその使途を決めることができるというものである。当然，自治体にとっては地方交付税交付金が拡大することが望ましい。しかし，国の財政の側からみれば，地方交付税交付金の縮小への期待が強い。

　小泉構造改革では「三位一体の改革」がおこなわれ，その結果，地方交付税交付金も減額された。これによって自治体側で起こったのが，「地方財政ショック」（2004～2006年）であった。その影響の1つとして「平成の大合併」が進展した。しかし，「地方財政ショック」は，後年，格差を拡大したとして批判された。こうしたことをふまえると，地方交付税交付金等の見直しもまた政治的に難しいといえる。なお現在，もっとも改革圧力がかかっているのはこの地方交付税交付金である。

　残る見直しの対象は，一般会計総額の5～6％をしめる「公共事業費」「文教・科学技術振興費」「防衛費」である。この中でも公共事業費はこの20年でもっとも改革がなされてきたところである。したがって，これ以上の改革は難しいとされている。文教・科学技術振興費は，現在，強い改革圧力にさらされており，連日のように学校・大学関係者の厳しい実情が報じられている。防衛費は集団的自衛権の行使容認や東アジア地域の緊張を背景として，むしろ積み増しがはかられているところである。すなわち，これらの費目では改革の余地はかぎられているといえる。

　なお，「国・地方をあわせた長期債務残高」は1000兆円を超えている。これは主要先進諸国の中では最悪の水準とされる。財務省は，こうした財政状況を「公共サービス水準の低下」「世代間の不公平」「民間部門の経済活力の低下」「財政への信認低下による金利上昇」につながるとして警戒を発している。このことをふまえ，政府においても「財政健全化目標」が掲げられ，その取組み

が強化されている。

中央地方関係の変容

　この20年の統治構造の変容として特筆しておくべきは「地方分権改革」だろう。地方分権改革については，行政学等で詳しく論じられているので，ここでは概要にとどめる（西尾 2001；2007；2013を参照）。

　戦前の日本の中央地方関係は「中央集権型」であるというのが定説である。その起源は大日本帝国憲法下での中央地方関係に由来する。大日本帝国憲法制定時には，プロイセンに範を取った市制町村制および府県制郡制が施行され，中央集権型の中央地方関係が整備された。また，戦前の中央地方関係は，天皇や国の行政官庁を頂点とし，国の官吏制度（特に内務省）を中核に据えていた。

　戦後，この中央地方関係は，日本国憲法において，主権の位置が天皇から国民へと移り，その第八章に地方自治の規定が設けられる（第92条から第95条）などの一定の転換を果たした。また，憲法と同時に施行された地方自治法などにより，中央地方関係は法的に規律されるものとなった。さらには自治体の職員の身分は国家公務員（1947年公布）から切り離され，地方公務員法（1950年公布）が制定され，独自の公務員法制のもとにおかれることとなった。

　しかし，軍部の解体，内務省の解体，婦人参政権の確立，財閥の解体，農地解放などの「戦後民主主義」を象徴する諸改革が進展する一方で，中央地方関係は依然として「上下・主従」の秩序が維持されていった。戦後の高度経済成長期を経てもなお，これは抜本的に改革されることはなかった。また，戦後の自治体自治は「三割自治」（自主財源や自治的権限が三割程度という意味）とも呼ばれるように，十分な自律性を持たないとも指摘され続けた。さらに，自治体の執行機関である首長を，国の執行機関として扱う「機関委任事務」が戦前からひきつがれてきた。これらは，戦後改革期の GHQ が採用した「間接統治方式」の採用に原因があるとされてきた。

　こうした状況に一石を投じたのが，「第一次分権改革」（西尾勝），または「2000年分権改革」（松下圭一）であった。第一次分権改革では，地方分権推進委員会の四次勧告（1997年10月 9 日）において，「明治以来続いてきたわが国の中央集権型の行政システムを根本から変革する」ことが究極の課題であるとさ

れた。さらに，この中央集権型の行政システムが，「国・地方の政治・行政の隅々にまで深く根を張り，国・地方の政治家・職員等の心の底にまで深く浸透している」ことも厳しく指摘された。

　具体的には，第一次分権改革では，「機関委任事務制度」や「地方事務官制度」などの戦前から残存する中央集権型の制度が廃止されるとともに，国の省庁が発する「通達通知」が「技術的助言」へとあらためられることとなった。また，地方自治法上の自治体の事務区分については，「法定受託事務」「自治事務」の二類型に整理された。これらを含む制度改革は，1999年の地方分権一括法によって475本もの関係法律が改正されることで実現した。さらに，国の関与について，自治体との間で意見が相違した場合にこれを調整する機関として「国地方係争処理委員会」が新設されるとともに国の関与は一定程度ルール化されることとなった。

　こうした内容の第一次分権改革は，国と自治体の関係を，「上下・主従から対等・協力へ」と変容させるものであるとされた。さらに，市民・自治体・国の関係についても，「自己決定」「自己責任」を原則とし，それでは不足するものを上級機関が順次補完していくという，「補完性」（subsidiarity）の原理が改革の指導原理とされた。この補完性の原理は，冷戦が終焉しグローバル化が進展する中で，1988年に発効したヨーロッパ地方自治憲章（欧州評議会閣僚委員会採択）においてみられたものである。

　しかし，その後の地方分権改革の歩みは平坦な道のりではなかった。先にも触れた「三位一体の改革」では，自治体が自由に使える地方交付税交付金が減額されるとともに，その中で「平成の大合併」が展開し，基礎自治体数が半減することとなった。また，その影響を受け，都道府県再編論議と絡みながら道州制論も台頭した。さらに，道州制移行後の州都の地位をめぐりながら，「大阪都構想」「中京都構想」「新潟州構想」などの大都市論議も登場し，大きな話題となった。このほか，大都市制度論については上述の都構想に対抗し，市政運営に関するすべての権限を持つ特別市（仮称）というアイデアも登場した。

　なお，現在では自治体そのものの維持について，今後の地方交付税交付金の自治体への配分額の減額見込みや，後述の「地方消滅論」が深刻な問題を投げかけている。今後，自治体そのものの存続可能性について，幅広い議論が待た

─── *Column* ① 政治政策の変化 ───

　ここでは政策論を軸に，戦後政治を「格差是正主義」「開発経済主義」「地方分散主義」「財政再建主義」という4つの言説によって説明してみよう。

　「格差是正主義」は，貧富の格差の是正に力点をおくものである。これは戦後の GHQ の民主化政策のもとで登場した。この時期には戦前に抑圧されていた労働組合運動が展開した。また，高度経済成長期になり，都市化が進展すると，開発に伴う生活上の問題が提起され，革新自治体が台頭した。格差是正主義はとりわけ富が集中する都市部において論点とされてきたものである。

　「開発経済主義」は，日本社会の工業化と都市部の開発の推進に力点をおくものである。その代表者は池田勇人であった。池田は目玉政策として国民所得倍増計画（1960年）を打ち出し，その中で太平洋ベルト地帯構想を提起した。また，池田内閣にはじまる全国総合開発計画（1962年～）は，その後5次にわたってひきつがれていった。

　「地方分散主義」は，地方への開発の分散や都市・地方の格差是正に力点をおくものである。その代表者は田中角栄であった。田中は1972年に『日本列島改造論』を公表し，人口と産業の地方分散によって過疎・過密の解消をはかることを提案した。こうした考え方は，その後の地方分権改革や近年の地方創生論でも繰り返し登場してきたものである。

　「財政再建主義」は，国・地方の財政健全化に力点をおくものである。第二次臨時行政調査会を推進した中曽根康弘政権，中央省庁等改革を推進した橋本龍太郎政権，聖域なき構造改革を推進した小泉純一郎政権などがその代表であった。これらの一連の改革は国際的には NPM（New Public Management）とも呼ばれている。NPM は，市場メカニズムの活用と企業経営の手法を援用し，政府の財政構造改革を推進しようとするものである。

　上記の4つの言説は，結びついたり，排斥したりしあいながら，その時代の政策潮流をかたちづくってきた。なお，政権交代などの政治変動が起きる場合にはこれらのモードの転換がよくひきおこされる。　　　　　（K. N.）

れているところである。

人口構造の変化

　国内政策の重要な基礎となるのは人口動態である。人口動態は地方自治のあり方や社会保障制度の基盤ともなる。

序　章　視　座

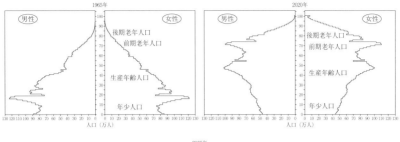

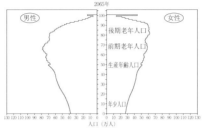

図序‐1　人口推計と人口ピラミッド
出典：国立社会保障・人口問題研究所ホームページ（http://www.ipss.go.jp/）。

　現在の日本の総人口は1億2677万人（2017年8月1日，総務省統計局発表）である。日本の人口のピークは2008年であり，現在は「人口減少」の局面にある。国立社会保障・人口問題研究所の「日本の将来推計人口」（2017年）によれば，日本の人口は2053年に1億人を割り込み，2065年には8808万人になるとされている（出生中位推計）。この数字は現在20歳の人が70歳になるころに，現在の人口規模の7割程度となることを意味している。ただ実際には，大都市圏，地方都市，農村・中山間地域で地域差が出てくるだろう。

　2014年に出版された増田寛也編著の『地方消滅』（増田編 2014）は，この問題を取り上げ，896の自治体を「消滅可能性都市」と呼んだ。その背景として同書が指摘していたのが，未婚化・晩産化という「結婚行動の変化」と「出生力（夫婦あたりの出生児数）」の低下であった。

　さらに同書では，高度経済成長期，バブル経済期，2000年代の地方経済や雇用の悪化した時期に顕著にみられた地方圏から都市部への人口移動（社会増減）もあわせて指摘されていた。そのうえで，大都市へと移動した若年層の未婚化・晩婚化の問題が触れられていた。要するに同書では，人口の減少には「自

9

然減」とともに「社会減」があること，また，若年層の移動先となる都市部では，結婚・妊娠・出産・育児の環境が整っていないことを含め，「人口減少社会」が加速度的に進む可能性があることなどが指摘されていた。

なお，増田らの指摘は短期間のうちに「地方創生」という政策パッケージとなった（2014年のまち・ひと・しごと創生法）。「地方創生」は，「少子化に歯止めをかけ，地域の人口減少と地域経済の縮小を克服し，将来にわたって成長力を確保する」（まち・ひと・しごと創生基本方針 2017）ことをめざすものである。そして，その裏側にあったのが「東京一極集中」の問題であった。

先に述べたとおり，人口動態は，特に社会保障制度の維持に深く関係している。また，地方都市においては，今後，地元のインフラ更新・都市整備をどの程度の規模として見積もるのかという点にも密接に関連している。さらには，18歳人口を抜き出せば，高等教育のあり方，大学の全国配置のあり方にも大きな影を落とすこととなる（コラム⑲参照）。なお，現在は議論が停滞しているが，地方自治との関係では，自治体の枠組みのあり方（市町村合併，道州制論議，都市の拠点化）もこの議論と深く関係している。

環境問題および災害

環境問題とは，主に工業化に付随して登場するようになった，人間社会に悪影響を与える現象一般のことをいう。私たちの生活は，工業化の結果として，物質的な豊かさや利便性を高めてきた。しかし，他方で温室効果ガスによる気候変動や酸性雨，環境汚染物質による水や大気，土壌の汚染，開発や乱獲などによる生物多様性の喪失や生態系の破壊がひきおこされてきた。

よく知られているように，高度経済成長期の日本では「四大公害」（水俣病（熊本県水俣湾），第二水俣病（新潟県阿賀野川流域），四日市ぜんそく（三重県四日市市），イタイイタイ病（富山県神通川流域））が大きな社会問題となった。四大公害は国内の環境問題だが，環境問題の中には，国境を越えて波及するものも少なくない。さらに環境問題は，発展途上国と先進工業国との間の南北問題にも関係する。国境を越える国際的な環境問題は，特に「地球環境問題」と呼ばれている。

「地球環境問題」が世界的に認識されるようになったのは，1972年の国連人

間環境会議（スウェーデンで開催）の「ストックホルム宣言」（人間環境宣言）以降である。ストックホルム宣言は国際会議としてはじめての環境保全宣言であり，その前文では，「人間環境の保全と向上にかんし，世界の人々を励まし，導くため共通の見解と原則が必要である」とされ，7つの宣言と26の原則が示されていた。同宣言では，「自然のままの環境と人によって作られた環境は，共に人間の福祉，基本的人権ひいては，生存権そのものの享受のため基本的に重要である」ことが確認されるなどした。なお，同年はローマクラブ（スイスに本部を置く民間シンクタンク）によって「成長の限界」が提起されるなど，地球環境問題に関心が集まった年でもあった。

　地球環境問題の延長線上にあって近年注目を集めているのが，2015年9月に国連で採択された「持続可能な開発のための2030アジェンダ」である。その中核には SDGs（Sustainable Development Goals）として17のゴール（そのもとに169のターゲット）が掲げられた。これらのゴールは2000年9月に国連ミレニアムサミット（ニューヨーク市で開催）で採択された「国連ミレニアム開発目標」（MDGs: Millennium Development Goals）をもとにするものであり，そこで解決できなかった問題に取り組むものであることが同文書に明記されている。

　人間を取り巻く環境問題にはこのほかに「自然環境問題」もある。地震，火山噴火，津波，洪水，感染症，その他異常気象などの発生が人間社会の脆弱性と結びつくことでこれは「自然災害」となる。自然災害の被害・損害の程度は，被災する社会の脆弱性やレジリエンスによって規定される。1995年1月17日に発災した阪神・淡路大震災は復興に20年の歳月を要したが，復興半ばの2005年，神戸で開催された世界防災会議で「災害に強い国・コミュニティの構築：兵庫行動枠組2005-2015（HFA）」が採択され，その中にレジリエンスという概念が登場した。その意味するところは，脆弱性を孕む社会システム全体のしなやかさ・強靱さ，あるいは回復力・復元力である。

　いうまでもなく日本は地震国であり，阪神・淡路大震災以降も，いくつかの大きな地震（2007年7月の新潟中越沖地震，2011年3月の東日本大震災，2016年4月の熊本地震など）が発生している。また，今後起こりうるものとして，首都直下地震や東海・東南海・南海地震（南海巨大トラフ地震）が予想されている。さらに，東日本大震災でみられたように，地震・津波と原子力発電所の事故が併

図序-2　2016年1月1日発効のSDGs（持続可能な開発目標）
出典：国連広報センター（http://www.unic.or.jp/）。

発する「複合型災害」が発生する可能性も指摘されている。いずれにしろ，自然災害による被害・損害をどこまで小さくできるのかが政策課題として認識されているところである。

　社会の都市化は脆弱性を伴う。かつて松下圭一は「巨大都市は脆い精密機械ないしカルタの城」（松下 1996：4）であると指摘していた。脆弱性の問題は都市化が進めば進むほど顕著となる。都市化が進展するほど，個人の能力を超える公共的な課題も拡大するのである。

科学技術の進歩

　社会学者・ウルリヒ・ベック（U. Beck）は現代社会を『危険社会』（1986年）と呼んだ。「危険社会」は，かつての「階級社会」に対置される概念である。

　かつての「階級社会」では富の分配をめぐる対立が激化し，これが政治問題化していた。これに対し，現代の「危険社会」では，危険の分配をめぐる争いが政治問題となるとベックはいう。「階級社会」と「危険社会」の最大の相違点は，代議制民主主義を介した問題解決をはかることができるかどうかにある。「階級社会」では「富の分配」が主要なテーマとなるため，与野党間の政党政治，特に保守勢力と革新勢力との間で議論することができる。

　ところが，「危険社会」では「危険の分配」がテーマとなる。「危険の分配」

序章　視座

表序-1　安全・安心を脅かす要因の分類

大分類	中分類
犯罪・テロ	犯罪・テロ，迷惑行為
事　故	交通事故，公共交通機関の事故，火災，化学プラント等の工場事故，原子力発電所の事故，社会生活上の事故
災　害	地震・津波災害，台風などの風水害，火山災害，雪害
戦　争	戦争，国際紛争，内乱
サイバー空間の問題	コンピューター犯罪，大規模なコンピューター障害
健康問題	新興・再興感染症，病気，子供の健康問題，医療事故
食品問題	O157などの食中毒，残留農薬・薬品等の問題，遺伝子組換え食品問題
社会生活上の問題	教育上の諸問題，人間関係のトラブル，育児上の諸問題，生活経済問題，社会保障問題，老後の生活悪化
経済問題	経済悪化，経済不安定
政治・行政の問題	政治不信，制度変更，財政破綻，少子高齢化
環境・エネルギー問題	地球環境問題，大気汚染・水質汚濁，室内環境汚染，化学物質汚染，資源・エネルギー問題

出典：文部科学省（2004）。

は，たとえば原子力発電所事故や沖縄の基地問題のように，国策に深く関係するものでありながら，局所的な政治課題となる。この局所的な政治課題は，一国の重要政策でありながら，特定の地域の問題とみなされがちとなる。したがって，こうした問題の解決のためには従来の代議制民主主義の回路だけでなく，司法的解決や国際機関での解決，さらには専門家と市民・コミュニティとの対話が不可欠とされる。特にその中心となるのが，専門家の責任のあり方である。

「危険社会」は，いったいなぜ到来することになったのか。ベックによれば，現代社会は科学技術の進展によって科学技術の成果そのものが危険をもたらすようになっているという。ベックはこれを「自己内省的な科学の段階」と呼んでいる。工業化の進展とともにこの「自己内省的な科学の段階」はより一層進んでいくこととなる。そこでは，科学技術に従事する専門家が，危険をめぐるさまざまな議論を独占し，専門家と市民との乖離が顕著となる。

公共空間を民主的に実現・維持していくためには，私たち自身が公共的な問題に「当事者」としてかかわれるかどうかが鍵となる。しかし，そこには専門家と市民の間の「情報の非対称性」の問題が立ちふさがる。

13

専門家と市民との間のリスクをめぐるコミュニケーションにおいては，しばしば，専門家は技術的な「想定内」の議論に終始し，「想定外」の事態に対して責任を持ちえない。市民はこれに対して「不安」を募らせがちである。専門家はエビデンスに基づき「安全」を強調するが，市民は結果責任までを含めた「安心」を求める。専門家はこの「不安」「安心」に対応することができない。そこで，コンセンサス会議など科学技術に対する市民社会の合意形成の技術が注目されるようになっている。

情報化社会の進展

　古瀬博幸・廣瀬克哉の『インターネットが変える世界』（古瀬・廣瀬 1996）によれば，インターネットの歴史は1969年にスタートしたアメリカの国防総省の高等研究計画庁（ARPA: Advanced Research Projects Agency）のプロジェクト募集（RFP: Request For Proposal）からはじまったという。そこでうみだされたのがパケット交換技術であり，これを用いたネットワークは ARPA ネットと呼ばれていた（同上：17）。こんにち私たちが親しんでいるインターネットの歴史は軍事研究からスタートしたものであった。

　1980年代には TCP/IP という新しい通信プロトコル群が登場し，これがこんにちのインターネットの基盤となった。1990年代にはユーザーフレンドリーで直観的な操作が可能な，GUI（グラフィカル・ユーザー・インターフェイス）を備えた OS が登場し，パーソナルコンピュータの性能向上と相俟ってインターネットブームが到来した。また，2000年代にはスマートフォンやタブレット端末が登場し，SNS（Social Networking Service）が注目されるようになった。いまや，インターネット上では膨大なデータが流通している。情報通信技術（ICT: Information and Communication Technology）の発展は，私たちの生活や社会を大きく変えてきた。

　こうした変化はこれからも続いていくだろう。その鍵と目されているのが，ビッグデータの利用拡大，人工知能（AI: Artificial Intelligence）の発展，さまざまなモノがインターネットで接続される IoT（Internet of Things）や IoE（Internet of Everything）技術などである。また，これらの技術を積極的に活用するのが，まもなく登場するといわれている自律走行可能な自動車の運転技術

（autonomous car）である。

これから到来する新しい社会は，「狩猟社会」「農耕社会」「工業社会」「情報社会」との対比で「Society5.0」と呼ばれている。Society5.0は第5期科学技術基本計画（2016年1月22日閣議決定）の用語であり，別名「超スマート社会」と呼ばれている。この新たな社会のコンセプトは，「必要なもの・サービスを，必要な人に，必要なときに，必要なだけ提供し，社会のさまざまなニーズにきめ細かに対応でき，あらゆる人が質の高いサービスを受けられ，年齢，性別，地域，言語といったさまざまな違いを乗り越え，活き活きと快適に暮らすことのできる社会」であるという。特に第5期科学技術基本計画では，その中核的な技術として，「サイバーセキュリティ技術」「IoT システム構築技術」「ビッグデータ解析技術」「AI 技術」「デバイス技術」「ネットワーク技術」「エッジコンピューティング」の7つが掲げられている。

「情報社会」にしろ，その先にある「超スマート社会」にしろ，私たちの社会構造や経済構造を大きく変化させる可能性を秘めている。ここではそれらの技術革新が政治や政策のあり方に対してひきおこす主要な変化について触れておきたい。論点は以下の3点である。

第1に，市民生活との関係である。いうまでもなく情報化の市民生活への影響は多岐にわたる。1つには，利便性と危険性が裏腹の関係にあるということである。情報社会におけるコミュニケーションの拡大はトラブルや犯罪の増加も招く。具体的には有料サービスでの高額請求，違法ダウンロードや不正アクセス，ウィルスの侵入や個人情報の流出，SNSや動画サイトなどによるいじめや誹謗中傷，特殊詐欺や社会に不安を与える犯罪予告などである。これらのリスクに対しては，社会全体として対応することが求められている。

もう1つはメディアのあり方に対する影響である。インターネットの普及は，特に新聞の発行部数に影響を与えている。新聞の発行部数は2010年代に入ってから顕著に落ちているが，その理由にはインターネットの影響が指摘されている。また，インターネットのブロードバンド化により，ネット上の動画配信が拡大している。そこで課題となっているのが「放送と通信の融合」である。今後は，以上のような変化が政治や政策のあり方にどのような影響を与えることになるのか，あるいは，情報通信技術の発展とその応用に対してどのような規

制や支援が必要となるかが問われていくだろう。

第2に，政治との関係である。政治との関係で注目しておきたいのはネットメディアやSNSの影響である。2010年代以降のスマートフォンやタブレット端末の普及はこれに拍車をかけている。2010年から2012年にかけての「アラブの春」では，SNSが果たした役割が大きな話題となった。世界各地で頻発するデモや政変についてもネットメディアやSNSの影響が指摘されている。また，「ネット選挙」といわれるように，選挙のあり方や政党の広報戦略にも変化が生じつつある（cf.岡本 2017）。他方で，民意と政党との距離の急速な縮小は，ポピュリズム政治の台頭にもつながっている。さらには，フェイクニュースの横行や表現の自由に名を借りた差別的憎悪表現の拡散も政治のあり方との関係で注目しなければならないテーマとなりつつある。

第3に，行政との関係である。情報化社会の進展に伴って行政機関が取り扱う情報の量も質も急速に拡大している。その管理のあり方をめぐっては，情報公開法，個人情報保護法，公文書管理法，特定秘密保護法など文書・情報管理法制全体をみわたし，効率的かつ民主的なあり方が課題となっている。また，日本では政府の統計部門の立ち遅れが課題となっているが，政策のデザインには統計データや社会科学の知見を活用したより合理的な政策立案，すなわちエビデンスに基づいた政策立案（EBPM: Evidence Based Policy Making）への転換がいわれている。ここで重要なのは，「客観的で合理的な政策形成が求められている」という点である。先にみたように，財政状況が悪化する中，政府政策をめぐる「データドリブン」や「エビデンスベースド」は，これからの政策の形成・評価においてますます重視されていくことになるだろう。

3　本書のコンセプトと構成

ここまで述べてきた7つの要因は，個別政策の議論としてさらに発展させて論じることもできる。また，公共政策を取り巻く要因はこのほかにも数え上げることができる。とはいえ，これら7つの要因について検討しただけでも，現代社会を取り巻く状況が急激に変化しており，かつ，公共政策による対応が求められていることが理解されるだろう。

しばしば指摘されるように，かつての日本の公共政策の多くは，ヨーロッパやアメリカのいわゆる「先進的な取組み」を模倣したものであった。もちろん，日本に欧米の制度を導入するにあたって，微調整は必要であったものの，基本的なアイデアや方向性については，日本で独自に考える必要はほとんどなかった。

序章で紹介した近年の変化は，日本のみならず先進国すべてが共通して直面しているものが多い。そして，これらの変化から派生する諸問題の対応にどの国も苦慮している。すなわち，日本社会は参考にできる前例がそもそも存在しない，という問題に直面しているのである。

こうした状況のもとでは，政治家や官僚ばかりに政策論議や政策づくりを任せてしまうのではなく，企業や一般市民を含め，すべての主体がともに考え，議論しながら，「当事者」として公共政策を紡いでいく必要がある。

本書では，公共政策学の基礎となる12の章を用意している。この12の章は大きく3つのパート＝部に分かれている。

第Ⅰ部は「第1章　政策」「第2章　歴史」「第3章　市民」「第4章　自治」の4章構成である。第Ⅰ部では「いまなぜ公共政策か」というテーマのもと，公共政策の定義，公共政策の歴史的展開，公共政策の主体や担い手となる市民などについて議論する。ここでは，公共政策学の視座や考え方の特徴，そこに登場するアクターなどについて学ぶ。

第Ⅱ部は「第5章　形成」「第6章　決定」「第7章　実施」「第8章　評価」の4章構成である。第Ⅱ部では「政策過程とは何か」というテーマのもと，公共政策学の中核となる政府政策の政策過程に関する議論の蓄積を概観する。ここでは，「政策の合理性」を中核とした政策過程の全体像を紹介するとともに，政府政策のメカニズムや論点を論じる。

第Ⅲ部は「第9章　問題」「第10章　手段」「第11章　文脈」「第12章　価値」の4章構成である。第Ⅲ部では「政策をどうデザインするか」というテーマのもと，公共政策学でこれまであまり論じられることのなかった問題の定式化，それを解決する政策手段のレパートリー，そして公共政策をめぐる文脈と価値の議論を紹介する。民主的な公共政策を求めていくためには，従来以上に公共政策のあり方について社会を構成する主体が，「当事者」として深堀りしていかなければならない。ここでの議論はそのための足がかりとなろう。

参考文献

足立幸男（2009）『公共政策学とは何か』ミネルヴァ書房。

岡本哲和（2017）『日本のネット選挙』法律文化社。

国立社会保障・人口問題研究所（2017）『日本の将来人口推計（平成29年推計）』（http://www.ipss.go.jp/）。

財務省（2016）『日本の財政関係資料』（http://www.mof.go.jp/）。

田中角榮（1972）『日本列島改造論』日本工業新聞社。

西尾勝（2001）『新版　行政学』有斐閣。

―――（2007）『地方分権改革』東京大学出版会。

―――（2013）『自治・分権再考』ぎょうせい。

古瀬博幸・廣瀬克哉（1996）『インターネットが変える世界』岩波書店。

増田寛也編（2014）『地方消滅』中央公論新社。

升味準之輔（1964）「1955年の政治体制」（『思想』1964年4月号）。

松下圭一（1996）『日本の自治・分権』岩波書店。

文部科学省（2004）『安全・安心な社会の構築に資する科学技術政策に関する懇談会報告書』（http://www.mext.go.jp/）。

山下裕介（2014）『地方消滅の罠』筑摩書房。

ベック，ウルリヒ（東廉・伊藤美登里訳）（1998）『危険社会――新しい近代への道』法政大学出版局。

（南島和久）

第 I 部

いまなぜ公共政策か

> 第Ⅰ部では，現代の公共政策をめぐる議論について，私たち自身がその当事者として重要な役割を担っていることを確認することにしよう。ここでは，公共政策をめぐるさまざまな環境，政府政策と公共政策の違い，これまでに紡がれてきた公共政策の歴史を概観し，市民と自治の重要性についてあらためてみていこう。

戦後の重要な計画——政府政策だけが公共政策なのだろうか？

第1章
政　策
——政策の概念とその定義——

── この章のねらい ──

　公共政策学とは何か。そこで議論されている政策の概念とはどういうもので
あるのか。第1章ではこれらの問いを中心に概説する。

　本章のポイントは、「公共政策」と「政府政策」の概念が異なるという点で
ある。ついで、政府政策についていわれる、「政策の合理性」「政策の体系性」
「政策の循環性」という基本事項をふまえる。そのうえで、民主主義の学とし
ての公共政策学の位置を確認する。

1　公共政策学とは何か

公共政策学の特徴

　まず、公共政策学とは何か、その特徴はどういうものかという点から議論を
はじめよう。

　公共政策学は、公共政策を対象とする学問である。公共政策学は、社会科学
の中でもユニークな位置を占めている。よくいわれる公共政策学の特徴は以下
の3点である。

　第1に、公共政策学は「学際的」（inter-disciplinary）である。公共政策学を
提供している大学（学部）のカリキュラムをみると、そこには法学、経済学、
社会学、政治学、行政学、国際政治学、国際関係論、地方自治論、統計学、歴
史学、経営学などがずらりと並んでいる。こうした状況は、「社会科学のデパ
ート」（「社会科学総合」）とも評される。公共政策学の隣接諸科学においては、
法学であれば法解釈の技法、経済学であれば数理系のモデル、社会学であれば
社会調査や計量の手法、歴史学であれば史料の取り扱い方法など、それぞれに

21

固有の研究方法や学問体系が確立している。しかしながら，「学際性」を特徴とする公共政策学は固有の方法論を持たず，これらの方法論の利用に終始している。

第2に，公共政策学に対する「社会的ニーズ」は高い水準にあるということである。公共政策学の「固有の方法論を持たない」という点からいえば，「公共政策学は知的コミュニティとして成立しえないのではないか」という疑念もでてくる。しかし，国内では全国に80を超える公共政策学系の学部・大学院が存在し，活発な知的再生産がおこなわれている。その名称は「総合政策」「公共政策」「政策」「政策創造」「地域政策」など多彩である。また，日本のみならず世界中でも公共政策学系の学会は数多く存在している。すなわち，公共政策学を学びたい，あるいは研究したいという知的欲求があり，そのための知的コミュニティも成立しているのである。このことにくわえて，地域社会の側からも，公共政策学に対する期待やニーズは高い状況にある。それらは公共政策学が強調する問題解決志向が時代のニーズにマッチしていることを物語っている。

第3に，それでは，そうした「公共政策学の規律点は何か」「何を核として公共政策学は成立しているのか」という問いに対してはどのように答えればよいのだろうか。学問分野の独自性を主張するためには，「研究方法」「研究対象」「研究視座」についての一定の蓄積が必要である。ここまで，「研究方法」については混成状況にあり，「研究対象」については公共政策そのものであることを説明してきた。ここで，もう1つの重要な論点となるのが，「研究視座」である。公共政策学は，その出発点から「民主主義の学」として注目されてきた。最初に公共政策学を提起したハロルド・ラスウェル（H. Lasswell）もそうであったし，日本の公共政策学の草創期を担った山川雄巳，松下圭一，足立幸男といった論者もそうであった。本書もまた，公共政策学の研究視座として，「民主主義」が重要であることを強調している。もっといえば，公共政策に対して「当事者」として向き合うこと，民主的社会の構成員として，社会に積極的に参加することを公共政策学は重視している。

以下では，「研究対象」と「研究視座」，すなわち公共政策学が対象とする公共政策とはどのようなものか，あるいは，その視座としての「民主主義」との関係において，公共政策学はどのように語ることができるのかという点につい

て，もう少し丁寧にみていくことにしたい。

公共政策と政府政策

「公共政策」という研究対象について，最初に注意を向けておきたいのは，これが「公共」(public) と「政策」(policy) を組み合わせた概念であるという点である。

日本において「政策」概念は，しばしば「政府政策」であると解される。たとえば，公共政策系の学部に入学する学生は，公共政策学を，「公務員になるための知識」として認識している。これはもちろん間違いではない。「政策」概念はもっぱら，政府，特に行政の活動を対象として論じられることが多いからである。本書では，このような政府活動に伴う「政策」概念を，特に「政府政策」と呼んでいる。公共政策学では，「政府政策」は「公共政策」と区別される。

この区別の意義は，「政策の概念は政府政策だけにかぎられるものではない」という点にある。歴史的にいえば，鉄道・道路・電気・ガス・水道・通信・病院などの都市機能を支える社会装置は，当初は民間が担うものであったが，徐々に政府政策の領域となっていった。しかし現代では，民間事業者等が参入するようになっており，民間セクターやボランタリーセクターによる各種サービスの提供も増加している。「新しい公共」あるいは「協働」などといった掛け声がこれに拍車をかけている。こうした状況は，「行政の守備範囲」を問いなおすものといわれる。あるいは，行政の側から，「行政のボーダーレス化」「官民のグレーゾーン領域の拡大」などと表現されたりもしている。

これらのことをふまえれば，「政策」概念を「政府政策」に限定していては狭すぎるということになるだろう。現代社会の公共空間は政府だけに独占されているわけではないからである。あらためていえば，「公共政策」は，うえで述べたような，政府以外の主体も交えて織りなされる，社会的な「政策・制度のネットワーク」（松下圭一）によって提供されるものといえる。現代社会において政府は公共空間で活動するアクターのひとつに過ぎないのである。

「政府政策」と「公共政策」とのイメージの違いは，「政策の定義」をどう捉えるかという問題にも関係している。そこでつぎに，代表的な論者の定義に絡

めながらこのことをみていこう。

2　政策の定義

公共政策の定義

　政策の概念の定義としてよく引用されるのは，政治学者・松下圭一（1991），行政学者・西尾勝（1995）の2人の説である。松下は政策の定義を「問題解決の手法」，西尾は「活動の案」としていた。一方の松下は「公共政策」，他方の西尾は「政府政策」について，それぞれの定義を示していた。これらを「松下説」「西尾説」と呼ぶことにしよう。

　最初に松下説（『公共政策』の定義）である。松下は公共政策を「問題解決の手法」と定義している。

　民主主義社会の究極の理想は，「治者と被治者の一致」，すなわち「政府」と「市民」との間の政策判断の方向性が一致することにある。もしも「市民」と「政府」との距離がかけ離れ，政策の失敗がいわれるようになれば，政治制度をつうじて問いなおされなければならない事態となる（第3章参照）。

　松下説は，政策が「政治に『よって』決定される」（同上：5）ことを前提としつつ，その主体を「市民」であるとしている（同上：87）。松下によれば，「政策の構想・策定・実現」はあくまでも「市民」が主体（政治主体）である。これに対して「立案・決定・執行」といった制度は「政府」が主体となる（制度主体）。

　松下説では，「市民」と「政府」との関係はどのように説明されるのか。松下は，「いかなる社会問題を解決すべきか」という政策の発想は，個人としての〈市民〉から出発するという。そして，これを〈政策・制度〉へと編成していくのが，〈政府〉の役割だという。しかし，そもそもの出発点である〈市民〉の発想は，偏ってしまったり，あるいは間違った選択をおこなってしまったりする。民主社会では，〈政府〉による特定の政策選択も市民自身が責任を負うことになるのである。

　松下説における「政策」の概念は，〈市民〉の発想を出発点とし，その〈解決手法〉について個人の能力を超えるものを，〈政府〉に信託するものとして

語られている。松下は，このような意味において，「公共政策」が〈市民〉の発想を出発点とする「問題解決の手法」であると定義している。

　ジョン・ロック（J. Locke）は『市民政府論』（1690年）において，市民・政府の関係は信託関係（一種の社会契約）にあり，この信託は政治制度，すなわち選挙をつうじていつでも解除されうるものであることを指摘していた。日本国憲法ではこれをふまえ，前文において，「そもそも国政は，国民の厳粛な信託によるものであつて，その権威は国民に由来し，その権力は国民の代表者がこれを行使し，その福利は国民がこれを享受する。」としている（第97条にも信託という表現がある）。松下はこの政府信託論に立ちつつ，公共政策の概念を検討していた論者である。

政府政策の定義

　つぎに西尾説（「政府政策」の定義）である。西尾説は，「政府政策」という限定を付し，政策概念を政府の「活動の案」であるとしていた。そこに含まれていたのは，「政府の方針・方策・構想・計画など」（西尾 1995：40）であった。ここで西尾が「活動の案」と「案」を付しているのは，「政策とその実施活動を区別しようとしている」（同上：41）ためである。すなわち，西尾は，「ひとまずは議会・内閣・大臣などの政治活動によって決定ずみの活動案を政策と捉え」（同上）ようとしていたのである。

　西尾のいう「政府政策」の概念，すなわち政府の「活動の案」の範囲に含まれるのは具体的にどのようなものであろうか。西尾は国レベルの政府を念頭におきつつ，法律・政令・省令・計画・予算・行政規則などの立法形式のほか，国会の決議，閣議の決定・了解などで定められた方針，国会での首相の施政方針演説または所信表明演説，大臣の演説，国会での政府委員の答弁，首相・大臣の記者会見での答弁などがそこに含まれるとしていた（同上）。

　このような意味での政策の定義は，実定法にも存在している。中央省庁等改革後に制定された「行政機関が行う政策の評価に関する法律」（2001年法律第86号）の第2条では，「この法律において『政策』とは，行政機関が，その任務又は所掌事務の範囲内において，一定の行政目的を実現するために企画及び立案をする行政上の一連の行為についての方針，方策その他これらに類するもの

第Ⅰ部　いまなぜ公共政策か

をいう。」という定義がおかれていた。この定義は，西尾説との親和性がきわめて高い。

　同法のコンメンタール（行政管理研究センター 2008：41-43）によれば，そのポイントは以下の5点である。第1に，内部管理事務（人事，会計，文書管理，庶務等）はこの概念に含まれない。第2に，条文中の「その任務又は所掌事務の範囲内において」は，設置法等組織法令の設定の範囲内である。第3に，同じく「行政目的」とは，行政作用として意図した効果のことである。第4に，同じく「行政上の一連の行為」とは行政目的のためのまとまりのある一連の行政活動，すなわち各種の事務事業などを含む。第5に，同じく「方針，方策その他これらに類するもの」とは，典型的には「方針」「方策」「計画」「構想」「戦略」「要綱」「要領」「基準」など，一定のまとまりのある行政機関における意思・判断のことを意味している。

　上記の実定法上の定義は，西尾説よりもやや幅が広いようである。ただし，大枠では「活動の案」という西尾説の定義の範疇にある。ここでは特に，「政府政策」という限定をおいた場合，松下の公共政策の定義とそのイメージが大きく異なる点に注目しておきたい。なお，両説はともに，政策のある面を捉えている。したがって，公共政策の全体を議論する際には両説を念頭におきつつ，それらを総合することが重要である。ただし，政府政策に限定した議論をする場合には，西尾説に依拠した方が理解しやすいだろう。

　政府政策を西尾説のように政府の「活動の案」に限定する場合，特筆しておかなければならないことがある。それは，行政の諸活動，すなわち「政策実施」（policy implementation）の過程を含んでいるという点である。「政府政策」を政府の「活動の案」としてみるということは，この概念が，政治部門から行政機関への政策実施の命令であること，あるいは，行政機関内部で作動する政策実施上のある種の「プログラム」であることを意味する（第7章および第8章参照）。ここから導かれるのが，政府政策の基本理念，すなわちつぎに述べる「政策の合理性」「政策の体系性」「政策の循環性」の3つである。なお，これらは公共政策にも妥当するが，特に政府政策を念頭におくものである。

3　3つの理念型

政策の合理性（rationality of policy）

第1に，「政策の合理性」である。政府政策の合理性には大きく分けて「手続の合理性」と「内容の合理性」がある。前者は「of の知識」（knowledge *of* the policy process），後者は「in の知識」（knowledge *in* the policy process）とも呼ばれている（Lasswell 1971；秋吉ほか 2015：7-8；第5章参照）

「手続の合理性」とは，あらかじめ定められた手続きに沿って政策が決定されることやルールにしたがって政策が実施されることをいう。政府部内での合法性，合規則性，行政内部におけるプログラム，マニュアル，手続き，法令遵守を含むコンプライアンスなどがここに含まれる。

「内容の合理性」とは，政策それ自身のあり方や政策的介入の是非のほか，政策の内容が専門的技術的な観点からみて適切であることや，政策に投入される費用と効果の関係が最適であることなどを含む。これらは政府の政策的介入の妥当性や適切性，政策内部の専門的技術的合理性，そして経済合理性などといいかえられている。

政府政策をめぐる「手続の合理性」と「内容の合理性」はその内部において，モザイク状に，あるいは多元重層的に存在している。従来は，「手続の合理性」によって政府政策の合理性を主張することができた。しかし，現代政府においては「内容の合理性」まで求められる。それだけ，求められる合理性の水準が高度化しているということである。

公共政策学で強調されるのは上記の2つの合理性のうち，特に「内容の合理性」である。その中でも「経済合理性」は鍵となる。その背景には，経済学説をはじめとした数理系の分析的アプローチの影響がある。

ここでいう「内容の合理性」とは具体的に，①意思決定者の明確かつ一元的な価値基準のうえで，②すべての選択肢が明確でありかつ網羅されており，③これらの選択肢に関する予想される効果をすべて分析しつくしたうえで，④解決策として最適解を導きだすという要素で定式化されるものである。これは「包括的合理性モデル」（Simon 1983=2016）であるとか，「完全合理性モデル」

第Ⅰ部　いまなぜ公共政策か

「合理的決定のモデル」などと呼ばれており，政策をデザインする段階におい
て重視されなければならないものと考えられている。また，その内容は，政策
デザイン段階において政策実施段階に起こりうるあらゆる出来事の洞察を完全
なかたちで含むことを求めている（第6章参照）。

　なお，ハーバート・サイモン（H. Simon）は，現実の政策判断をおこなう場
合，このような「包括的合理性モデル」よりも，前提条件や範囲を限定し，そ
の限定された範囲での合理性を追求する「限定合理性モデル」（bounded ratio-
nality model）の方が役に立つと主張している。サイモンは，現実の人間の認知
はさまざまな歪み（決定前提における誤り）を伴うものであるが，意思決定の支
援を目的とする場合には，合理性の適用範囲を可能な限り限定しなければなら
ないのだとしている。いいかえるとそれは，「前提なしには結論はない」とい
うことでもある。「限定された目的」があってこそはじめて，「それならばこう
あるべき」という結論が導かれるからである。

　政策は目的（政策目的）とその達成手段（政策手段）とに分かれる。政策目的
については正確な「結果の予測」が，政策手段については原因の除去をめざし
た「現実の調整」が求められる。合理的な判断とはしばしば「結果の予測」を
めぐって展開する。しかしながら現実の政策判断では，「結果の予測」に失敗
することもありうる。そこでは，政策の実施過程における「現実の調整」が求
められる。

　松下圭一はこうした意味での合理的な思惟様式を「政策型思考」と呼んだ。
松下のいう「政策型思考」とは，「目的論（目的↔手段）を，因果論（原因↔結
果）におきかえる思考，あるいは結果から原因へという逆算の思考」（松下
1991：137-138）である。それは，「予測」における完全合理性を棄却し，人間
の可謬性（間違いを起こしかねないという特性）を前提とし，政策の合理性を政策
手段レベルの「調整」局面に委ねようとする考え方である。もっとも，政策手
段レベルの「調整」局面は資源制約のもとでのやりくりとならざるをえない。
このため，現実の政策は，「何を成果として求めるのか」のみならず，「いかに
費用を抑えうるか」についても厳しく問われるものとなる。

　ここでのキーワードは「予測と調整」である。「予測と調整」の水準が高け
れば高いほど，問題解決能力は高いとされる。

第1章 政 策

表1-1 政策をめぐる予測と調整

段 階	政策の	モデル属性	原因と結果	志向性
政策決定	目 的	完全合理性	結果の〈予測〉	社会問題の解決（効果の最大化）
政策実施	手 段	限定合理性	原因の〈調整〉	現有資源の動員（費用の最小化）

出典：筆者作成。

　なお，現実の政策決定においては，しばしば政治的価値に基づく合意形成が優先される。またそこではここまで述べてきたような「内容の合理性」ばかりを優先させるわけにはいかなくなる。そして，そのしわ寄せは政策実施過程に持ち越されたり，あるいはそもそも社会問題が解決されないといった事態を招来したりする。

　たとえば，東京都が2020年に開催されるオリンピックを招致する際に，その開催費用はあらかじめ十分に「予測」されていただろうか。現実には，オリンピックの東京開催が決定した後に，開催費用についてさまざまな「調整」が展開することとなった。あらかじめすべてを「予測」しつくし，そのうえで決定を下すことがいかに難しいことであるのかはこの例にもよく示されている。もちろん，このことは「政策が合理的にデザインされなくともよい」ことを主張するものではない。むしろ，政策のデザイン段階では，より高い合理性を追求することが求められる。そしてそのためには，政策実施過程までを見通した実現可能性をよく洞察しておかなければならない。

政策の体系性（policy system）

　第2に，「政策の体系性」である。決定された政府政策は，行政機関やその他の関連機関がその政策実施過程を担うこととなる。理念的にいえば，政策実施過程は決定された政府政策に忠実に基づくものであるはずである。しかし，現実の政策実施に目を向けると，特定の政策目的に対応する諸活動が適切に対応していなかったり，複数の活動が矛盾したり呼応したりしながら相互作用を及ぼし合っていたりすることに気がつく。

　たとえば，就学前の子どもにサービスを提供する場として「保育所」と「幼稚園」がある。保育園は児童福祉法に基づく厚生労働省の所管であり，幼稚園は学校教育法に基づく文部科学省の所管である。これらはそれぞれ，「福祉」

第Ⅰ部　いまなぜ公共政策か

── *Column* ②　行政機関と政策⑴──予算 ──

　政策過程において行政はどのような役割を果たしているのか。国の予算編成を例にとって説明してみよう。

　行政組織は政策の実施を本務とするが，その原資は「予算」である。「予算」の基本方針は6月の「経済財政の運営と改革の基本方針」（閣議決定）で示され，これに基づく案が8月末の「概算要求」（閣議了解）となる。その後，これが政府部内でもまれ，「財務省原案」となり，翌年度の1月の国会で「政府案」（閣議決定）として示され，年度末までの国会で確定する（予算成立）。これが「通常予算」（本予算）であり，その執行は4月1日から翌年の3月31日までである。

　予算編成過程の大半は行政組織内部でおこなわれている。その一部は6月におこなわれる行政事業レビューの「公開プロセス」として一般に公開されている。行政事業レビューの「公開プロセス」は府省内部での審議を一般に公開するものである。その後，「予算概算要求」「財務省査定」などが続き，1月の政府の予算案となる。

　また，予算の執行過程＝政策実施過程は，行政活動そのものである。政策実施過程の様子そのものはうかがい知ることはできないが，その活動結果については白書や政策評価書などで間接的に把握することができる。

　こうしてみてみると，「予算」のプロセスの多くが行政機関によって担われていることが分かる。そして，大臣，副大臣，大臣政務官といった各府省の執政部門がこれを監督する立場にある。ただし，内閣が交代したり改造されたりすると執政は入れ替わる。予算編成に関する情報は膨大であり，多くの政治家は予算を通じた政策に十分に関与できないままその任期を終えがちである。このことが，政治部門による行政活動のコントロールが不十分であるとか，政策過程のうち，政治家が関与できているのは「決定」だけだなどといわれるゆえんでもある。

　　　　　　　　　　　　　　　　　　　　　　　　　　　　　　　　（K. N.）

「教育」という政策目的の違いがある。しかし，そのいずれもが就学前の子どもを対象とするサービスであり，これを担う資格職（保育士および幼稚園教諭，あるいは双方の資格をあわせ持つ保育教諭）の能力についても共通要素が多い。

　この例に典型的に示されているように，行政の活動は「縦割り行政」として，異なる部局によって相互の関連性がない状態でしばしば管理されている。そうした現実の複雑な政策のあり方に対して主張される要請が，「政策の体系性」

図1-1 政策の体系性
出典：筆者作成。

である。たとえば、保育所と幼稚園の関係については、2006（平成18）年に「認定こども園」が創設された。認定こども園は、保育所と幼稚園の機能や特徴をあわせ持つものであって（幼保一元化）、地域の子育て支援をおこなう施設の設置を可能とする制度として創設されたものである。これは異なる部局の行政活動を一元化しようとするものの一例である。

「政策の体系性」とは、「政策」概念がその下位体系である複数の「施策」を束ね、同じように「施策」概念がその下位体系である複数の「事務事業」を束ねるという政策の階層構造（ピラミッド構造）を表現している。逆にいえばこれは、複数の「事務事業」の上位目的が「施策」となり、さらに複数の「施策」の上位目的が「政策」となるという階層的規範を示すものである。ここで、「政策」と「施策」、「施策」と「事務事業」との間は、説明可能な因果関係の「鎖」（chain）で結ばれている状態が理想とされる。

こうした議論は、たとえば行政部内での計画策定の段階で特に求められる。行政の計画は、個別の具体的な事務事業を抽象的なレベルで体系的にまとめるためのものである。計画の策定段階では、計画全体の体系的な設計があるべきすがたとして期待される。理念的にいえば、上位の政策目的の具体的手段として施策があり、施策を実現する具体的手段として事務事業があることが望ましいということになる。

しかし、現実の政策体系はこうした理念とは程遠い。政策体系は、長い年月をかけて積み上げられ、形成されていくものである。もちろん、長い年月をかけても行政の縦割りや予算の枠組みなどの各種の制約に縛られて一向に体系化

第Ⅰ部　いまなぜ公共政策か

されないままであることもめずらしくない。特に下位レベルの事務事業は行政
組織の所管の壁に阻まれ,「部分最適」にとらわれてしまい,「全体最適」をみ
うしないがちである。そうであるからこそ,現実の行政実務では,このような
「政策の体系性」が規範として求められることになる。

　行政計画は,行政内部の個々の部局(組織)の取組みや個別の断片化された
予算では総合的な成果をあげることができないという問題意識から出発してい
る。たとえば自治体では,1969年の地方自治法改正以降,総合計画が策定され
るようになった。自治体総合計画は2011年の地方自治法改正により法的義務は
なくなったが,いまなお多くの自治体で取り組まれている(基本構想(長期)-
基本計画(中期)-実施計画(短期)という三層の階層構造が標準型)。総合計画のも
とには,都市計画,福祉計画,環境計画,文教計画,中心市街地活性化計画な
どの個別計画が存在している。総合計画では,縦割りとなりがちな行政の諸活
動を総合化することや,系統的な財政上の配分をおこなうことなどが求められ
ている。

政策の循環性 (policy cycle)

　第3に,「政策の循環性」である。これは「政策のライフサイクル」(life cy-
cle of policy) または「政策過程」(policy process) とも呼ばれる。この視点から
政策を捉えることの意義は2つある。1つには,説明上の便宜である。これは,
政策が誕生してから一定の効果を発現するまでの過程,すなわち政策の「アジ
ェンダ設定」「立案」「決定」「実施」「評価」といった各ライフステージに分解
して政府政策を説明することができるというものである。もう1つは,循環性
の規範である。すなわち,ここでは最終的に「評価」の結果が「立案」へとフ
ィードバックされる「循環過程」となるべきことが,規範として求められてい
るということである。

　まず重要なのは前者の説明上の便宜である。これについては以下の2つのポ
イントがある。

　第1に,政策過程に関する研究蓄積の整理・紹介の枠組みとして利用されて
いる。公共政策教育では,政策過程の各段階,すなわち政策の「アジェンダ設
定」「立案」「決定」「実施」「評価」という枠組みを利用して従来の研究蓄積等

が紹介される。公共政策学の主要テキストではこの枠組みが活用されている。本書においても第3章および第5章から第8章にかけて政策過程論が登場する。

　第2に，政府部内，特に行政部内の実態を紹介する際の枠組みとしてこれが活用されることがある。実は，政策過程の大半は行政部内（内閣＋行政，自治体の首長＋自治行政）でおこなわれている。具体的には，政策の「立案」「決定」段階では，行政部内での予算折衝，行政組織内での意思決定，立法過程などが展開している。また，政策の「実施」段階では，たとえば国レベルの政策では，地方支分部局を介して実施されるもの，実施庁や独立行政法人，公益法人をつうじて実施されるもの，自治体をつうじて実施されるもの，民間企業等の法人をつうじて実施されるものなどがある。そして，政策の「評価」「終了」段階では，この実施された政策に対し，その効果や目的達成度を，特に数値目標などを用いて客観的なかたちで検証することや，歴史的使命を終えた政府政策の終了のあり方が論じられている。

　いずれにしろ，政策過程の枠組みは説明としてのわかりやすさが特徴である。しかし，この枠組みにとらわれすぎると政府政策ばかりがクローズアップされてしまう。特に1980年代以降の公共政策学では，政府政策以外の領域，すなわち公共政策全体にかかる研究蓄積（公共管理論やガバナンス論）が発展してきた。ここで注意をしておきたいのは，政策過程をいかに拡張しうるかという論点が，ここに付随しているということである。

　つぎに後者の循環性の規範的意味についてである。ここではそれをどのように読み解くのかという点が重要である。

　政策を1つのシステムと見立てるとき，この政策システムには，外部環境との相互作用からフィードバックを受けることやそれを政策立案段階や政策決定段階に的確に反映させることが求められる。この中で政策評価は重要な役割を演じる。

　一方で政策システムは「安定性」が重視されなければならない。これはシステムの信頼性やシステム自身の自律性にもつながる。しかし，安定性が行き過ぎてしまえば，外部環境の変化にうまく適応できなくなり，政策システムと外部環境との間で乖離を生じるようになる。政策システムには自律的に外部環境

第 I 部　いまなぜ公共政策か

に適応することも求められている。この「安定性」と「適応性」は政策システムが重視しなければならない2大要素である。フィードバック回路はこの2つの要素をつなぐ媒介項として設計されなければならないものである。

　現実の政府政策についてはさらに，政府部内でのミクロフィードバックと，市民を交えたマクロフィードバックの2つの回路が区別される。政策評価が不十分であると批判されるとき，しばしば政府部内のミクロフィードバックばかりが重視され，後者のマクロフィードバックが不十分であることが少なくない。民主社会では，後者がより強く求められる傾向がある。

　ここまで政策の概念に関する基本事項を概観してきた。そこにはさまざまな学問分野の影響が含まれている。本章の最後に，公共政策学の第1の特徴である「学際性」に立ちもどり，隣接諸分野との関係について触れよう。ここではまず現代公共政策学に影響を与えてきた法学分野，経済学分野，政治学分野という3つの分野との関係を取り上げる。そのうえで，公共政策学にとって重要な視座を確認しよう。

4　公共政策学の学問的構成

法学分野の系譜

　政策学の起源として重要な位置をしめるのが，官房学（Kameralwissenschaft/Cameralism），あるいはその派生としての「国家学」（Staatslehre）である。蝋山政道が指摘するように，16世紀から18世紀の神聖ローマ帝国に包摂されるドイツ・オーストリア領邦内で発達した官房学，ついでその後に登場した国家学は「総合政策学」であった（蝋山 1954）。

　官房学は，重商主義時代における幸福促進主義的福祉国家観の学として知られ，前期官房学と後期官房学とに区別される。その分岐は1727年のハレ大学およびフランクフルト大学での講座設置以降とされる。前期官房学は，領邦国家の経営に一定の専門的知識が必要となったことで登場した。また，前期官房学はその理論的基礎を王権神授説やキリスト教神学においており，その内容はこんにちでいうところの法律学，行政学，御料地論，財政学，経済学，農業学などであった（辻 1991：55）。

34

第1章　政　策

— Column ③　行政機関と政策⑵——法律 —

　先のコラムに続き，今度は法律と行政機関の関係について触れよう。

　権力分立の建前からいえば，法律は国会が定め，国会が定めた法律に行政機関は従うものとされる。しかし，現代政府は実に膨大な業務を執りおこなっている。そこで委任立法や行政裁量の余地が生じざるをえないこととなる。こうした中で，どこまでを立法権が定め，どこまでを行政権に留保すべきなのかということが問われる。行政権の権限が大きくなりすぎれば立法統制はきかなくなるし，何でも立法権で決めていくということになれば行政権の柔軟性が失われる。要はそのバランスが肝要である。

　なお，行政機関の側からみればこの風景はおおきく異なる。

　新規立法や改正案の作成の最初のステップは省庁内部の作業である。まず，担当課のレベルで関連資料が作成され，それに基づいて局内，ついで省内の意見調整等がおこなわれる。その後，審議会等の意見聴取がおこなわれたり，関係省庁との調整（法令協議）がおこなわれたりする。その中で原案は固められていく。

　次のステップは内閣法制局の下審査である。内閣法制局の審査は本来，閣議請議（内閣法第4条第3項）がなされてからおこなわれるが，後の手続きをスムーズに進めるために事前の審査がおこなわれる。ここまでは主に技術的・専門的なプロセスである。

　最後のステップは政治過程である。法案は立法府側の与党の事前審査に諮られ，そこで提案内容の了承がとりつけられる。これは後に法律案が国会に提出された際にスムーズに成立に向かうための根回しである。その後に公式の閣議請議が開始され，内閣法制局の本審査がおこなわれ，事務次官等会議を経て，閣議決定へと進む。そして，国会に法律案が提出され，過半数の賛成で可決成立する。担当課にはここまでのプロセスを完遂する力量も問われる。

　こうしてみると法律案の作成（「立案過程」）についても行政機関が中心となっていることがよく分かる。

（K. N.）

　これに対し後期官房学は大学での講座設置とともに確立していったものである。それは，啓蒙思想の影響を受けつつ，行政学の一分野としてのポリツァイ学の確立に向かうものであった。後期官房学は国家統治の技術として，行政官僚制が必要とする知識の体系化がめざされていた。

　しかし，19世紀になると官房学から経済学が分岐し，官房学そのものも国家

学にとってかわられた。その背景には，神聖ローマ帝国の崩壊，立憲君主制への移行，法学の発達，重商主義時代の終焉などがあった。なお，国家学は現代日本の公法学に連なっている。特に日本の国レベルの行政体制や中央・地方関係についてはこの系譜から学ぶものが多い。

　日本の現代法学は，もっぱら法解釈学を中心としており，立法学ないし法政策学は主流の位置にはない。しかし憲法分野の憲法政策論，刑法分野の刑事政策学，行政法分野の政策法務論などでは公法学を基礎としつつ，積極的な政策提言も展開されている。また，民法分野における夫婦別姓問題や消費者法のあり方など，具体的な政策提言につながる議論も数多くおこなわれている。

　法律は政府政策の重要な表現形式であり，私たちの社会生活の根幹をなしている。また，立法技術や法解釈技術は，公共政策学に含まれる政策論議にとって重要な意味を含んでいる。以上をふまえつつもここでは，法学分野が主として「手続の合理性」を重視するものであることを強調しておこう。

経済学分野の系譜

　経済学もまた国家経営や経済政策において具体的な政策提言を数多くおこなってきた。最初に登場するのは絶対主義体制下の重商主義政策である。重商主義政策は，絶対主義国家を維持するための貿易や蓄財のノウハウであった。この重商主義を批判したのが，古典派経済学，すなわちアダム・スミス（A. Smith）の『国富論』（1776年）であった。スミスの学説は，産業革命以降の時代の「国富をいかに増加させるか」という問題と向きあっていた。

　しかし，経済活動がいっそう発展すると古典派経済学もまた批判された。そこに登場したのがカール・マルクス（K. Marx）の理論や現在のミクロ経済学に連なる諸理論であった。マルクス主義経済学は，のちの社会主義の計画経済・政治体制を準備した。現在のミクロ経済学に連なる諸理論は，自由放任主義，市場の失敗，経済主体の合理的行動，需給均衡，パレート効率性などの諸概念を打ち出した。これらは現代の公共政策学でもよく登場するものである。

　20世紀前半の経済学説はさらに飛躍した。ジョン・メイナード・ケインズ（J. M. Keynes）の『雇用・利子および貨幣の一般理論』（1936年）によってマクロ経済学が確立され，その成果が政府政策に取り入れられていった。こんにち

第1章　政　策

の財政政策はケインズ主義政策とも呼ばれる。また，ケインズ主義は，アメリカの1920年代の大恐慌後のニューディール政策（New Deal），あるいはその後の不況時の財政政策の基礎理論ともなった。

　さらに，第2次世界大戦後のアメリカでは，管理科学，OR（Operations Research），システムズアナリシス（Systems Analysis），そしてゲーム理論（Game Theory）などの，公共政策学でもなじみ深い諸理論が登場した。核抑止の理論（恐怖の均衡）や意思決定を科学的に分析しようとした1960年代の米連邦政府を中心に取り組まれたPPBS（Planning, Programming, and Budgeting System）はこの時代の産物である（第8章参照）。

　20世紀後半になると，ケインズ主義政策への批判とともに，ミルトン・フリードマン（M. Friedman）やフリードリヒ・フォン・ハイエク（F. Hayek）などに端を発する新自由主義政策が登場した。これらは政府が財政危機におちいる中で，金融政策に注目した政策提言をおこない，マネタリズムとも呼ばれた。マネタリズムは，1980年代のロナルド・レーガン（R. Reagan）大統領の経済政策＝レーガノミクス（Reaganomics）やマーガレット・サッチャー（M. Thatcher）政権によるサッチャリズムに影響を与え，そこで取り組まれた諸政策は日本を含め，世界中に波及することとなった。

　20世紀末期から21世紀初頭にかけては，ミクロ経済学を基礎とする「新制度派経済学」の政府政策への影響，特に行政改革での活用が顕著となった。これらを摂取しつつ財政規律を重視しようとしたのがNPM（New Public Management）である。NPMとは，新制度派経済学と管理者主義の知見をふまえ，行政改革・行政実務に必要な知見・手法を収集し，そのエッセンスを政府経営の効率化策として吸収しようとしたものである（Hood 1991）。

　経済学分野は，政府政策への高い政策提言能力を特徴としている。またその中核にあるのが経済合理性である。ここでは，経済学分野が「内容の合理性」により強くコミットするものであることを強調しておきたい。

政治学分野の系譜

　現代公共政策学は，法学，経済学説などの従来の学問分野に「民主主義」の要素を加味しながら成立してきた。従来の学問分野に「民主主義」の要素を加

37

第Ⅰ部　いまなぜ公共政策か

味する重要な役割を演じてきたのが，政治・行政学であった。

　政治・行政学は20世紀の大衆化・民主化を背景に大きく発展した。現代公共政策学は，政治・行政学の合流を抜きにして語ることはできない。特に公共政策学の中核をなす「政策過程論」において，その影響は顕著である。

　政策過程論は，「政策決定」を境界線として，「前決定過程」と「政策実施過程」に分けられる。「前決定過程」においては，権力主体間の政治過程，あるいはマスメディアや市民社会との相互作用による社会過程が論じられる。ここでは政治学の知見が基礎となる。もう一方の「政策実施過程」は，官僚制内部のメカニズムや官僚制と社会との相互作用についての議論が中心となる。ここでは行政学の知見が基礎となる。

　政策過程論は1950年代の「政策決定」の研究にはじまり，1960年代から1980年代にかけて「前決定過程」と「政策実施過程」の方向へと拡張されていく，という経過をたどった。研究対象の拡張の背景にあったのは，政府規模の拡大と大衆化の急速な進展であった。

　政治・行政学と公共政策学との違いは研究対象にあった。政治学は「政治権力」を対象とし，行政学は「官僚制」を対象とする。これに対して公共政策学は「公共政策」そのものを対象とする。政府そのものの権力構造やその内部構造に関する研究は，もちろん重要である。そのうえで，政治・行政学の側からみれば，社会的な視座や，民主主義の観点を補強する文脈から，公共政策学が注目されてきたといえる。

　冒頭に述べたように，公共政策学は，その当初から，学際的な「民主主義の学」への再編をめざそうとしていた。19世紀から20世紀にかけての「国家の時代」から「市民の時代」への転型期に生まれた現代公共政策学は，その中核に民主主義という価値を据え，政策論議を専門家や政府関係者のコミュニティから市民に開放しようとしてきた。

　政策論議の社会的な解放に際しては，異なる意見の衝突や見解の相違も起こりうる。その中で，公共政策学には，さまざまな社会問題を解決していくための基本知識を提供することが求められている。このような異なる意見の衝突や見解の相違に深くかかわってきたのが政治・行政学分野である。あらためて，ここでは，政治・行政学の貢献として「民主主義」の視点を強調しておこう。

38

参考文献

秋吉貴雄・伊藤修一郎・北山俊哉（2015）『公共政策学の基礎（新版）』有斐閣。

足立幸男（2009）『公共政策学とは何か』ミネルヴァ書房。

―――・森脇俊雅編著（2003）『公共政策学』ミネルヴァ書房。

今村都南雄（1998）『行政学の基礎理論』三嶺書房。

大森彌（1981）「政策」日本政治学会編『政治学の基礎概念1979』岩波書店，130〜142頁。

行政管理研究センター編（2008）『詳解・政策評価ガイドブック――法律，基本方針，ガイドラインの総合解説』ぎょうせい。

辻清明（1966）『行政学概論（上巻）』東京大学出版会。

―――（1991）『公務員制の研究』東京大学出版会。

西尾勝（1995）「省庁の所掌事務と調査研究企画」西尾勝・村松岐夫編『講座行政学政策と管理（第4巻）』有斐閣，39〜76頁。

―――（2001）『行政学（新版）』有斐閣。

松下圭一（1991）『政策型思考と政治』東京大学出版会。

蝋山政道（1954）「政策」「政策学」『政治学事典』平凡社，710〜711頁。

Dunsire, Andrew（1979）, *Control in a Bureaucracy,* Palgrave Macmillan.

Hood, Chrostpher C.（1991）, "A Public Management for All Seasons?," *Public Administration,* 69(1)：3-19.

――― （1998）, *The Art of the State: Culture, Rhetoric, and Public Management,* Oxford.

Lasswell, Harold D.（1971）, *Preview of Policy Sciences: Policy Sciences Book Series,* Elsevier Science.

Lerner, D. and Harold Lasswell（1951）, *The Policy Sciences,* Stanford University Press.

Simon, Herbert A.（1983）, *Reason in Human Affairs,* Stanford University Press.（佐々木恒夫・吉原正彦訳『意思決定と合理性』ちくま学芸文庫，2016年。）

（南島和久）

第２章
歴　史
──公共政策の今日的位相──

――― この章のねらい ―――

　第１章では，公共政策とはそもそも何か，また公共政策学は何をめざす学問
なのかについて簡単な説明をおこなった。これを受けて，第２章から第４章で
は，いま現在，日本社会に生きる私たちが，何よりもまず「市民」として公共
政策を学ぶ意義について考えたい。公共政策学はときに，もっぱら政治家や官
僚，あるいは「統治者」や「政策専門家」のための学問として捉えられること
があるが，本来は決してそのようなものではない。第２章では，私たち市民が，
どのような歴史的背景のもとで公共政策を担う主体として登場することになっ
たのかを振り返り，確認する。

1　歴史的発展モデル

　そもそも，日本をはじめとする先進諸国は，いかなる経緯をたどって現在の
状況にあり，どのような問題を抱えているのだろうか。また，それに対してど
のような主体が公共政策の担い手として登場してきたのだろうか。

　第２部で詳しくみるように，実際にある問題が「社会問題」として認知され，
それに対して具体的な解決策が立案・実施され，さらにそれが一定の効果を発
揮するまでには，長い複雑なプロセスがある。これに対して本章では，そうし
たミクロな視点から公共政策の実態を理解するのではなく，よりマクロな歴史
的視点から俯瞰的に把握することをめざしたい。

　具体的には，次のような単純な図式を想定する。すなわち，社会状況の変化
が新たな政策課題をうみだし，その結果，そうした新たな課題に対応すべく新
たな政策主体が登場してくる――たとえば，都市化が進展し，都市問題が発生
すると，それを解決するための専門家が登場してくる，といった具合である。

41

第 I 部　いまなぜ公共政策か

もちろん現実はこれほど単純ではなく，新たな政策課題がうまれたにもかかわらず新たな政策主体が登場せず，その結果，課題が解決されないまま放置され，社会全体が危機に陥る，ということもある。また他方で，新たな政策主体は登場しないものの，旧来から存在する主体がどうにか対応する，といったこともありえよう。くわえて，「社会の変化 → 新たな課題 → 新たな主体」という因果関係の向きも実際には一方向のみ，というわけではない。たとえば，新たな政策主体の登場が結果的に新たな政策課題の「発見」につながり，その解決がさらに社会の変化をもたらす，ということも考えられる。だが本章では，大まかな見取り図を示すことが目的なので，あまり議論を複雑にせず，単純な説明にとどめたい。

近代化モデル

　以上の図式についてもう 1 点補足しておくと，本章では先進国がおおよそ共通した歴史的変化を経験し，それによりおおよそ共通した課題に直面し，その結果おおよそ同じような政策主体が登場した，と想定している。いわゆる「一国史」的な近代化モデル，ないし単線的な進歩史観に準拠した議論だが，もちろん現実はきわめて複雑かつ多様であり，そもそもあらゆる先進国に共通する一般的な歴史発展モデルのようなものが存在するか否かについては議論の余地があるだろう。だが，本章では，あえて単純なモデルを採用し，それに基づいて公共政策の歴史的動態を理解することにしたい。その理由は，第 1 に，このような一般的モデルを利用することで，日本を他の先進諸国の中に位置づけ，相対化することができるからである。ともすると私たちは，自分たちの抱える問題が自分たちだけの特殊な問題だと考えがちである。だが現実には他の国でも同様の問題を抱えていることが少なくない。仮説的に一般的なモデルを想定することにより，そうした比較や相対化がより容易になると考えられる。単純なモデルを利用する第 2 の理由は，第 1 の理由の裏返しだが，一般的なモデルが存在してこそ日本の特殊性をより正確に把握できるようになるし，各国ごとの多様性もより明確に理解できるようになる，ということである。いうまでもなく，先進国とひとことでいっても，そのあり方は多様であり，公共政策の観点からも複数のタイプが存在する。たとえば，アングロサクソン型の国家と大

第2章 歴史

陸ヨーロッパ型の国家，さらには北欧型の国家を区別することはめずらしくない。ただ，こうした分類も，先進国間の共通性を前提にしなければ，かえって誤解を招きかねないだろう。実際，議会制民主主義や政党制，独立した司法，またそれを支える憲法など，基本的なところですべての先進国は共通した制度や仕組みを有している。そして，こうした共通性は制度に関する面だけでなく，政策の内容や理念，政策にかかわる主体についても一定程度見られるものである。

　そこで，以下では，近代以前の国家が近代化を経て，どのような変遷をたどって発展し現代にいたったのか，そしてそのプロセスにおいてどのような政策課題に対してどのような政策主体が登場してきたのか，順にみていくことにしたい。

2　近代以前の国家

国家の成立

　まず，近代以前の国家がどのような社会状況のもと，どのような政策課題に直面し，それに対してどのような政策主体が登場してきたのか，簡単にみておこう。

　そもそも歴史的に国家の成立をどの時点にみいだすかについてはさまざまな議論がある。また近代以前とひとことでいっても，古代から中世，近世と大きく変化している（また近世は近代初期と捉えるべきとする議論もある）。くわえて，そもそも国家をどのように定義するかについてもいまなお論争が続いている。だがここでは簡単に以下のように理解しておこう。

　いわゆる部族社会の段階を超え，商業の発展や農業の大規模化が起こり，社会階層の違いが大きくなり「身分」が生じるととともに，集権的な支配権力が成立し，原始的な国家がうまれることになる。その後，多くの国家は紆余曲折を経つつ，存続・繁栄するべく多くの機能を担うようになり，さまざまな活動をおこなってきた。近代以前と近代以降で区別するのは，そこに大きな断絶があるからであり，のちに述べるように，ある意味において公共政策は近代の産物であるともいえる。ただ実際には，近代以前と近代以降には連続している面

43

もあり，また近代国家の特質を明確にするためにも，まず近代以前の国家について説明しておきたい。

部族社会の段階を超え，国家が成立するとともに，国家は次のような活動をおこなってきた。そのうちのいくつかはかたちをかえて近代以降にひきつがれており，現在の公共政策の原型をなすものとなっている。

支配の正当化・正統化

第1に，原始的なものであれ，国家は，特定の部族集団や血族集団を超えた広がりを持つものであり，当初はもっぱら暴力によって支配するとしても，それだけで秩序を維持し続けることは困難であるため，支配を正当化・正統化するための理念を必要とした。そして近代以前の国家においては，一般にそうした理念は宗教によって提供された。それは，古代ローマ帝国や中世ヨーロッパにおけるキリスト教のような普遍宗教であることもあれば，邪馬台国の卑弥呼にみられるようなローカルな信仰に基づくものであることもあった。近代以前の国家は，そうした宗教的な理念を「発明」するか，あるいはすでに存在する理念を「利用」するなりして，人々の支持を調達しなければならず，そのための「プロデューサー」や「知識人」のような人物が必要とされた。

ただしその一方で，国家は，そうした象徴的・理念的な次元で人々からの支持をえるだけでなく，実質的に人々の生活に「役立つ」必要もあった。実際，多くの古代国家は，農業生産の拡大や商業の発展のために，大規模な治水や利水，また交通網の整備をおこなった。国家の成立によってはじめて，部族や村のような小さなコミュニティでは対応できない大規模な公共事業をおこなうことが可能となり，その結果，経済的にも社会的にも飛躍的な発展を遂げることとなったのである。そして当然のことながら，そうした公共事業をおこなうためには，さまざまな知識を有し，実際に現場を指揮・監督する技術者集団が必要とされた。農業，治水や利水，土木などにかかわる専門家が，一種のテクノクラートとして登場してきたわけである。実のところ，古代エジプトのピラミッドにせよ古代中国の大運河にせよ，非常に高度な技術と技術者集団なしには実現は不可能だっただろう。なお日本のように，国家の成立が比較的遅く，先進的な文明圏の周辺に位置した国では，いわゆる「渡来人」や「帰化人」がそ

うしたテクノクラートの役割を担うこととなった（cf. 上田 1965）。

公共事業

第2に，こうした大規模な公共事業をおこなうには，それに必要な費用と労働力をまかなうべく，効率的・効果的に徴税をおこなうとともに，広範な地域から労働力を集める必要があった。そしてそのためには，領土を実効的に支配する強制力と，集めてきた税と人々を記録し管理する官僚組織が形成されることになった。またそもそも，課税を計画的に実施しようとすれば，どこにどれくらいの人間が住んでおり，どのような経済状態にあるのか，また，どのような農産物がどの程度収穫されているのかをおおまかにでも把握しておく必要もあった。くわえて，事業を実施するうえでどれだけの労働力と資源が必要かを見積もり，それらを実際に集めてくることのできる高度な管理能力を持った人物も必要とされた。

軍事と外交

第3に，国家の規模が大きくなるにつれ，他の国家や部族集団との間で紛争が起きやすくなり，それに対応する能力も求められた。農業に適した地域はかぎられており，そうした地域は奪い合いの対象になりやすいうえ，規模の拡大はさらなる規模の拡大を招き，その結果，他の国家と衝突することになりやすい。また，ゲルマン民族の古代ローマへの侵入や，遊牧民族の古代中国への侵入のように，国家を脅かす部族集団がしばしば存在した。こうした状況のもと国家は軍事力を強化せざるをえなかったし，逆にまたそうして手に入れた軍事力を今度は他の国家や地域を侵略するために用いることになった。なお，古代都市国家のように，国家の規模が小さい時にはすべての成年男子が戦闘にくわわることもあったが，通常は，国家の規模が拡大するにつれて，軍事に専従する集団が現れ，戦争の専門家が現れた。また同時に，実際には戦争だけで紛争を解決することはできないため，外交もおこなわれるようになり，それに伴い外交官や外交儀礼のようなものもうまれてきた。くわえて，こうした軍事力の増強と同時に国内の暴力の独占も進められた。豊臣秀吉の「刀狩り」にみられるように，武器は軍事専門集団のみが所持できるものとなり，それ以外の人々

第Ⅰ部　いまなぜ公共政策か

からは取り上げられていくことになった（ただし実際には江戸時代に入ってからも害獣の駆除などのため農村には相当数の鉄砲が存在したと指摘されている）（cf. 塚本1983）。

法制度の整備

第4に，近代以前の国家も，その多くは，農業のみによって維持されていたわけではなく，一定程度の商業・交易活動を前提とした。そのためには，交通網を整備するだけでなく，貨幣を発行し，度量衡を統一するとともに，取引のためのルールや制度，また，紛争解決のためのルールや制度（裁判所など）を整備する必要があった。古代ローマがその典型だが，もちろんすべての国家がそれほど高度な法体系を有していたわけではない。とはいえ，国家が国家らしくなるにつれ，法体系が徐々に整っていくとともに，紛争を解決するための専門機関がうまれてくる。また，国によっては，そうした法を司る専門家集団が登場してくることになる。紛争の放置は当該地域の税収を減少させるだけでなく，社会そのものを混乱に陥れる危険もあるため，社会的な紛争の解決は，近代以前の国家の大きな役割の1つであった。なお，法の登場は，のちに国家権力に対する制約として機能することもあった点に注意する必要がある。ヨーロッパではとりわけ中世以降，王や貴族ですら法に従わなければならないという感覚が強まり，現在の「法の支配」の源となっている。

君主・国家・官僚の理想像

以上のように，近代以前の国家も数多くの仕事を抱え，また，そうした仕事をこなすための官僚集団や専門家集団，軍隊などを抱えていた。また同時に，国家の支配者は，そうした仕事を効果的に遂行するべく，彼らを使いこなすとともに，彼らが利権集団化しないようにしながら，その士気と能力を高める必要があった。当然のことながら，官僚集団や軍隊はしばしば怠けたり，私腹を肥やしたり，ときには支配者に反逆したりしたからである。洋の東西を問わず「帝王学」に関する書物が数多く執筆され，君主としての心構えや振る舞い，知識やモラルについて盛んに論じられることになったのは，このためである。またそれにあわせて，あるべき国家の姿や理想の国家像・社会像といったもの

第2章 歴 史

―― *Column* ④　18歳選挙権 ――

　日本の選挙権の歴史を語る際に最初の契機となるのは，1868（明治元年）の五箇条の御誓文の文言（「広ク会議ヲ興シ万機公論ニ決スヘシ」）である。その後，1889（明治22）年の大日本帝国憲法を中心とした統治構造が整えられる際に，議会制度が整備され，選挙も開始された。1890（明治23）年の第一回総選挙の際にはよく知られているように，直接国税15円以上を納める25歳以上の男子，すなわち人口の1.13％が選挙権を持った。その後の選挙制度史は，もっぱら選挙権の拡大史として説明される。

　まず，1900（明治33）年には納税要件が10円にまでひきさげられ，1919（大正8）年にはこれが3円にまでひきさげられた。そして，1925（大正14）年には納税要件が撤廃され，男子普通選挙（普選）が実現した。ここまでは納税要件を縮小することで有権者の拡大を図ってきた歴史である。さらに戦後になると，1945（昭和20）年に婦人参政権の付与がGHQの指令に基づいて実施され，20歳以上のすべての男女にまで選挙権が拡大された。そして，戦後70年目の節目であった2015（平成27）年には，公職選挙法の改正によって年齢要件が18歳にまでひきさげられることとなった。その背景にあったのは，2007（平成19）年に公布された憲法改正国民投票法で投票権者が18歳以上とされたことであった。

　ところで，ここまでの選挙権の拡大史をもって，日本の民主主義は進展したと説明してよいものだろうか。もちろん選挙権の拡大は民主主義の進展にとって重要な要素である。しかし，それが民主主義のすべてなのではない。

　R.ダールによれば，民主主義にとって重要な要素は，「参加」の機会とともに，権力に対する異議申し立ての「自由」にあるとされる（R.ダール著（高畠通敏他訳）『ポリアーキー』岩波書店，2014年）。18歳選挙権への拡充の際には選挙の際の政策論も強調されている。その中心には政府への批判を自由に論じる表現の自由をはじめとした市民的自由がある。そうした自由権の内実を実質化させることで，さらなる民主主義の進展を語りうるだろう。　　　（K. N.）

も論じられるようになる。ただし近代以前には，多くの場合，社会や国家のあるべき姿をめぐる議論は宗教の観点から論じられ，宗教とは関係なく理想の社会や国家について議論がなされるのは基本的には近代（ないし近世）にはいってからのことである。

　なお，当然のことながら，近代以前の国家にも官僚制が存在したが，それは

現在の近代的な官僚制とは大きく異なっている。中国の科挙制度などの例外を除けば，官僚のポストは基本的に世襲であって，能力に基づくものではなかった。また公私の分離という発想も弱く，支配者の私的な「家来」がそのまま国家運営にあたっていた。また，官僚養成の仕組みも不十分であり，近世にはいると官僚養成学校のようなものがうまれてくるが，多くの場合，そこで教えられる内容は体系的でなく，一般教養や宗教教義，道徳規範や心がまえの伝授が重視されがちであった。

国家以外の主体

以上，近代以前の国家による公共政策の展開と，それを支える主体について簡単に説明した。最後に，国家以外の主体も社会問題の解決にあたっていたことを指摘しておこう。たとえば，宗教団体は，ほぼあらゆる国と地域でローカルな公共財の提供を担ってきた。日本でも四国に行くと無数のため池があり，その多くが弘法大師がつくったことになっているが，もちろん実際にはそのすべてを空海がつくったはずはないにせよ，なんらかのかたちで宗教活動のかかわりがあったことが推測される。また，行基や重源のような勧進聖・勧進僧もまた橋や道路の整備，河川の改修などをおこなってきた（cf. 尾田 2017）。

ちなみに，いまなお中東や北アフリカなどでは，イスラム教の団体が，学校や病院を設立し，道路や橋の建設をおこなっていることがある。くわえて，多くの宗教団体は，いわゆる「弱者」の保護もおこなってきた。日本では，聖徳太子が設立したといわれる悲田院や，叡尊や忍性などの律宗集団の活動が有名だろう（cf. 松尾 1996）。また，多くの宗教において，喜捨をおこなうことが当然とされ，それらもまた一定の弱者救済の効果を持った。

宗教団体以外にも，家族や親族集団，あるいは地域集団，あるいは職能団体なども社会問題の解決にかかわってきた。子育てや介護，教育などのサービスはこれらの集団によって提供されたし，近年の「コモンズ研究」が明らかにしているとおり，ローカルな自然資源の維持・保存も地域コミュニティが担ってきた（Ostrom 1990）。あるいは，日本の「講」や「結」のように一種の保険的互助の仕組みも存在し，そのうちのいくつかは近代以降もかたちをかえて（信用金庫や保険会社として）生き延びている（cf. Najita 2009=2015）。また一種の慈

第2章 歴史

善活動として，地域のリーダー（日本では「庄屋」のような人々）が率先して私財を投げうち，社会問題の解決にあたった例も少なくない。

ただし，こうした前近代社会におけるローカルな公共財の提供や社会サービスの提供は，しばしば属人的で不安定であったし，必ずしもつねに適切に運営されたわけでもない。また「村八分」のようなインフォーマルな抑圧によってはじめて可能になっていた面もある。とはいうものの，結果的に，こうした財やサービスが提供されたコミュニティや地域のほうがより繁栄する可能性が高かったのは確かであり，また，コモンズなどにみられるように，いまなおこうした仕組みがかたちをかえて存続し，社会問題の解決に寄与しているものも存在する。

3　近代国家の成立

人々の価値観の変化

以上のような前近代社会・国家は長く続いたが，その後，多くの地域において，産業革命の進展と貨幣経済の浸透により資本主義が成立するとともに，国家は少なくとも理念的には宗教から切り離され（政教分離），社会階層にかかわらずすべての人が国民として位置づけられる近代的な国民国家がうまれることになった。むろん，そもそも近代とは何か，それはいつからはじまるのか，また近代国家とは何か，については諸説あり，ここでその詳細を紹介することはできない。

とはいえ，近代を画する，いくつかの重要な点は指摘できるだろう。大まかにいえば，人々の価値観の変化と社会システムの変化という2つの要素が重要である。

前者についていえば，啓蒙思想がうまれ，広く受け入れられるとともに，人々の価値観が大きく転換し，合理的な世俗主義が強まるとともに，宗教や地域コミュニティよりも国民共同体あるいは国民国家に対する忠誠心・帰属意識が強まった。また，市場の拡大と同時に，「世襲に基づく身分」ではなく「能力に基づく契約」が社会を構成する基本的な原理として考えられるようになるとともに，多かれ少なかれ権利の意識や感覚が共有され，自由や平等，参加が

49

第Ⅰ部　いまなぜ公共政策か

求められるようになる（cf. Phelps 2013=2016）。むろん，近代以降も，多くの人々は部分的には近代以前のモラルや価値観，信仰を持ち続けるが，しばしばそうした要素も近代化を支えるエートスとして機能した（プロテスタンティズムの倫理や儒教的徳にみられるように）。

社会システムの変化

　また後者の社会システムの変化についていえば，国家は宗教の圧倒的な影響力から徐々に離脱していき，封建的な中間集団の力を弱体化させ中央集権化することで自律的に存在するようになった。また，国民国家の成立によって国内市場経済が成立・拡大し，さらにそれが技術革新とあいまって，飛躍的に経済が発展した。しかも，こうして成立した近代国家は基本的に国民国家であり，国籍が重視されるようになるとともに，明確な境界線によって囲まれた領土を持ち，国境管理を厳格におこなうようになった。そして，こうした状況のもとではじめて「国益」という考え方がうまれ，そうした発想が国民に共有されていったのである。その結果，近代以前とはまったく異なったレベルと強さで国家間の緊張が高まり，国家は他の国家との競争に勝ち抜くべく，それ以前には考えられなかったほど強力かつ多様に政策展開をおこなうようになった。

　なお，先に触れたように，こうした近代への移行により，現実にはさまざまな限界や例外はあったものの，はじめて十全な意味で「公共政策」が存在するようになった（あるいはその条件が整った）といえる。というのも，近代以前の「公共性」は実際にはその時々の権力者や知識人によって都合よく解釈されたものであることが多く，ときに結果的に一般の人々の役に立つことがあったにせよ，たいていは一部の集団のためのものに過ぎなかったからである。

　このような意味での近代国家は，イギリスやフランスのように市民革命や産業革命を経て（あるいはそれと同時に）成立するケースもあったが，多くの場合，市民革命や産業革命が生じる以前に登場した。というのも，「遅れてきた国々」にとっては，イギリスやフランスのようなモデルとなる国家がすでに存在していたため，あとは国家主導でそれを模倣するだけ，と考えられたからである。

第**2**章　歴　史

政策主体としての官僚制

　では，こうして成立した近代国家は，どのような問題に直面し，それに対し
てどのような政策主体をうみだしてきたのだろうか。

　第1に，近代国家は，近代以前の分権的な政治制度を破壊し，中央集権的な
仕組みを整えると同時に，それを支える巨大な官僚組織とその具体的な担い手
である「高度な能力と知識を備えた専門家」を必要とした。近代以前のように
支配者の私的な家来に政策運営を任せるのではなく，国家そのものに仕える専
門的な官僚集団を養成するようになったのである。当初は，近代以前から存在
する上流階級（貴族や武士など）がそうした役割を担ったとしても，多くの場合
それでは人手が足りず（あるいはあらゆる階級から優秀な人材を発掘する必要に迫ら
れて），また，必ずしも官僚としてふさわしい実務的な能力や知識を備えてい
たわけではなかったため，積極的に官僚養成学校を設置することになる。もち
ろん近代以前にも，一部の領域で能力主義的な仕組みが存在しなかったわけで
はないが（日本でも勘定奉行などは能力重視だった），全面的に，血筋や家柄，宗
教などとは無関係に能力や知識に基づいて官僚をリクルートするとともに，そ
うした人々を体系的に養成するための教育機関を整備するようになったのであ
る。とりわけ法務官僚の養成は必須であったが，それにくわえて公共事業や軍
事力の強化を実現するための工学系の技術者集団，公衆衛生を担う医学者集団
が養成された（それゆえ「遅れてきた国々」の大学においては法学部・工学部・医学
部が最初に設立されることが多い）。むろん，そうはいっても，即座にこうした改
革が実現したわけではなく，とりわけ宗教や性別に関しては，長く差別的な扱
いが続いた。とはいえ，近代以降，少しずつではあれ，確実にそうした方向に
向かってきたといえる。

司法の成立

　第2に，中央集権化を実質化するためには，国内に存在するさまざまなルー
ルを一元化し，法体系を整備しなければならない。実際には，イギリスのよう
に，判例主義に基づき，慣習法も含めてゆるやかに一元化を進めた国もあれば，
フランスのように従来の慣習法を全面的に廃止し，まったく新たな法体系を創
設した国もあるが，いずれにせよ，近代国家は，近代以前の多元的な法慣習や

51

第 I 部　いまなぜ公共政策か

ローカル・ルールを廃止するとともに，国家としての統一的なルールを制定し，主権が国家に帰属することを明確にした。同時に，国家を実質的に支える官僚たちは，こうして制定されたルールに則り，非人格的に組織の歯車として働くことが期待されるようになった。くわえて，明治期の日本が苦労したように，国際社会の中で認められるためには，司法を担う専門的な法曹集団を養成するとともに，信頼性の高い独立した裁判所を設ける必要があった。

中央集権化

　第3に，先に述べたように近代以降，国家間の競争が激化し，各国は，その競争に勝ち抜くべく，膨大な軍事力とそれを支える財政基盤を必要とした。たとえばイギリスは，名誉革命以降，政治的危機感から中央集権化を進め，大幅な課税強化に成功した結果，オランダやスペイン，フランスといった当時のライバル国を圧倒する海軍力を手に入れた。その結果，植民地獲得競争に勝利し，大英帝国を築き上げることができたのである（cf. Brewer 1989=2003）。一般的なイメージとは異なるかもしれないが，しばしば，近代以前よりも以後のほうが，一般の人々にとっての課税負担は重くなる。近代以前の国家は近代国家ほど多くの仕事をしていないうえ，多くの場合，近代以前の世界観・価値観，あるいは伝統的社会慣行のもとでは，税の種類や額を増やすことは難しかったからである（たとえば江戸幕府は米以外のものに課税することが難しく，その結果ずっと赤字に苦しんだ）。それゆえ，近代国家にとっての大きな課題の1つは，いかにして多くの税を徴収するか，ということであり，そのためには国民に税を納めることに納得してもらうこと，また，正確かつ効率的に税を取り立てる官僚機構を整備することが重要であった。

「政治算術」と「生政治」

　第4に，国民からくまなく税を徴収するためにも，また，他国との競争に打ち勝つためにも，国家自身の現状把握が重視され，統計制度が整備された。すでにヨーロッパでは17世紀にはいると，国力としての「人口」が注目されるようになり，生命保険の死亡表などをもとにして人口推定をおこなう「政治算術」が流行したが（cf. 川北 2004），19世紀の科学的な統計学の成立とともに，

第2章 歴 史

本格的かつ大規模な調査や分析がおこなわれるようになった。よく知られているように、近代以前には、そもそも人口がどれくらいか、ということすら正確に知られていないことがほとんどであり、ましてや、国民の平均寿命や住居面積、栄養状態などについては伝聞程度の知識しか存在しなかった。ところが、国家間の争いが激しくなるにつれ、人口や寿命はもちろんのこと、戦争に際してどの程度の兵力が見込めるか、また、国力を支える農業や商業はどのような状況にあるのか、また、そのための労働力はどれほど必要か、といったことに関心が向くようになり、数量的な調査が熱心におこなわれるようになったのである（cf. 宮川 2017）。さらに、これらの取組みはのちに、特に大恐慌と第2次世界大戦をきっかけに、GDPや失業率といった、さまざまな経済指標の作成へとつながっていったのである（cf. Karabell 2014=2017）。

第5に、こうした調査の結果、また兵隊としての「人口」が重視されるようになった結果、貧困層の存在が注目されるようになり、その悲惨な生活の実態や平均寿命の短さ、栄養状態の悪さ、また教育程度の低さが指摘され、絶対的な貧困の解消や最低限の教育が提供されるようになった。良くも悪くも人々の生活に国家が介入するようになり、パターナリスティックな救済や支援が積極的になされるようになる。また、そうした介入＝支援をおこなうための専門家も大量に養成されるようになった。なお、こうした政策が展開された背景には、むろん慈善事業家や宗教団体からの要求も存在したが、それだけでなく、国家として、戦争に役立つ兵力を養成する必要があったことも大きい。ミシェル・フーコー（M. Foucault）らが指摘した、こうした人々の「生」への注目＝ケアの感覚は、社会全体に対する大規模な統計的調査と密接につながっていたわけである。看護師を専門的な職業として確立したことで有名なフローレンス・ナイチンゲール（F. Nightingale）が、戦場で兵士の看護にあたりながら、同時にすぐれた統計学者であったことはよく知られているとおりである（cf. 丸山 2008）。

産業革命と財閥

第6に、近代国家は、産業革命を受けて、かつてとはくらべものにならないほど多くのインフラ整備を進めるとともに、産業化・工業化を推し進めた。産

第Ⅰ部　いまなぜ公共政策か

業化は，大量のエネルギーと資源を必要とするものであり，そのためには，港湾や鉄道の整備，発電用のダムの開発，電気・ガス・水道の整備，石炭などのエネルギー資源の発掘など，大規模な公共事業を必要とした。先に述べたとおり，イギリスなどの数少ない例外を除いて，ほとんどの国は遅れた近代国家として「追いつけ追い越せ」を目標とせざるをえなかったため，自発的な産業発展を待つのではなく，国家による集中的な投資や産業育成をおこなったのである。こうした状況のもと，日本にかぎらず，多くの国で，特に経済成長の初期段階において，政府や有力政治家と密接なつながりを持つ企業がうまれた。いわゆる政商や財閥である。これらの企業は，高級官僚や有力政治家と深くつながりながら，（よくいえば）一体的に経済成長を追求していった。多くの政商や財閥は（少なくとも主観的には）国益を担う主体として自らを任じ，政治家や官僚と姻戚関係を結び，大隈重信と三菱財閥の関係にみられるように，ときに政治家のパトロンとして振る舞うこともあった。また，財閥のトップがみずから政治家になることも少なくなかった。

4　近代的合理化の試み

近代国家の病理

　以上のとおり，近代国家の多くは中央集権的な開発型の官僚制国家としてスタートするが，それはすぐさま大きな副作用を伴った。

　第1に，政府の巨大な権限は必ず巨大な利権を伴いそれは必ず腐敗をもたらした。権限のあるところにはワイロの誘惑が発生するし，同じことだが，権限を有するものはそれを不当に利用することで私腹を肥やそうとした。また，うえにみたような政商や財閥は，実際には政府と癒着した単なる利権集団に成り下がることも少なくなかった。こうした腐敗は，利権にあずかれない者からの憤激を招くだけでなく，結果的に，政策の質を下げ，政府の機能不全につながりやすい。また，こうした利権と腐敗の構造が強化されると，長期的な独裁政権がうまれやすい。いまなお発展途上国では，特定の政党や政治家が独裁的に長期にわたって権力を握り続けることがあるが，それはこうした構造の固定化によるものである。なお，こうした状況は，多くの開発独裁国家にみられるよ

54

うに，短期的には政治的安定をもたらし経済成長にとってプラスになることが
あるものの，長期的にはマイナスになることが多い。

　第2に，急激な開発と発展は，社会の流動化・不安定化を招くとともに，社
会的・経済的格差をよりいっそう押し広げることになりやすい。こうした状況
は，人々の不安を増大させるとともに，そうした不安がさらにまた多くの社会
問題をひきおこしがちである。このような心理的不安，ときにアノミー的な状
況は，自殺や犯罪の増加をもたらすだけでなく，テロや暴動，過激な政治運動
をもうみだすからである。

　第3に，近代化によって，古くからの息苦しい人間関係から解放された個人
は，個人としての自由を謳歌するようになる一方で，前近代的な互助関係から
徐々に離脱していくことになるが，実は当初は，こうした状況に対応できるの
は市場でサービスを購入することができる富裕層のみであった。とりわけ農村
部においては，貨幣経済の急激な浸透と，農業の高度化・産業化によって，か
つてのような安定的な共同体は徐々に衰退し，多くの人々が都市部に流出する
ことになった。

　こうして，近代特有の「病理」が悪化する一方で，それに対して，こうした
状況を批判する議論がなされるようになるとともに，具体的に問題を改善する
動きもうまれてくる。

「上からの改革」

　まず，経済成長と教育程度の上昇，またマスメディアの発達によって，一定
数の中流階級が登場し，徐々に「市民社会」が成立してくる。彼らは「自分の
頭」で政治や政策の問題について考え，他の人々と議論するための知識や能力，
時間を有し，貧困層のように「動員」されることが少ない。また，進学率の上
昇に伴って，大学は卒業したものの就職先がない（あるいはめぐまれた職業につ
けない）若者が増えてくるが，彼らの多くは既存の社会や政治のあり方を批判
的に捉え，旧来の仕組みを改善すべきと主張するようになる。くわえて，農村
から都市に流入してくる貧困層の多くが工場や港湾施設などで働くことになる
が，彼らの中から労働組合がうまれてくる。さらに経済発展とともに新たな産
業が勃興し，政府に頼らない自立した企業もうまれてくる。そして，彼ら，市

第Ⅰ部　いまなぜ公共政策か

民層，知識人，労働組合，新興企業群といった主体は，うえにみたような近代
国家成立当初の病理を深刻に受け止め，それに対処できない独裁的な中央集権
体制とその周囲の人々を厳しく批判することになる。そして，こうした状況の
もと，多くの国で「上からの改革」と「下からの改革」が試みられた。

　「上からの改革」は，一部の官僚や知識人，経済界や政治家といった比較的
「めぐまれた者たち」が，うえにみたような国家の失敗に対して危機感を覚え
るところからはじまるものである。通常，既得権の分け前にあずかることがで
きない疎外された非主流派のエリート層が中心になるが，ときに主流派のメン
バーでありながら危機感から改革を主導する者もないわけではない。彼らは，
しばしば主流派から外された恨みから，また国家的危機がみずからの危機に直
結することから，積極的に改革を唱え，ときに権力を奪取し，改革に成功する
こともある（もちろん権力の座につくとともに改革する気が失せることも多い）。日
本では戦前の革新官僚が有名だが，どこの国でもなんらかのかたちで発生する
ものであるといってよい。彼らの多くは基本的に正義や権利といった「理念」
に基づいて改革を進めるというよりも，国家体制の維持・強化のための合理化
の観点から，腐敗や癒着の根絶を訴えるとともに，より効率的・効果的な経済
成長政策を求め，そのための教育や科学技術の振興を唱えることが多い。それ
ゆえ，テクノクラートの発想と親和性が高く，政府内外の専門家集団と連携す
ることもある。ただし，そうした動きは，社会全体の発展を重視するからとい
って，必ずしも全体主義的ではないし，政府権力の強化を求めるともかぎらな
い。むしろ，政府の規模を縮小し，市場を重視したほうが国力増大につながる
と判断すれば，政府活動の削減が主張されることもありうる。また，人的資源
の効率的利用の観点から，教育の充実や機会の不平等の是正をおこなうことも
少なくない。

「下からの改革」

　多くの場合，以上のような「上からの改革」と並行して「下からの改革」を
めざす動きも生じてくる。先に述べたとおり，経済的にある程度豊かになり，
教育が普及し，マスメディアも発達することで，批判的意見を抱く市民がうま
れるとともに，人々のあいだで生活レベルの上昇に対する期待が高まり，多く

第2章　歴　史

の人々が社会的な不正や悲惨に対して敏感になるためである。こうした状況の
もと，合法・非合法を問わず野党が存在する場合には，それが人々の要求の受
け皿になり，改革をおこなうための「核」となる。ただし，政党のあり方は，
選挙制度や社会状況から大きな影響を受けるとともに，政府からの圧力や干渉
を受けやすく，政党，とりわけ野党がつねに「下からの改革」を実現する受け
皿として適切に機能できるとは限らない。成功するとすれば，強力な野党を支
える広範な社会階層が存在する場合であり，日本における自由民権運動やドイ
ツにおける社会民主党の成立などがその典型といえるだろう。逆に，政党に対
して期待が持てないような状況では，政党以外の主体（軍部や宗教団体など）に
期待が集まるとともに，テロを含めた草の根の政治活動が盛んになることにな
る。

　また，こうした政党による改革の試みとともに，個別の問題に対するローカ
ルな抵抗や要求もなされるようになる。一般に住民運動，市民運動と呼ばれる
ものだが，こうした運動は，教育程度の高い「啓蒙された市民層」によって担
われることもあれば，大正期の米騒動のように，近代以前のモラル・エコノミ
ーの感覚を持つ「庶民」によるものもあったが，いずれにせよ政府による一方
的な介入や決定に対して抵抗や抗議をおこなう者が存在するだけでなく，その
背後に，そうした抵抗に対して理解を示す一般の人々が存在したことが重要で
ある。というのも，こうした理解の広がりは，抗議や抵抗は単なるワガママで
はなく，むしろ権利として認められるようになったことを示しているからであ
る。とはいえむろんこうした活動は，弾圧されたり切り崩されたりして結局は
失敗することが多い。しかし，ときに運良く成功することもあるし，失敗に終
わるとしても，その後の政府の活動に大きな影響を与えることも少なくなかっ
た（たとえば米騒動は寺内正毅内閣の退陣と原敬内閣の成立に大きく貢献した）。

　なお，こうした「下からの改革」はときに「上からの改革」と連携し，大き
な力を持つこともある。ただしそれは理想的な「協働」になるとは限らず，下
からのエネルギーが権力側に吸い取られ，利用されて終わることもある。当然
のことながら，ことの成否は，政治的な駆け引きや交渉の巧拙によって決まる
面もあれば，相互の力関係のあり方や社会状況などによる面もあるが，そうし
たさまざまな条件によって下からのエネルギーが大きな力を持つようになれば，

57

それは民主化を推し進める動きになるし，上からの動きに吸い取られてしまえ
ば，戦前期のファシズムのような国家主義的な運動へと変質してしまうことも
ある。実際，日本においても，またイタリアやドイツにおいても，多くの草の
根の政治団体が，ファシズム体制ないし軍部独裁体制に吸収されてしまってい
る。また，民主化が進むにしても，一挙に転換することもあれば，漸進的な
「行きつ戻りつ」のプロセスを経ることになることもある。いずれにせよ，一
般的に，公共政策の大きな変化は，このような政治的な力関係の再編を伴うも
のである。

医師と弁護士

なお，もう1点，とりわけ日本における，弁護士と医師の果たした役割の大
きさについて触れておきたい。彼らはある意味で専門的エリート層に属するが，
その中から「下からの改革」を支えたり，リードしたりする者が数多くうまれ
てきた。弁護士にせよ医師にせよ，企業や政府で働きたくない知識人や富裕層
の子弟の受け皿になってきた面があるとともに（もちろん純粋に人の役に立ちた
いという欲求をかなえやすい職業でもあり），経済的に自立しやすい（組織に依存し
ないですむ）数少ない職業・地位であった。また，彼らは，「下からの改革」を
支える専門知識やネットワークを提供しやすい位置にあった。

ただし，彼らが活躍できたのは，活躍を許す条件が存在していたからこそで
あり，たとえば政治活動をおこなうと医師免許が剝奪されるような国では，医
師がそうした役割を担うことは困難だっただろう。また，当然のことながら，
そもそも司法が機能していないような国では弁護士も活躍できない。日本では
さいわい近代化以降，こうした職業の自立性は高く，社会的地位も低くなかっ
たうえ，政治的活動をおこなうことへの圧力も，あったとしても，活動そのも
のをまったく不可能にするほどではなかったといえる。

こうして，近代初期の開発国家特有の腐敗や失敗に対する批判と改革・改善
の試みがなされるにいたるが，そうした批判や提案が実を結ぶか否かで，その
後の発展の度合いが大きく左右されることになる。そこには多くの要因が関連
しており，ここでその詳細について論じることはできないが，いまなお多くの
困難を抱えている発展途上国はこの段階で「足踏み」をしていると考えられる。

第2章 歴史

自発的解決の取組み

なお，以上は，とりわけ政府に対する「上から・下からの改革」の動きについてであったが，当然のことながら，近代以降も，政府とは無関係に，社会問題を解決しようとする動きも強まった。教育の普及やマスメディアの発達によって，またそれに伴う国民意識の変化や権利・正義観念の普及によって，自分たちの抱える問題を自分たちで解決しようとする人々がかつて以上に数多くうまれてきたからである。先にみたように，近代以前にも宗教家や裕福な篤志家による慈善活動は存在したし，そうした活動の多くは近代以降も続くが，そうした「特別な人の特別な活動」にとどまらず，さまざまな領域や場面で多くの活動が展開されるようになったのである。日本でも戦前から，青年団の活動や農業協同組合の試み，労働組合を通じた相互扶助，学生によるセツルメント活動（貧困地域に住み込み貧困層への援助をおこなう）など，さまざまな動きが存在した。

ただし，いくつか注意すべき点もある。1つは，こうした活動の背後に，政府からの支援や圧力が存在したケースが少なくなかったこと，もう1つは，当初は自発的であっても，しばらくするうちに政府にとって都合のよい方向に誘導されたり強制されたりすることが少なくなかったことである。くわえて「上から・下からの改革」によって政府活動が拡大する中で，かえってこうした自発的な社会問題の解決の取組みが弱まっていく面もあった。政府活動が充実すればするほど，結果的に「政府におまかせ」という態度を助長しやすかったからである。

5 現代化とそれに伴う諸課題

現代的な課題

以上のような近代的な合理化の試みが成功すると，晴れて先進国に「仲間入り」することができる。とはいうものの先進国になったからといって，対処すべき問題がなくなるわけではない。というよりむしろ，より困難な問題に対処する必要が生じてくる。

そもそも，近代国家の成立当初は，先にみたとおり，政府が何をすべきかは比較的明瞭であった。具体的には，水道や電気，道路や鉄道，港湾などのイン

59

第Ⅰ部　いまなぜ公共政策か

― *Column* ⑤　参加型政策分析 ―

　社会問題が複雑化し，簡単に解決できない「厄介な問題」（wicked problem）が増加している現在，一般市民や利害関係者の間で広く合意を形成する必要がある。ただしそれと同時に，問題を実質的に解決しようとすれば，専門家の知識や判断が必要とされることも少なくない。一般に，この2つの要素，すなわち「市民の参加」と「専門家の判断」は矛盾すると考えられがちだが，近年，両者を統合する方法として「参加型政策分析」と呼ばれる仕組みが注目されている。「参加型政策分析」には，「コンセンサス会議」「市民陪審」「計画細胞（planning cell）」「討論型世論調査」など，いくつかのタイプがあるが，たとえば「市民陪審」は次のようなものである。

　まず裁判における陪審員制度のように，20人程度の市民が抽選で選ばれ，彼らが，3日から5日かけて問題となっているイシューについて議論をおこない，最後にその問題に関する結論を政府に提出する。ポイントは，単に市民同士が議論するのではなく，考え方や意見の異なる複数の専門家を招き，それぞれから話を聞くことで，問題についての理解を深めたうえで議論をおこなうことが求められることである。もともとイギリスではじまった仕組みだが，他のヨーロッパ諸国でも同様の仕組みが導入されつつある。従来型の市民参加の限界をふまえ，①特定の市民に偏らないように抽選で選ぶこと，②専門家の意見や知見を十分に参考にすること，③時間をかけて少人数で実質的な議論をおこなうこと，が重視されている。

　ちなみに，これに対して，「討論型世論調査」は，「市民陪審」と同様に抽選によって市民が選ばれ，さまざまな専門家から意見を聞いたうえで議論をおこなうことになっているものの，全体としての結論をだすことが求められるわけではなく，議論前と議論後でどのように人々の意見が変化したかをみるものである。一般的な世論調査とは異なり，十分な知識と議論に基づく世論の状況を把握することが重視されている。

(W. S.)

フラの整備，最低限の教育の保障や社会的弱者への支援（ナショナル・ミニマムの達成），経済成長のための投資などである。しかしながら，近代的な合理化がある程度成功し，こうした基本的なインフラやサービスがおおむね実現されるにつれ，政府や社会が対処すべき問題の性質も変化し，多様化・複雑化してきたのである。また近年ではグローバル化が進展し，ヒト・モノ・カネ・情報の動きが活発化することで，あらゆる物事が網の目状に相互に関連しあうよう

第２章　歴　史

になっており，１つの国や自治体だけで対応できない問題も増加している。そして，こうした変化に応じて公共政策にかかわる主体も拡大・多様化してきたのである。しかもその一方で，先進国になるころにはかつてほどの経済成長は見込めず，そのうえ（特に移民を受け入れていない国では）少子高齢化が進むことになる。近代的な合理化に成功した国家は，つぎの段階で，現代的な課題に直面し，それに対処する必要に迫られているのである。以下，簡単に説明しよう。

価値と利害の多元化

　第１に，社会が流動化・個人化するにつれ，人々の価値観や利害がますます多様化し，そもそも何を解決すべき社会問題と考えるのかについても意見がわかれやすくなった。だれもが必要とするような基本的インフラがひととおり整備されると，その後は，たとえば難病の人への支援のように，必ずしもだれもが必要とするわけではないが，必要とする人も一定数存在する，といったタイプのサービスを提供すべきか否かが問題とされるようになったのである。また，文化財や景観の保護のように，価値観によってその賛否が割れるような問題をめぐっても，政策の必要性について議論されるようになっている。こうした状況においては，かつて以上に関係者間の合意形成が重要になり，政府が市民に対して特定のサービスを一方的に押しつけることは難しい。近代初期のように，公共政策としておこなうべきことが比較的明確であった時期においては，政策の担い手の中心は政策を効率的・効果的に実現する官僚組織と専門家だったが，社会が成熟し，めざすべき方向があいまいになるにつれ，合意形成のための手続きやそうした調整をおこなう人材（ファシリテーターなど）が重要になってくるのである（cf. Susskind and Cruikshank 2006=2008）。

権利意識の拡大

　第２に，ただしその一方で，人々の価値観が多様化してきただけでなく，一定の方向に深化してきた点も見逃せない。たとえば，近年，ハラスメントやDV，子どもの虐待，学校でのいじめや体罰といった，私的な領域での「暴力」が問題視されるようになり，それに対する対策が進んでいるが，こうした変化はあきらかに人々の権利意識の深化と拡張に由来する。また同様に，

61

第Ⅰ部　いまなぜ公共政策か

LGBTや子ども，障害者，ときに動物といった，従来軽視されがちだった，さまざまな主体の権利も尊重されるようになりつつある。かつては特殊な人々の特殊な問題と考えられていたことが，社会全体として対処すべき公共的な問題として捉えられるようになってきたのである。そしてこれらの問題の多くは，全国一律型の対応によっては解決できず，政府だけでなくさまざまな関係者や専門家が互いに協力しながら慎重に取り組まなければ解決しがたい。このような点からも，公共政策の担い手の多元化が進みつつあると考えられる。

問題の多様化・個別化

　第3に，以上のような社会の変化，価値観の多様化・深化ともあいまって，問題の多様化・個別化も進んできた。多くの問題について，全国一律に適用できる「できあい」の解答をみつけることが難しくなっており，個別のケースごとに解決策を考えなければならなくなっているのである。そしてこうした問題の多様化・個別化は，現場レベルでの柔軟な対応が可能な政策デザインを求めることになり，その結果，地方分権の必要性を増大させた。こうしたことから，問題解決の主体として，中央政府だけでなく地方政府や政府以外の主体（地域コミュニティ，NPO〔Non Profit Organization or Not for Profit Organization〕，NGO〔Non Governmental Organization〕）が重要になりつつある。

ネットワーク化

　第4に，グローバル化とともに社会が流動化し，個人化が進展することにより，政府ばかりでなく，従来型の地縁・血縁組織による問題解決がますます困難になり，それにかわって，さまざまな主体間の水平的な協力や連携，ネットワークが重要になってきた。問題にかかわる利害関係者の数が増えるとともに多様化し，また同時に，問題の地理的範囲が曖昧化したり，問題の性質が複雑化したりしているのである。こうした状況のもとでは，問題を解決するにも，多様な主体が多様な形態でかかわらざるをえない。近年，社会問題の解決におけるネットワークやガバナンス，ソーシャル・キャピタルの役割が注目されている背景には，まさにこうした事情がある。ドナルド・ケトル（D. Kettl）などが指摘するように，かつて以上に，公共政策の担い手として政府以外のもの

が注目されるようになるとともに，その一方で，1つの NPO が単独で問題解決をおこなうことも難しくなっている。その結果，その都度その都度，関係者が集まり，問題を解決していかざるをえなくなっていると考えられる（cf. Kettl 2008=2011）。

政府の相対化

第5に，問題が複雑化し，グローバル化が進展する一方で，少子高齢化が進み，経済も低成長が続くようになるにつれ，政府ができることの範囲はある意味で小さくならざるをえない。政治的にも経済的にも，国民国家体制のもとでの中央政府の存在は，かつてほど圧倒的なものではなくなりつつある。もちろん中央政府の役割がまったくなくなってしまうことは当面考えにくいが，それにしても，その権力は相対的に小さくなっている。こうした状況のもと，社会問題を解決するうえでも，企業や NPO，自治体や大学など，他のさまざまな主体の役割が相対的に大きくなってきたといえる。

政策専門家の登場

さらに最後に，こうした複雑化した状況において，一般の市民や NPO の参加が進む一方で，公共政策にかかわる専門家の役割も重視されるようになっている。特に日本では，従来，公務員が実際の政策の立案と実施を担ってきたが，彼らの多くは法学部出身の文官であった（しかもその多くは学部卒であった）。だがうえに述べたように，社会が複雑化し，容易に解決できない問題が増えるにつれ，より高度な知識と能力を有する人材が求められるようになってきたのである。特にアメリカでは，はやくからポリシー・スクール（公共政策大学院）が設立され，その修了生たちが政策専門家として議会や政党，また NPO や NGO，シンクタンクなどで活躍してきた。彼らは，個別政策についての深い知識はもちろんのこと，その他にも，たとえばビジネススクールで教えられている「会計」や「マーケティング」，あるいは「組織マネジメント」や「統計分析」に関する知識も身につけており，より高度な政策立案をおこなうことが期待されているのである。近年，日本でもこうした人材を育成する必要が認められ，政策系の学部や研究科の設立が相次いでいる。

第Ⅰ部　いまなぜ公共政策か

参考文献

上田正昭（1965）『帰化人――古代国家の成立をめぐって』中央公論新社。

尾田栄章（2017）『行基と長屋王の時代――行基集団の水資源開発と地域総合整備事業』現代企画室。

川北稔（2004）「『政治算術』の世界」（『パブリック・ヒストリー』大阪大学西洋史学会，第1巻，1～18頁）。

塚本学（1983）『生類をめぐる政治』平凡社。

松尾剛次（1996）『救済の思想――叡尊集団と鎌倉新仏教』角川書店。

丸山健夫（2008）『ナイチンゲールは統計学者だった！――統計の人物と歴史の物語』日科技連出版社。

宮川公男（2017）『統計学の日本史』東京大学出版会。

Brewer, John（1989）, *The Sinews of Power : War, Money, and the English State, 1688-1783,* Unwin Hyman.（大久保桂子訳『財政＝軍事国家の衝撃――戦争・カネ・イギリス国家1688-1783』名古屋大学出版会，2003年。）

Karabell, Zachary（2014）, *The Leading Indicators : A Short History of the Numbers That Rule Our World,* Simon & Schuster.（北川知子訳『経済指標のウソ』ダイヤモンド社，2017年。）

Kettl, Donald F.（2008）, *The Next Government of the United States : Why Our Institutions Fail Us and How to Fix Them,* W. W. Norton.（稲継裕昭監訳，浅尾久美子訳『なぜ政府は動けないのか――アメリカの失敗と次世代型政府の構想』勁草書房，2011年。）

Najita, Tetsuo（2009）, *Ordinary Economies in Japan : A Historical Perspective, 1750-1950,* University of California Press.（五十嵐暁郎監訳，福井昌子訳『相互扶助の経済――無尽講・報徳の民衆思想史』みすず書房，2015年。）

Ostrom, Elinor（1990）, *Governing the Commons : The Evolution of Institutions for Collective Action,* Cambridge University Press.

Phelps, Edmund S.（2013）, *Mass Flourishing : How Grassroots Innovation Created Jobs, Challenge, and Change,* Princeton University Press.（小坂恵理訳『なぜ近代は繁栄したのか』みすず書房，2016年。）

Susskind, Lawrence and Jeffrey Cruikshank（2006）, *Breaking Roberts Rules : The New Way to Run Your Meeting, Build Consensus, and Get Results,* Oxford University Press.（城山英明・松浦正浩訳『コンセンサス・ビルディング入門――公共政策の交渉と合意形成の進め方』有斐閣，2008年。）

（佐野　亘）

第 3 章

市　民

―――政策の民主的制御―――

―― この章のねらい ――

　第3章では市民と政府，政府政策の関係を整理する。

　政策とその担い手は，固定的な権力を持つ支配者とその政治機構としての政府から，多様な市民や非政府の主体と，その信託をえた代行機構としての政府へと変わってきた。

　こんにちの都市型社会に生きる私たちは，みな，市民として公共政策の主体つまり当事者である。公共政策をめぐる考察は，つねにこの前提が内包されていなければならない。

　では，こんにち，「私たちの生活の基盤そのもの」である政策，それを動かす政治，その当事者であるはずの市民，その代行機構であるはずの政府との関係を，「公共」の政策学はどう捉えるか。

1　市民と政府と政策の関係

民主主義という「転換」

　人類の歴史のほとんどの期間，政治は，武力や血統により支配者としての地位を確立した治者がその権力を行使して人々を被治者として統治し支配する営為であって，その手段が政策であった。統治する，されるという関係は一般的に世代をこえて固定されていて，時折，その関係を逆転し治者としての地位を得たものは英雄と呼ばれた。民主主義の源流といわれる古代ギリシャでは，アテナイのように共和主義的な精神とそれを実体化した民会などの政治制度を「市民」がもつポリスもあったが，その「市民権」は一部の成人男性にかぎられていた。近代を経た私たちには，女性や奴隷など「市民」から疎外された被治者層の存在をみることができる。

65

近代化においては，ジョン・ロック（J. Locke）などが理論化したように，「市民」の信託を受けた代表者としての政府のすがたがあらわれた。だが，実態としては，治者の側に「財産と教養」ある有力者が「市民」としてくわわって，王の権力を新しい政治機構である近代国家に移し，その権力の正統性を制限選挙などで支えながら，政府を構成する治者と「国民」という被治者を「国」というシステムで結びつけるものであった。つまり，「市民」でない被治者である人々の側からみれば，近代化は，ある段階までは，支配者が「領主や王」から「国という政府」へと置き換わる変化だった。

ただし，近代民主主義理論が用意したのは，「置換」ではなく「転換」だった。それは「王が民を治める」から，「民が政府の主となる」という「主従」を入れ替える転換である。民主主義からみた近代化の進展は，選挙権の拡大に象徴されるように，政治・政策の主体としての「市民」を一部の有力者からすべての人々に拡張した。しだいに政治・政策が社会の基盤となるとともに，当事者としての市民が実体としてもあらわれてくる。

民主主義と democracy

ここで，「民主主義」が定訳としてあてられている "democracy" という言葉には，「主義」"ism" は入っていないことを指摘しておきたい（松下 2012：6）。接尾辞 "-cracy" は「〜による支配」を意味し，「主義」とは訳せない。政治体制には "autocracy"（専制），"monocracy"（独任制），"aristocracy"（貴族制），"bureaucracy"（官僚制），"stratocracy"（軍制）など，この接尾語がよく用いられる。Democracy の語源は，ギリシャ語で民衆を意味する demos と，権力や支配を意味する kratia をあわせた demokratia であり，demoracy とは「人々が支配する」体制やその状態をさしている。

カール・シュミット（C. Schmitt）はこれを「治者と被治者の同一」（Schmitt 2015：35）と表現した。つまり，デモクラシーとは「人々がみずからを治める」自治の状態，機構，体制を示す言葉といえる。

世界史でかならず学ぶロック，ルソー，モンテスキューなどの民主主義理論は，支配者と被支配者の関係の転換を意味するものであったために，近代化がある程度進むまでは危険思想としてあつかわれる。しばしば，「遅れてきた国」

の政府は，工業化には熱心だが，政府
の体制が「被治者」によって転換させ
られうる民主化にはむしろ冷淡になる
ことがめずらしくない。

　だが，近代化が進んで，人々のくら
しが公共政策で支えられるようになり，
教育制度によって人々の政治・政策に
対する素養が高まり，さらに政治権利
の拡大により民主化が進むと，民主主
義は，ユートピアでも「主義」でもな
く，「人々にとって必要不可欠な政策
を，人々の信託をえた政府が代行機関
として整備する」ための現実のシステ
ムとして機能しはじめる。

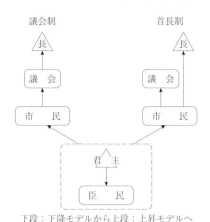

図3-1　松下圭一の政治機構模型
出典：松下（1991：211）。

　ただし，近代化によって工業化が進めば，スムーズに民主化も進むとはかぎ
らない。日本でいえば高度成長期における公害問題や都市問題の激化がおこり，
それに取組む政策主体としての市民と自治体が登場し，地域政治，地方自治の
かたちを大きく変えた。

　国政府を推進力とする近代化の展開と社会構造の変動，権力モデルの転換と
政策主体としての市民の登場をはやくから理論化し提起したのが松下圭一であ
る。松下は，近代化＝工業化＋民主化が進み，政策や制度が人々のくらしの基
盤となる社会形態を都市型社会（松下 1991）とした。「国→自治体→市民」と
いう権力の下降モデルから，「市民自治」を起点とした「市民→自治体→国」
という権力の上昇モデルへの転換を示し，日本の政治理論や思考様式を官治・
集権（中央集権）モデルから自治・分権モデルへ転換する必要性と，その遅れ
を厳しく批判していた（松下 1975：1991）。

　都市型社会における市民と政府と政策を捉えてみよう。公共政策は，社会に
ある無限の課題に対し多様な市民の自治として展開される活動と制度であり，
政府政策はその一部を一定の手続きで市民が政府という機構に委託したものと
して展開される。そこで，政府とそのアウトプットである政府政策が，市民の

第Ⅰ部　いまなぜ公共政策か

「必要」によりよく応えるものであるためには，市民がそれらをどのように「制御」できるのかという課題があらわれてくる。市民と政府との緊張がそこにある。

政策と公共政策学と市民

　都市型社会では市民つまり社会を構成するすべての人々が公共政策の当事者であり，公共政策は市民の自治の方策である。このことが公共政策学の「民主主義の学」としての視座を不可欠にしているが，一方で，民主主義とそれを構成する「市民」や「政治」は公共政策学にとって難しい要素でもある。その理由には，「科学としての研究」にとってこれらがときに阻害要因になること，公共政策の中でも政府政策研究に重心があったことの2点があげられよう。

　まず1点めについて。どれほど研究を進め，理論を深めても，政策には「一般的・普遍的につねに適切な政策」はない。そこには「正しい解答」が用意されていないのである。「科学的に正しい政策」はありえないとはいえ，政策研究は科学的探究でもある。政策を「科学としての合理性」をもって追究する者にとっては，政治は政策の合理性に非合理な作用をもたらす要素となる。構想した者にとってすばらしく合理的な政策も，「合意形成に向けた多数派工作」（足立 2009：8）としての政治や市民の存在がそれを変えてしまいうるからである。また，仮に，構想者の思いどおりの政策が実現したとしても，それが成功するとはかぎらない。未来を制御するためのツールである政策にはつねに可謬性を含んでいる。

　2点めについて。前述のように，近代化が相当に進むまでは，実態としては政策は「政府が国民を治める」手段だった。被治者としての人々ではなく，政策主体として政治にかかわる市民が現実に広く登場してくるのは，近代化が進み都市型社会に移行してからであり，世界的にみても20世紀後半からとなる。それまでは，したがって，政策とは政府政策であり，政策研究は政府政策研究だった。

　しかし，公共政策とその一部である政府政策が，市民によっていかに展開され制御されうるかという問いは，公共政策が市民の自治の取組みであり，市民が公共政策の当事者である以上，現在の公共政策学にとって重要で不可欠なテ

ーマとなる。

公共政策の主体としての市民

　都市型社会における，公共政策に対する市民の当事者性には，3つの側面がある。まず，社会のメンバーとしての側面，ついで，社会に存在する公共政策のユーザーとしての側面，最後に，政府のオーナーとしての側面である。

　1つめ，社会のメンバーとしての側面をみてみよう。都市型社会では公共政策は市民のくらしの基盤であり，政策課題の起点は，その社会に生きる人々の「困りごと」である。ひとりでは解決できず，社会で共有される公共課題は，公共政策の整備による解決をめざすことになる。課題に直面する「困っている人」やその困難を「ほっとけない人」は，公共政策のネットワークを共有する同じ社会のメンバーとして，その課題に取り組むことができる。

　2つめ，公共政策のユーザーとしての側面をみよう。わたしたちの社会にはすでに多様な主体が展開する政策が存在する。市民はそれらの政策のユーザーとしての面を持つ。たとえば企業もそうである。企業の活動は，法令遵守（コンプライアンス）はもちろん，商品の開発や販売の方針そのものが，公共政策のありようにかかわる。市民はその方針に問題があると感じた時にその製品の利用や購入を避けること，逆に企業の方針に賛同してその企業の製品を利用したり購入したりすることがあるだろう。方針は英語で "policy"，つまり政策と同語である。近年では，過重労働が問題になった飲食チェーン店を利用しない動きが，企業の姿勢を変え対策を進めさせた例などを思いだすことができるだろう。そうした動きが，政府の政策対応につながることもある。ボイコットや不売運動は古典的な活動であるが，SNSなどの広範に拡散するメディアの登場は，市民の声を増幅させるものとなる。ただし，根拠のない批判が事実として爆発的に拡散され，「炎上」となるおそれもある。

　3つめ，政府政策と市民との関係でいえば，市民は政府のオーナーであり，かつ政府政策のユーザーである。政府の資源，権限は市民に由来し，その成果物である政策は，市民のくらしかた，生きかたに影響を与える。さまざまな意味で市民は政府政策の当事者なのだ。だとすれば，オーナーによるアクセスとして，ユーザーの声の反映として，政府の政策は市民から直接また間接に制御

第Ⅰ部　いまなぜ公共政策か

されうる。それを支えるものが市民参加と情報公開だ。

　こんにち，世界のあらゆる国が代表制による民主主義システムを持っている。では，都市型社会の政府の政策は市民によって制御されているのだろうか。そこで，次節では政府政策に対する市民制御の状況について検討しよう。なお，以降は，「人々のくらしが〈政策・制度〉によって支えられる都市型社会」であるこんにちの日本を念頭において説明する。

2　三層化する政府と市民

三層化する政府

　まず，政府の機能を確認してみよう。近代化は「近代国家」つまり国政府を推進力とする。そのため，日本をはじめ近代化を後追いする国では中央集権が強まる。松下の整理によれば，近代化の過程では３段階の政策展開がみられる（近代化Ⅰ，Ⅱ，Ⅲ型政策。松下 1991：40-46）。近代化Ⅰ型政策として「近代国家」の成立基盤となる議会や行政機構をはじめとする政治制度，国語・通貨・単位などが整備され，国政府の体制が安定すると近代化Ⅱ型政策として経済政策が本格的に展開される。しかし，国富の増大をもたらす経済政策は貧富の格差や環境問題を激化させ，これが社会資本・社会保障・社会保健といった生活権を保障する近代化Ⅲ型政策につながる。近代化Ⅲ型政策が本格的に整備されるには，政策また政治を「国による支配」から「市民による自治」に転換することが，近代化つまり工業化＋民主化の帰結としてすすみ，都市型社会に移行する。この都市型社会では，公共政策は多岐にわたり，人々のくらしの基盤となっている。こんにち，社会は巨大化し，政府の権限，資源，活動も巨大化した。公共政策の担い手は多様化しているが，そこでの政府の役割は，「人々のくらしに必要不可欠な政府政策の整備」となる。松下はこれを「シビル・ミニマム」と造語し（松下 1971：270-303），国レベルのナショナル・ミニマムの対概念として，自治体の総合計画や政策基準の策定に広く用いられた。

　だがこの役割を果たすには国政府だけでは不十分である。環境問題は国境を越えるし，地域にはそれぞれ政策課題がある。実際に，近代化を推進する国だけでなく，自治体また国際機構は，対象や権限，範囲は異なっても，政府とし

第3章　市　民

ての機能を果たしている。近代化がいったん成立させる国政府の「主権」は，こんにちでは絶対的なものではなく，一方では自治体に分権化され，他方では国際化され，国政府は三層化した政府の1つとなる（松下 1991：54-56）。これが都市型社会における政府の像である。

分権化と補完性の原理

　日本では，高度成長期の社会変動で激発した都市問題，公害問題をきっかけに，1960年代以降，全国各地で幅広い市民の運動が起こり，先駆となる自治体が，地域の課題に取組む政策主体としての役割を持ちはじめた。ときには国や省庁の圧力を受けながら，独自の，また国の政策を先導する政策を展開してきた。たとえば，横浜市は経済成長を重視するためゆるやかだった国の環境規制基準を超える規制を企業との協定（公害防止協定横浜方式）や行政指導で実現した。高層建築が中低層建築への日光を遮ってしまう問題では日照権を設定し，のちの建築基準法改正による日影規制に先鞭をつけた。自治体の情報公開条例は国の情報公開法に30年近く先行した。これらの取組みの多くは，1960年代半ばから1970年代に叢生した革新自治体によって進められたが，その手法，さらに市民参加と情報公開という方針は，これ以降，自治体に広く共有されていった。

　国際的にも地方分権は重視されてきた。補完性の原理，つまり自治体が国政府に優先して，市民にもっとも近い政府として地域課題に取り組むべきであることを規定したヨーロッパ地方自治憲章が1985年に採択され，未採択ではあるが，国連においても世界地方自治憲章が2000年に作成されている。

　1996年12月6日の衆議院予算委員会では，国が持つ行政権の範囲は，「地方公共団体に属する行政執行権を除いた」部分であるとの見解が内閣法制局によって示され，自治体独自の行政執行権の範囲が存在することが確認された。2000年分権改革では，国と自治体は「対等・協力」の関係にあるとされた。これは，強力な中央集権で近代化をおし進めてきた日本の政治体制にとって，きわめて大きな変革といえる。

　人々のくらしの基盤を政府政策によって整備することが政府の役割ならば，公共政策の課題の現場にもっとも近い政府つまり自治体が優先して課題を担う

71

第Ⅰ部　いまなぜ公共政策か

─── *Column* ⑥　常設型住民投票の意義 ───

　政府政策への市民参加・情報公開の手法は，先駆となる自治体が新しい取組みを展開し，伝播していくというパターンがある。近年，広がりをみせているのが，政策課題に対する市民による直接の意志表示となる住民投票である。

　地方自治法第74条では，条例制定改廃請求権（直接請求権）が定められており，住民が自治体の長に有権者の50分の１以上の署名をもって「ある課題について住民投票をおこなう条例」の制定を求めることができる。これによりおこなわれた日本初の住民投票条例は，1996年の新潟県巻町の原子力発電所建設の是非を問う住民投票であった。ただし，長や議会が「住民投票は必要ない」と判断すれば，それはかなわない。相当に大きな争点になっていても直接請求に応じない例もあった。たとえば，神戸空港の是非を問う住民投票は，神戸市内の有権者の４分の１をこえる約31万人の署名があり，政令市ではじめて直接請求が実現したが，議会はこれを否決した。

　「市民の意思の表出」を，一定の数の市民が求めたときには，議会や首長の意思にかかわらず可能とする制度の必要性はかねてからいわれていたが，一定数の署名が集まれば原則として住民投票をおこなう制度が，「常設型住民投票条例」である。「常設型住民投票条例」は，2002年に愛知県高浜市ではじめて施行され，2014年には54団体が制定している。なお，自治基本条例や自治体基本条例，まちづくり条例などで常設型の住民投票の規定を盛り込んでいても，その実施手続きを定めておらず，実際にはその規定による住民投票をおこなうことができない自治体もある。

　制度としての導入，また実施例も少なく，多くの議論はあるが，その論点には，間接民主制のなかでの直接の意思表出制度の正統性やその拘束力を問うもの，運用や制度設計に関するものがあげられる。ここでは，「特定の政策課題について市民が直接意思を表出する権利」のための制度として設計，運用されることの重要性を確認しておきたい。　　　　　　　　　　　　　　　（K. T.）

ことが合理的である。そうすると，自治体がその課題に対応できる権限を持つことが必要になり，分権化がうながされる。神野直彦は，「対人社会サービスの提供は地方政府の使命」（神野 2010：89）とし，国ができることは基準を整備し，資源を提供することまでで，行政サービスの提供は自治体がおこなっていることを指摘している。

国際化と国際機構

　次に，国際機構の政府としての機能をみてみよう。政策分野ごとの国際機構は，それぞれに国政府の政策基準に影響を与える政策主体として，その存在感を大きくしている。たとえば，地球温暖化問題における気候変動に関する国際連合枠組条約（UNFCCC）とその締約国会議（COP）により，共通目標が設定され，その目標に応じてそれぞれの国が国内法や基準を整備して政策を展開することが各国に責務として求められている。新型コロナ感染症（COVID-19）はもちろん，2016年にも発生した鳥インフルエンザや2014年に世界各地で罹患者がみられたエボラ出血熱など，感染症の世界的拡散への対応には世界保健機構（WHO）が示す，勧告・ガイドライン，疫学的政策基準が影響力を持つ。国際機構が策定する政策の強制力は，条約の批准をはじめ加盟国の同意や参加基本とするため強力ではないが，第二次世界大戦以前には「国家主権」が「内政干渉」として排除できたような内容も，現在では，国を超えた共通課題の成立を背景に，国際調整の対象となっていることがわかるだろう。

　人権，環境問題をはじめ，経済政策までも多国間調整，国際政策基準の形成と不可分ではいられないし，自治体が国際機構の設定した基準を参照することもある。こうした実態からも，政府の三層化が具体的に確認できよう。

3　政府政策の過程と市民

政府政策の過程

　このように三層化した政府の政策は，どのように形成され実施されるのか。また，その展開に市民はどのようにかかわるのか。ここで，政府の政策過程モデルを概観しよう。

　トーマス・ダイ（T. Dye）は公共政策の教科書の中で，政府がおこなう政策の過程を「一連の政治的活動」（Dye 2013：16-17）と表現し，図3‒2のように整理している。なお，ダイは公共政策を「政府がおこなう（あるいはおこなわない）と選択するすべてのこと」（*ibid.*：3）と定義しているが，本書では，政府を責任主体とする政策は公共政策の一部と位置づけ，政府政策としている（松下 1991：11；足立 2009：8；森脇 2010：6）。この図も特に米連邦政府を念頭に置

第Ⅰ部 いまなぜ公共政策か

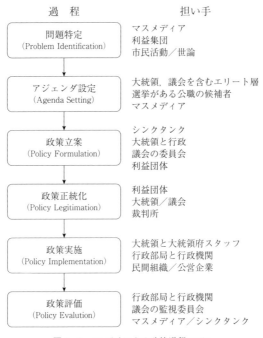

図3-2 T.ダイによる政策過程モデル
出典：Dye（2013：34）より筆者作成。

いた政府政策過程モデルと理解されているものである。

この図で，市民の意見や活動が政府政策を制御しうるのはどの段階かみてみると，「問題設定」におけるマスメディア，市民活動や世論，「政策実施」における民間組織，「政策評価」におけるマスメディアがあげられる程度のみであり，このモデルの中核の段階ではそのすがたがみえなくなっている。

ダイの政策過程モデルは，政府を責任主体とする政策が具体化し社会に提供される過程を示し，政府政策の理解には欠かせないモデルである。では，政策需要の発生源であり当事者である市民はその中核の過程をなんら制御していないのだろうか。

政府政策に対する市民制御の設計

図3-3は公共政策・政府政策と政府つまり議会と行政また市民の関与を示

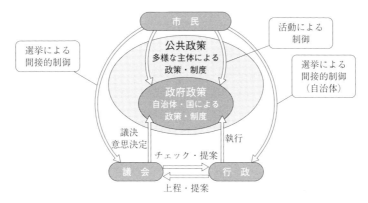

図3-3 政府政策への市民,議会,行政による制御
出典：筆者作成。

したものである。制度上，議会は政府政策をめぐる意思決定を担う。意思決定した政策を実体化するのが執行機関つまり行政の役割である。国会では議員の互選により長である内閣総理大臣が決まり，自治体では議会議員とは別に首長が執行機関の長かつ自治体を統轄するものとして直接選挙される。政府政策の形成は実態では巨大な官僚機構である行政が担うところが大きく，議会に議案として上程することで議会の議決を経て正統化される。

説明を簡略にするため図には表記していないが，裁判所（司法）も，裁判をつうじて間接的に，政府政策やその運用の適正化を図っているといえる。たとえば裁判所の判決や勧告があらたな法整備につながったり，行政の執行つまり政策実施のあり方に大きく影響したりすることもある。市民オンブズマンによる提訴がこうした結果をもたらすことがあり，それも1つの市民による政策の制御のかたちといえる。

市民が政府政策をどう制御するかといえば，まず，政府政策を決定し実施する権限をもつメンバーを選出することをつうじて，市民は間接に政府政策を制御する。これが間接民主主義の制度である。

それでは，市民には代理人（議員・首長）を通した間接制御の手段しかないのだろうか。選挙は「代理人」を選ぶ制度だが，代理人に期待するのは政府政策の整備である。ただ，「人」を選択する時点では，その任期中にどのような政策が形成され実施されるかをすべて予想して選択することは，当然できない。

第Ⅰ部　いまなぜ公共政策か

しかし，個々の政府政策は市民による信託の成果物であり，市民はその政策の当事者である。そこで，特定の政府政策について，より直接的に市民の意思を示して制御する仕組みがある。

市民が関与する制度

まず，「レファレンダム」と呼ばれる住民投票，国民投票があげられる。特定の政策争点について，市民が直接に意思を示す仕組みであり，いわば，政府のオーナーとしての集合意思を示す機会といえる。このレファレンダムの対象となる法案等を市民が提起できる国や地域もあり，これを「イニシアティブ」と呼ぶ。

日本の場合，国レベルのイニシアティブ制度はない。レファレンダムでは憲法改正における意思表示のみが制度化されていて，衆参各議院で3分の2の賛成をもって国会が国民投票を発議することができるとする国民投票法が2007年に制定されている。

自治体には国にくらべて多様な直接請求制度があり，一定の署名をもって条例の制定・改廃を直接請求できる。自治体における住民投票は，住民投票のための条例の制定を直接請求し，議会がこれを可決すればおこなうことができる。限定的ではあるが，広い意味ではイニシアティブ的な制度といえる。また，議会や首長など市民の代理人として政府政策を制御する者に対する解職請求（リコール），会計上の問題について監査を要求する監査請求制度がある。なお，近年，議会の審議を経なくても一定数の署名によって住民投票をおこなうことができる常設型住民投票条例を制定する自治体もみられる（コラム⑥⑦参照）。

レファレンダムほどの重みはないが，国会，自治体議会へ直接提案する請願制度もある。政府のオーナー，政府政策のユーザー，社会のメンバーという，市民の政策主体としての3つの側面から政府政策にかかわる制度といえる。

請願は市民から議会へアクセスする古典的な方法であり，日本国憲法では第16条に請願権が規定され，請願法がおかれている。多くの自治体議会では紹介議員によって仲介されるものを請願，紹介議員がないものを陳情と呼んでいる。ただし，主権者からの争点提起を「請い願う」という明治憲法以来の用語をあてるのは，都市型社会における政策制度として適切かという指摘もある（加藤

2002)。自治体議会によっては，請願，陳情を区別せずに市民からの政策提案
とする動きもある。

市民の意見を求める仕組み

政策・制度の決定前に，市民の意見を求める仕組みもある。公聴会，審議会，
また近年ではパブリック・コメント制度があげられる。

公聴会は古典的な意見聴取の方法といえ，公募による公述人の募集がある。
実際の運用としては，国会の公述人はほとんど各政党の推薦者で決まり，本当
の意味での「公募」にはなっていないといわれる。審議会についても人選や議
事進行に設置者である行政の意向が働きやすく，「隠れ蓑」（森田 2006：10）と
しての役割や形骸化も指摘されているが，原案の形成や意見聴取のために広く
おこなわれる制度である。なお，自治体では審議会に市民が公募で参加する仕
組みを条例化しているところもある。

投書などによる市民意見の聴取としては，自治体では1960年代後半から「市
長への手紙」などが普及した。1990年代になると策定中の政策・制度の概要を
示して意見を公募し，その意見に組織として検討し回答するパブリック・コメ
ント制度が広がりはじめた。国では行政手続法に追加されるかたちで2006年に
施行され，常設化されている。自治体では意見提出制度，国では意見公募制度
とも呼ばれている。ただし，行政内部での検討が終わった段階，議会への提出
や決定の直前でおこなわれることが多く，政策・制度に対する市民の制御とい
う観点からすると，形式に過ぎないのではないかという指摘もある。しかし，
2014年４月の生活保護法省令の改正をめぐっておこなわれたパブリック・コメ
ントのように，結果を受けて当初案が大きく修正された例もある。

政府政策の外部環境としての「市民の声」

政府政策に対する市民の関与は，制度化された仕組みだけによって起こるわ
けではない。制度化されてない関与は，政策主体として活動する市民によるも
のと，そうした市民活動が提起した課題への他の市民の認知と反応，いいかえ
れば「市民の声」によるものとに整理できる。ダイが例示した「市民活動」
「マスメディア」「世論」にあたる。だがこれらは，政策過程のモデルのように

第Ⅰ部　いまなぜ公共政策か

最初と最後だけに顧みられるのかといえば，かならずしもそうとはいえない。政策過程の全体をつうじた「外部環境」として具体的な政策立案を担う主体に影響を与えうるといえる。

　まず，「市民の声」をみてみよう。世論調査や，またたとえば国政で大きな争点があるときの自治体選挙や国の補欠選挙が注目されるのは，そこで市民の「声」が可視化されたとみられる場合があるからである。新聞やテレビなどのいわゆるマスコミ報道が重視あるいは警戒されるのは，そうした市民の「声」を伝える媒体になるだけでなく，「声」の形成にも大きく影響力を持つといわれるからである。世論を喚起し，味方につけることは，政府政策を進める側にも問題提起する側にもつねに重視される。

　さらに，1990年代にはいると，いわゆるマスメディアだけでなく，少数者の問題提起や地域固有の課題を丁寧に取り上げようというコミュニティメディア，市民メディアなどと呼ばれる媒体が，日本でもみられるようになってきた（松浦 2008）。これらのメディアだけでなく，インターネットによる情報流通の拡大は既存の新聞やテレビに大きな影響を与えている。ソーシャルメディアと呼ばれる SNS は，利用者の世界的な増加に応じて大きな影響力を持つようになり，かつてはほとんどありえなかった，ひとりの個人の日常的な情報発信を膨大な人々が共有しうるという現象をもたらしている。

　このような新しいメディアは，たとえば，子どもが保育所に入れなかった母親の匿名のブログが国会で取り上げられたことを契機に，それに共感する運動がおこって可視化され，当初は否定的であった政府の対応が変わるなど，政府政策にも影響を与えるようになっている。逆に，デマや個人情報の拡散，「炎上」などネガティブな面でもその影響力が発揮されうる。これらメディアがどのように使われ，いかされるべきか今後も模索が必要だろう。

　こうした「市民の声」は，政策過程モデルからみれば外部環境であっても，「内側」に影響を与えないわけではない。ただ，そうした声が政策を制御する力を持つか，いわば外部環境が内部の過程をどれだけ制御しうるかは，その国や地域が「市民の声」にどれほどの価値を認めているかによる。たとえば1960年の安保条約改定をめぐる反対運動がおこったとき，当時の岸信介首相は，10万といわれた国会を取り巻くデモがあっても，みずからを支持する「声なき声」が

あるとして改定を進めた。

また,「声」そのものが多様化すれば,どの「声」に耳を傾けるべきかが問題になる。だれかにとって都合のいい「声」を任意に選ぶこともできる。だからこそ,多様な段階で,多様な声が提起され,それが可視化されることが重要であり,なによりも「市民の声」に耳を傾けるべきだという規範の力を強いものにできるかという市民社会の側の力が問われることになる。

多様な段階の市民の関与

ついで,政策主体として活動する,NGO・NPO をはじめとするさまざまな市民活動団体を考えてみよう。政策主体としての市民の存在は,こんにち,政府政策の過程にも多様な影響を与えうる存在となっている。

政府政策の立案段階をみてみよう。主な作成者は政治家,官僚とそれに近しい関係者であるとしても,外部の政策専門家,たとえばダイも指摘するシンクタンクだけでなく,NGO・NPO 団体など,市民によるアドボカシー(政策提案)や専門家による具体的な政策提案もめずらしくなくなっている。

政策課題は政府政策が立案されるときにあらわれるのではない。次章でみるように,政府政策の対象として設定されるときには,すでに当事者と支援者による活動や提案がある。そうした活動もアジェンダ設定の要因となる。市民の「ニーズ」がまったくないアジェンダ設定は,少なくともそのこと自体に正統性が問われうるだろう。さらに政策課題に対する解決策を政府政策として構想する側には,現場で取り組む主体の知見やすでに取り組まれているモデルが参照されうる。医療技術など高度に専門的な内容にかかわる政策では,政府関係者の外部の専門的知見の助力が必要とされる。

前項で指摘したように,審議会やパブリック・コメントなど策定過程が一定程度進んだ中で用意される制度の実効性には疑問も呈されるが,単なる形式というわけでもない。市民活動団体や専門家集団がパブリック・コメントをつうじて,「声」というよりも提言といえるような提起をおこなうこともめずらしくなくなってきた。

自治体レベルではより多様な形態があり,自治(体)基本条例,市民参加条例などを策定し,市民参加・情報公開を規定する自治体もある。無作為抽出し

第Ⅰ部　いまなぜ公共政策か

た市民会議など多様な話し合いスタイルの取組みも広がっている。

　ダイの政策過程モデルのうち「政策正統化」は，その政策が市民の信託に応えるものかどうか，政府の資源を配分し社会に広範に実装すべき「必要不可欠」で効果のある政策か否かを確認する手続きといえるが，それを担うのは最終的には市民の代表者による意思決定機構としての議会である。

　多数決という決定の方法は，「ゲーム（闘争）からレース（競争）へ」「"頭を叩き割る"から"頭を数える"へ」などと表現される。選挙も議決も，暴力の衝突ではなく合意の調達によって権力や決定を正統化する手法は，人類の大きな発明の1つである。

　同意の数を競うことはまさしく政治である。政策の実施段階では，政策資源の配分を伴い，それによって利益をえる者がかならず存在する。政策は，それに賛成するか反対するかに集約されていく党派性を持っているし，議会は党派によって運営される政治の舞台である。その資源配分をめぐる多数派の結集が，政策を正統化する手続きの中で展開され，ときには策定された政策の内容を変更する場合もある。

　ただ，議会における審議は，本来は公開の場で直接に政策の内容を制御するはずだが，その機能が十分に働いていないことも指摘されている（松下 2009，神原 2008）。たとえば，議会で，行政が提出した議案の内容が大きく変更されることはめずらしい。国会でも，2016年中の内閣提出法案は90.7％が成立しているし，戦後をつうじても8～9割の成立率である。自治体議会ではさらに顕著で，全国市議会議長会の「市議会の活動に関する実態調査」では，2018年に市議会に市長から提出された議案は99.3％が原案どおり成立した（全国市議会議長会，市議会の活動に関する実態調査）。議員が提案の責任主体となる議員立法の少なさとあわせ，議会の機能を問題視する根拠の1つともなっている。

　議会を構成する議員は市民の選挙によって選ばれるが，特定の政策を正統化する場である議会で，市民には制度として用意された請願のほか，示威活動，ロビイングなどによる意思表示をする権利がある。また，議会改革に取り組む自治体議会の一部，たとえば会津若松市議会など，議会と市民の意見交換会などを開催し，そこでよせられた市民の意見をもとに政策立案を進める制度を整備したところもある（会津若松市議会 2010）。政策正統化の段階だけでないが，

議会への市民参加の動きは注目される。

　政策の実施における責任主体は，執行機関，執行部とも呼ばれる行政である。国では議員から内閣が組織され，自治体では，選挙で選ばれる首長が執行機関として補助機関である職員機構をたばねて行政と呼ばれる。

　だが，こんにちではもはや行政がすべての事務を実施しているわけではなく，多様なかたちで外部化が進んでいる。この動きは特に1990年代後半から，国と自治体の財政危機の中で「行政改革」として加速した。その主軸は公務員の定数削減と，事業運営の外部化であった。国家公務員，自治体職員はいずれも大きく定数を減らし，委託や指定管理者制度などによる外部化も進んだ。自治体では窓口業務を包括的に委託することもみられる。施設管理では外部委託が特に進み，公共図書館の運営を企業が担った例では大きな議論を呼んだ。

　この外部化をめぐっては，企業セクターはもとより市民社会セクターの主体に対する期待も高い。公共課題に非営利で取り組む主体が実施部分を担うことで，政策効果の高まりも期待されるが，支出の縮減に対する行政の要求や期待が強すぎ，「安上がり行政」による担い手の疲弊や「官製ワーキングプア」創出がしばしば指摘される。また，そうした市民社会セクターの主体が見当たらないときには，「育成」「支援」などが進められる。しかし，市民活動の「行政の下請け化」や「行政による囲い込み」につながる懸念も指摘される。

　市民，政府，企業など多様な主体が政策課題をめぐって連携することにより，政策効果の相乗や負荷の軽減が可能になるような取組みを「協働」と呼び，これを進める動きが，特に自治体に広がっている。多様な政策主体との連携はもちろん模索されるべきだが，「協働＝行政に市民が協力して働く」ような互恵的でない関係は，むしろ市民活動の「協働疲れ」を招くともいわれている。

　しかし，全体としてみれば政府政策に対する市民の関与は，政策過程のそれぞれの段階で，また三層化する政府それぞれに対して広がっているといえる。

4　市民の意思は政府政策を制御するか

市民の「意思」はどのように示されるか

　これまで，市民の「声」や活動が政府政策にかかわる，つまりなんらかのか

たちで「制御」しうるという点を論じてきた。ここでは逆に、「制御」していない点について論じよう。

まず、市民の「声」は多様であることを確認しよう。市民の「声」が政府政策に影響するためには、その声が相当に大きいと政府の内外の主体に認識されることや、なんらかの手続きを経てそれが市民の「意思」であると認められる必要がある。国民投票・住民投票は、政府のオーナーである市民の集合的意思を示す制度として機能し、したがって政策に与える影響はきわめて大きい。また、選挙で大きな争点となった政策があった場合、その選挙結果が政策に対する意思として受け止められる。

たとえば、日本では消費税の導入や税率のひきあげは選挙結果を大きく左右してきた。1979年1月に消費税の導入を閣議決定した大平正芳政権は、10月の総選挙で劣勢となったことから選挙戦の最中に導入断念を表明したが、結果として自民党の議席は大きく減じた。1989年、消費税増税がリクルート事件など政治スキャンダルとともに争点になった参院選では土井たか子が党首であった社会党が大きく躍進し社会党ブームとなり、近年では2010年参院選で消費税10％増税を打ち出した菅直人政権時の民主党が惨敗している。

しかし、選挙でない時には、政策に対する市民の「意思」はいかに示されるのか。投票のような重みはないとしても、世論調査やメディアをつうじた「声」の拡大は、政策過程特にアジェンダ設定以降の過程に影響を与えないのだろうか。一般的には、調査やメディアによってよみとられる「声」つまり世論が、政党や政治家をつうじて、影響を与え、議会などの手続きを経て「意思」として正統性を持つことが想定される。だが、現実にはそうならないこともある。

たとえば、図3－4は、日本の原子力発電所を今後どうしていくことが望ましいかについての全国的な世論調査の推移である。内閣府、NHK、全国紙、環境庁といった立場のちがう調査主体のいずれでも、2011年の福島第一原子力発電所事故以降、「減らしていく」が増加し、おおむね7割弱から7割強を占め、「現状維持」は2割程度となっている。

2012年8月には、国政府は、2030年の電源構成における原発比率について「0％」「15％」「20～25％」の3つを選択肢に討論型世論調査をおこなった結

第3章 市 民

Column ⑦ 常設型住民投票の課題

　近年実施されている住民投票には，住民投票そのものが持っている「特定の政策課題について市民が意思表出する」という意義をおびやかしかねないルールが設けられているものもある。1つは「投票率50％を超えないと開票しない」というルールであり，もう1つは多くの常設型住民投票条例が規定する「重要事項について」投票をおこなうというルールである。

　実際に，住民投票をおこなった小平市では35％，高浜市でも36.6％の投票率となり開票されなかった。高浜市は条例の規定により「不成立」とされた。その背景には，「住民投票はそれだけ多くの人々が関心を持っている課題でなければならない」という感覚があるのかもしれない。しかし，住民投票を実施しようという水準に達しているからこそおこなわれたのだから，投票率の高さは示された意思の「重み」の差として，その重みを含めて長と議会で評価し，決断すればよいだけのことである。

　高浜市では有権者の3分の1の署名が必要だったが，これを上回る37.4％の署名があった。しかし，開票されないなら，その投票は無駄になる。もっと問題なのはボイコット運動が有利に働くことだ。投票反対者は，「行かない人」を増やせばいい。これらを考えると，50％規定は「特定の政策課題について市民が意思を表出する」ことの価値に対して逆方向に働く規定といえる。

　「重要事項」については，住民投票の内容をだれが「重要事項」であると判断するかという問題がある。2010年には広島市で，当時の広島市民球場の存続をめざす団体が住民投票を求めようと，署名集めのための代表者証明書の交付を申請したところ，「市政運営の重要事項ではない」として交付されなかったということがあった。「重要かどうか」は，行政が審査すべき内容ではなく，やはり「市民の意思の表出」が求められているという判断基準は署名の数によるべきである。

　常設型住民投票条例は「特定の政策課題に意思を示す」市民の権利のためのツールであることを忘れてはならない。　　　　　　　　　　　　　　（K. T.）

果，「0％」を選ぶ層が拡大していた。

　2012年の各地での公聴会や原発に反対するデモ，また討論型世論調査の結果を受けて，内閣府のエネルギー・環境会議は同年8月に「2030年代に原発ゼロ」を方針とすることを「革新的エネルギー・環境戦略」として発表した。だが，この戦略は閣議決定されず，こんにちでは，この政府方針は「事実上」撤

第Ⅰ部　いまなぜ公共政策か

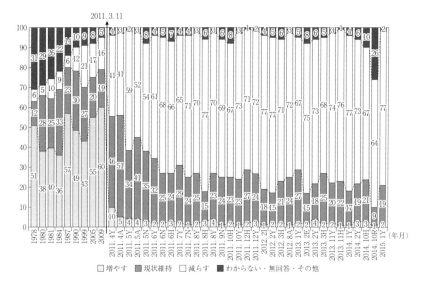

図3-4　原子力発電所の今後の方向性についての世論調査の推移
注：年月の後に記号がないものは内閣府の調査を，「Y」がついているものは読売新聞，「A」は朝日新聞，「N」は日本経済新聞，「H」はNHK，「J」はJGSS（日本版総合的社会調査），「E」は国立環境研究所，「R」は日本原子力文化財団の調査を示している。調査により選択肢は異なるが，すべての調査は方向性が一致する4つの選択肢を用いている。
出典：Iwai, Noriko.& Shishido, Kuniaki., *The Impact of the Great East Japan Earthquake and Fukushima Daiichi Nuclear Accident on People's Perception of Disaster Risks and Attitudes Toward Nuclear Energy Policy,* Asian Journal for Public Opinion Research, Vol2. Issue. 3 p. 183. ただし，注と選択肢は土山が訳した。

回されている。原発の再稼働が進んだほか，2013年のエネルギー基本計画では「重要なベースロード電源」と位置づけられ，2015年の経済産業省の諮問機関では2030年時点の電源構成として原子力発電比率を20％程度としている。なお，2010年は28％，2014年は0％だったが，2018年には4.7％となった。

　世論調査から示される市民の「声」では「減らしていく」と「現状維持」の間は大きく開いているのに，なぜ，「減らしていく」政策にはならないのか。いったん「減らしていく」方向が決まったあと，方針はなぜ転換されたのか。

「市民の意思」が力をもつ契機

　世論調査で示される「声」は，それが明確に大勢であっても，なぜ政府政策

を制御する「意思」にならないのだろうか。市民の「声」が「意思」として政府政策を制御するためには，政治という場で政治家またはその集合である政党を媒介として集約されていく必要がある。では，その機能が起動しないのはなぜか。ここでは，3つの要因で捉えてみよう。1つ，その課題固有の政治的要因，2つ，争点となる契機の問題，3つ，前の2つの背景でもあるが，市民の「声」や存在をめぐる「政治文化」や「政治構造」のありようである。

　まず1つめ，その課題固有の要因ももちろんあるだろう。たとえば原子力政策では，従前から「原子力ムラ」と呼ばれるような，産業，研究者，官僚，政治家の密接な関係が指摘されてきた，閉鎖性の高い政策過程といえる。また，原子力発電所が国策としてその立地自治体に手厚い補助を出してきたことで，自治体側にその転換を受け入れ難くする構造がうまれていることも指摘できる。さらに，原子力技術が核技術と重なる部分があるものであることも，固有の要因に含まれよう。

　では2つめ，争点となる契機という点をみてみよう。結婚後の夫婦別姓選択制度など，世論調査では肯定する意見が多くとも，争点として問われる契機がなければ，その声は政策を制御する力として発現しない。公共政策の変化をもたらす機会をキングダン（J. W. Kingdon）は「政策の窓」と呼んだが（Kingdon 2011=2017，第5章参照），ある政策課題に取り組む主体が窓を開くためにできることは，その課題を広く共有して理解を広げ，争点性を高める運動・活動を進めることである。原発政策は，この点，たしかに大きな争点になった。2012年の公聴会や討論型世論調査は大きな関心を集め，2012年総選挙で政権交代した自民党も，当初は「原子力に依存しなくとも良い経済・社会構造の確立をめざす」としていた。その後，原発政策がそれ以前のものに戻っていく時には，2014年総選挙などで「争点隠し」と批判されたように，争点化を避けて進められたとみえる。

　では3点めをみてみよう。政策は，政策課題をめぐる多様な価値観，利害，立場が，政策過程をへながら統合され，成立する。その過程や展開は，社会の歴史が形成してきた常識や認識，権力や組織構造を基盤としてうみだされてくる（Schneider and Ingram 1997）。こうした基盤は，「政治文化」「政治構造」といわれる。

第Ⅰ部　いまなぜ公共政策か

日本については，支配層への絶対的な忠誠を精神的にも求める「超国家主義」^{ウルトラナショナリズム}（丸山 1946）にもつながった，後発型の強力な中央集権による近代化によって，「官僚内閣制」（松下 2009，飯尾 2007）ともいわれるような，政策主体としての官僚の強さが指摘されてきた。「絶対・無謬」「官は悪をなさず」といった言葉は，たとえば行政手続法（1993年），情報公開法（2000年）といった，行政活動を制御し透明化する制度整備の遅れや，その裏側にある行政裁量の大きさに裏書きされていた。政治・政策は市民のものというよりも，国政府の実体的な政策主体である行政またそれと密着する一部のものであるという状況は，いまなお日本の「政治文化」として残っている。

　こんにち，行政が無謬（まちがわない）と信じる市民は多くはないだろう。しかし，秘密保護法や情報公開，文書管理など，ごく最近の例からも，なお行政の任意の活動や判断に任されている領域は大きい。現状や政府政策に対する問題提起のような争点化の取組みを政治的偏向として批判したり，報道での「中立」を政権与党が求めたりする例が最近でもみられるが，その背景に政治・政策は「オカミ」に任せ，逆らわないという「オカミ意識」は読みとれないだろうか。

　こうした前近代の残滓を単に「政治文化」としてしまえば，そこで止まってしまうことも可能である。だが，文化もまた変わりうる。都市型社会では市民は政治・政策の当事者とならざるをえないし，政府は，国も自治体も，市民の自治のための機構として設計されている。政府政策の過程に対する市民の関与を広げていくために，多様な意見の集約をつうじて市民の意思をかたちづくるためにも，政策課題の争点化は重要である。争点はかならず少数者の提起から起こり，争点化が起こらなければ市民による政策の制御は機能しないからである。

市民は政策を制御するべきか

　最後に，市民が政策を制御すれば，それは市民にとって「よい」政策になるのか，という点について触れておこう。

　民主主義にはつねに衆愚政治という懸念，批判が伴う。ドイツのナチス政権もイタリアのファシスト政権も，民主主義のもとで実現し，全体主義と戦争を

第3章　市　民

選んでいった。こんにちも，世界中でポピュリズムに対する懸念の声が上がっている。

　ヤン＝ヴェルナー・ミュラー（J. W. Müller）はポピュリズムの特徴を，エリートなど既存の権力層を批判して自分たちこそが人々の（正統な）代表者だといい，かつ，自分たちだけが真の代表者だとして多元性をみとめないことだと指摘する（Müller 2016=2017）。その強さは，グローバル化の中で過去の安定が失われて不安に思う人々や，既存の権力層により本来顧みられるべき自己の権利や利益が侵害されていると感じる人々に魅力的にうつるだろう。その魅力が，ポピュリストへの絶対的，排他的な支持を集めるのだといえる。その魅力から人々は自由でいられるだろうか。

　都市型社会の人々は政府や政府政策に対し「よき」市民制御をなすことができる市民なのか，感情によって操作される衆愚なのかといえば，どちらにもなりえる可能性を持つとみるほかない。市民ははじめから「いる」のではなく，公共政策の主体として社会にあらわれた時に，自治と共和を姿勢として自ら課題に向かうことで市民に「なる」のである。

　「民主主義とは最悪の政治体制である。これまで試みられてきた他のあらゆる政治政体を除けば」といったのは第二次世界大戦の前後に英国の首相を務めたウィンストン・チャーチル（W. Churchill）だが，民主主義に危険があるとしても，歴史の経験をみれば，絶対王政にも独裁にもエリートによる支配にも，私たちは民主主義以上の期待を持つことはできない。

　そうすると，自由で理性ある市民を前提にしてつくられている民主主義制度で，人々がそれを担う「市民」たる力を備え，政策制度を，また本来市民の代理機構であるはずの政府を制御する可能性を高めることをめざすしかない。政府と市民の関係が信託による自治でなければ，選挙を白紙委任する統治となり，図3-1の「君主→臣民」と同じく，市民は統治の客体として支配される。

　近代化による都市型社会の成立以降は，しかし，そうした「市民」層の可能性が拡大されていることが指摘できる。自然権・生活権の保障，義務教育や高等教育の浸透により，人々は餓死から解放され，余暇と教養をえた。政府政策に対する市民制御の広がりは政治参加の機会を拡大している。

　「市民」としての姿勢と行動があらわれ，政策に反映される場面がなければ，

87

市民による制御は実体にならない。人が「市民」になるのはいつか。それは自身が問題だと感じる「政策課題」に直面した時である。政府政策をめぐる課題に対し，政府のオーナー，政策のユーザー，社会のメンバーとして向かい合う。政府政策が市民のくらしの基盤となる都市型社会では，好むと好まざるとにかかわらず，その場面はすべての人々におとずれうるのである。

参考文献

会津若松市議会編（2010）『議会からの政策形成——議会基本条例で実現する市民参加型政策サイクル』ぎょうせい。

足立幸男（2009）『公共政策学とは何か』ミネルヴァ書房。

飯尾潤（2007）『日本の統治構造——官僚内閣制から議員内閣制へ』中公新書。

加藤哲夫（2002）『市民の日本語—— NPO の可能性とコミュニケーション』ひつじ書房。

神野直彦（2010）『「分かち合い」の経済学』岩波新書。

松浦さと子・小山師人編著（2008）『非営利放送とは何か——市民が創るメディア』ミネルヴァ書房。

松下圭一（1971）『シビル・ミニマムの思想』東京大学出版会。

————（1975）『市民自治の憲法理論』岩波新書。

————（1985）『市民文化は可能か』岩波書店。

————（1991）『政策型思考と政治』東京大学出版会。

————（1998）『政治・行政の考え方』岩波新書。

————（2009）『国会内閣制の基礎理論』岩波書店。

————（2012）『成熟と洗練』公人の友社。

丸山眞男（1946=2003）「超国家主義の論理と心理」『丸山眞男集 第3巻』岩波書店。

森田朗（2006）『会議の政治学』慈学社出版。

森脇俊雅（2010）『政策過程』ミネルヴァ書房。

Dye, Thomas R. (2013), *Understanding Public Policy*, 14th ed., Pearson Education ltd.

Kingdon, John W. (2011), *Agendas, Alternatives, and Public Policies, updated 2nd ed.*, Longman. （笠京子訳『アジェンダ・選択肢・公共政策』勁草書房，2017年。）

Müller, Jan-Werner (2016), *What is Populism?*, Philadelphia: the University of Pennsylvania Press. （板橋拓己訳『ポピュリズムとは何か』岩波書店，2017年。）

Schneider, Anne L. and Helen Ingram（1997）, *Policy Design for Democracy*, University Press of Kansas.

（土山希美枝）

第4章

自　治
―――市民政策の展開―――

─ この章のねらい ─

　第4章では，「市民自治としての公共政策」という視点から検討する。

　こんにち，都市型社会における公共政策は，市民の自治の活動である。政府
は，国も自治体も，代表制による市民の自治のための機構として説明される。
それにとどまらず，市民は，公共政策の直接の主体としての存在を大きくして
いる。

　私たちのくらしが公共政策という基盤を共有している以上，だれの日常にも，
1人では解決できない公共課題に直面する事態は起こりうる。公共政策の起点
は市民の「困りごと」であり，市民間で共有されて公共課題となり，その「困
りごと」に対する取組みが市民自治としての公共政策である。

　もちろん，市民どうしでも意見は異なり利害は反する。公共政策には予定調
和も正解もないからこそ，多様な機会と媒体による「話し合い」を不可欠とす
る。「話し合い」をつうじて「私」の課題は「私たち」の課題となり，そこに
「公共」があらわれる。公共政策はなによりも自治の営為なのである。

1　社会の共有基盤としての公共政策

都市型社会の自治

　近代化を経た都市型社会の特徴は，まず，異なる価値観，利害，立場，生活
様式を持つ異質な個人が集合した巨大な社会だということにある。かつての共
同体が持っていた自明の一体性，たとえば，農業という土地を基盤にした産業，
地域で育まれた固有の伝統文化，水利や里山の共同管理など，そこに住むすべ
ての人々を包摂していたものは薄れている。都市でも田舎でも，人々はそれぞ
れ出身が違い，職業が違い，生活スタイルが違い，価値観や文化を異にする。

第Ⅰ部　いまなぜ公共政策か

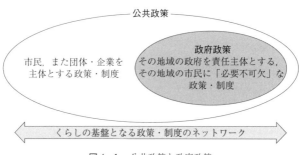

図4-1　公共政策と政府政策
出典：筆者作成。

ひとりひとりは「原子化した個人」「砂のような大衆」として巨大な社会という砂漠の中に生きているようにみえる。

　近代以前の共同体が持っていた一体性の消失は、「くらしを支える仕組み」の喪失でもあった。そこで、こんにちの社会では、共同体による相互扶助のかわりに、個人としての市民に、さまざまな〈政策・制度〉が整備されている。

　こんにち、私たちのくらしは、さまざまな政策を基盤として成り立っている。ライフラインといわれる電気、ガス、上下水道はもちろん、道路などの交通手段、病院、学校などの公共施設などを例にあげれば、だれもがうなずくだろう。近代化の当初、こうした仕組みは人口が集住する都市でまず必要とされ、「都市装置」と呼ばれた。だが、近代化が進み、人々のくらしかたが変わり、異質な個人が集まる巨大な社会がくらしの舞台になれば、そうした装置は都会でも田舎でも必要とされる。まさに、「都市型」の社会である。

　都市型社会における政策で特徴的なことは、インフラともいわれる社会資本、福祉などの社会保障、医療や公衆衛生など社会保健という近代化Ⅲ型政策が広く展開されて人々の生活基盤となることである。そのため、「行政サービス」とそれを担う職員、行政機構は膨大に広がる。巨大な行政機構が執行する膨大な政府政策は、人々に「必要不可欠」だからこそ整備される。近代化は、この段階に至れば、政府政策を人々のくらしの「必要」のために整備されるものとし、政府をその整備のために資源・権限の信託を受けた機構とする。公共政策は自治の取組みであり、政府は自治のためのシステムとなる。この時、統治は自治に転換する。

第4章　自　治

　都市型社会における政策は市民の自治を起点とする。したがって市民にもっとも近い政府である自治体の役割は大きくなる。

　ここで，自治は地方自治だけでなく，また国も市民を起点とする自治として説明されるシステムであることを確認しよう。さらにいえば，国を超えた課題には，国政府を媒介としながらもやはり自治としての政策展開がある。政策課題を共有する「われわれ」の範囲に応じて，対応する政府のレベルは異なるが，その政策は代表者を介した自治の取組みとして展開されるのである。

多様な政策主体

　都市型社会で公共政策を整備する主体は政府だけではない。ここでは，ペットボトルごみの処理を例に捉えてみよう。

　空になったペットボトルをどう処理するか。まず，「ペットボトルごみ」として自治体に回収してもらう方法が思いつくだろう。多くの自治体が，水ですすぎ，ラベルとキャップとは別にして出すことを求めている。このルールにしたがわない場合は回収されないこともある。自治体の回収の目的はごみの総量を減少させること，また環境問題への対応のための適正処理にあるからである。その背景には国の容器包装リサイクル法があり，自治体はこの法を解釈し，それぞれ具体的な手法を決めているため，自治体ごとに異なる点もある。

　また，自動販売機や駅，コンビニなどにおかれている「分別ごみ箱」に捨てる方法もあるだろう。その場合は，ラベルをはがすなどの作業はしないだろう。これを回収し，コストを負担して処理するのはごみ箱をおいている事業者である。利潤を追求するはずの事業者つまり企業は，なぜこのような負担がかかる仕組みを提供しているのだろうか。みずからの経済活動の結果として出るごみによってまちの美観を損なわないため，あるいは環境問題に貢献するため，それらによって「社会的責任」を果たすため，利用者へのサービスのためなどが目的として考えられよう。この時，ボトルを水でゆすぐことやラベルをはがすことは求めない。目的が違うから手段も違うのだ。

　さらに，ペットボトルのキャップを集める市民活動もある。ペットボトルのキャップはわずかではあるが資源として有価で売却できるので，これを募って活動資源としている。ある団体は途上国の子どもたちのために，ある団体は車

第Ⅰ部　いまなぜ公共政策か

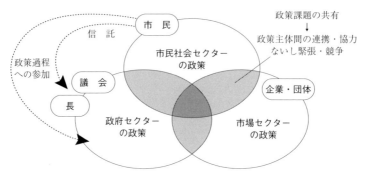

図4-2　公共政策とその主体
出典：筆者作成。

いすを購入するために，またある地域では小学校の子どもたちの活動資源にするために，こうした活動をおこなっている。これらの団体がごみの適正処理や地域の美観に直接の目的をおいていなくても，この手段にはそれらの効果も付随する。

　自治体，企業，市民活動団体，いずれもみずからの課題への取組みとして，目的と手段を設定し，規模の大小はあるが社会の構成員にひらかれた仕組みとして公共政策を提供する政策主体であることがうかがえる。

　また，ペットボトルごみを抱えた「私」もまた，自分の目的にかなう手段を選択する。もっとも労力がかからない捨て方は，ポイ捨てである。そういう選択をする人もいるが，そうしない人もいる。自分にとって「適切な手段」がそれぞれ違うからである。ごみ箱を探す，分別ごみ箱を探す，自宅に持ち帰って自治体の回収ルートを使う，そもそもペットボトルごみを出さないようにマイボトルを持ち歩く。日常のことで意識していないかもしれないが，私たちは，ペットボトル容器の処理という課題に対して，状況に応じて，自分の価値観，いわばこうありたいという目的に沿って，手段を選択している。これは主体的な政策選択をおこなっているといえる。
　　　ポリシー

　こうした選択肢は，社会の状況をかたちづくると同時に，社会の状況に大きく左右される。ポイ捨てを選択する人が多ければ，まちは汚れる。キャップだけ別に集めればお金にすることができると知っていても，自分のまわりにそうした仕組みがなければ使えない。そうした仕組みを用意しても，その活動に

第4章　自　治

人々が協力しなければ持続しない。状況も変わりうる。温暖化対策を進めるべきとなったら,「再利用資源」として輸出が止まったら,どうなるか。

社会の変化によって,数年後には現在とかけはなれた状況になっているかもしれない。だが,その「社会の状況の変化」は,やはり,なんらかの政策^{ポリシー}やそのつみ重ねによって起こるだろう。

さて,このように整理すると,ペットボトルの処理という日常の行動そのものが政策選択であって,その基盤を眺めてみれば多様な政策主体が存在していることがわかる。都市型社会で公共政策を担う主体は多様であり,この例でもみたように,自治体や国などの政府セクター,企業などの市場セクター,市民活動団体や地域などさまざまな市民社会セクターの主体に分けられる。

政策主体としての市民

これら3つのセクターの主体が担う政策には,それぞれ特徴がある。

まず,政府セクターと政府政策をみてみよう。政策は古典的には政府のものとして理解されてきたが,こんにち,政府政策は図4-1のように公共政策の一部である（松下 1991：11,足立 2009：8,森脇 2010：6）。政府政策の最大の特徴は,強制力を伴う大規模な資源調達が可能な点にある。納税や法令の遵守といった義務はまさにこれであり,これらはかつては統治として,こんにちでは代表制による自治の一環として説明される。都市型社会の政府の役割は「その地域の市民に必要不可欠な政策を整備すること」にある。無限の政策課題のどれを政府政策の対象にするかは,憲法など基本法に示される一定の手続き,たとえば議会の議決によって正統化される。

逆にいえば,政府政策は,こうした正統化手続きなしには執行されない。議会で議決されるということは,その政策課題には政府政策による対応が必要であると政府の内部で認知されているということなので,その段階以前に社会の中で争点としてかなり大きくなっているか,課題が相当に深刻になっていると考えられる。政府政策は決定し正統化されれば大きな権限・資源が投入されるが,それには時間がかかり,課題への対応は遅れがちになる。この点,規模が大きく現場から遠い国の対応と比べ,自治体政策の固有性・先導性・総合性が期待される（松下 1991：98-99）。

95

第Ⅰ部　いまなぜ公共政策か

　つぎに，企業など市場セクターの主体をみてみよう。企業などの政策主体としての活動は，すでに述べたように，歴史的には古い。近代化以来，政府セクターとの「癒着」といわれるような不当な利益誘導をもたらす関係性の排除は大きな課題だが，その一方で，市場セクターの主体による公共政策の展開は多様に表現されてきた。大きくみれば，1つは「社会貢献」「メセナ」など収益を社会に還元する活動，もう1つは社会を基盤として存立する一員として求められる責任に対応する「法令遵守（コンプライアンス）」「社会的責任（CSR）」といった運営の方針や実践である。こんにち，すべての企業に社会とのかかわりかたが問われうる。

　さらに「社会的企業」と呼ばれる，公共課題の解決に取組むことを目的とする企業も着目され，市場セクターの主体の公共政策領域での役割をさらに大きくしている。加えて，第3節でみるように，投資や金融による市民社会セクターの政策主体への接近を指摘することができる。市場のメカニズムをいかした政策主体としての活動は大きな政策効果を発揮しうる。

　最後に，市民社会セクターの政策主体について考えよう。公共政策に対し，市民は，社会のメンバー，政策のユーザー，政府のオーナーとして関与しうることについてはすでに前章で論じた。このうち，広範な市民層の社会のメンバーとしての政策展開は，都市型社会における公共政策の大きな特徴である。そこでは，市民が政策主体として，みずからの自発性と責任によって，資源を調達し，社会に開かれた公共財として政策を展開する。市民はその時，政府や企業の政策の対象ではなく，公共政策の主体となる。

　政策課題は人々のくらしにおける困難，「困りごと」としてあらわれる。それに直面する当事者は，かならず，社会における少数派としてスタートする。「困っている人」である当事者と，それを「ほっとけない人」である支援者を政策主体として，公共政策は起動する。この課題は発生の現場である地域レベルにとどまるとはかぎらない。人権，環境，技術をめぐる政策課題は地域から世界までひろがるからである。市民活動も国を越え，一方では地域へ分権化し，一方では世界へ国際化する。こうした市民による政策の展開を，都市型社会における公共政策の類型として松下圭一は「市民型政策」と位置づけた（松下1991：49-51）。市民型政策はなによりも課題状況に対する「自治」，そしてその

96

課題を共有する当事者と支援者を核とした「共和」，この「自治・共和」（松下
1975：48-51，1991：53）を基本スタイルとする。

　そのため政府のように制度手続きを経ずとも，企業のように利潤が伴わなく
とも，市民はその取組みを必要と考え資源を調達できれば実施することができ
る。課題の発見とその対応では，他セクターの主体と比べてもっとも柔軟であ
る。ただ，一般的に，調達できる資源の面の制約は大きい。税や市場といった
資源の調達ルートを持たないからである。しかし，その課題についての認知や
共有が進み，活動の意義に対する評価が高まることで，市民社会セクターにも
多くの資源を調達し広範に政策展開をおこなう主体がうまれている。

2　自治の政策主体としての市民

高度成長期における市民・住民運動の広がり

　このような自治としての市民政策主体の活動は，都市型社会への移行によっ
て公共政策が人々のくらしの基盤となり，その課題が可視化されることにより，
より活発になってくる。日本においては，高度成長期の社会変動により政策主
体としての市民のすがたが鮮明になった。

　こうした活動は，当初，政府政策への抵抗となり，反対運動や要求運動とし
て展開された。近代化以来，また強力な中央集権でそれを進めてきた日本には，
都市型社会における市民を主体とする政策展開はほぼなかった。抵抗というか
たちでスタートするのはむしろ自然であった。

　市民・住民運動は，1950年代の平和運動を先駆けとして，1960年代の後半に
入ると，都市問題や公害問題に対し大きく高揚し激しさを増した（土山 2007：
38-45）。政府の政策決定が突然公開されるような時代であり，こうした活動は
激しい抵抗運動を惹起した。抵抗だけでなく，ごみ埋め立て処理場計画を撤回
させた静岡県沼津地域は1975年に全国ではじめてごみ回収「沼津方式」をつく
り，1970年代後半には，琵琶湖の水質汚染に対する合成洗剤の利用抑制の取組
み「石けん運動」が盛んになるなど，市民による自治としての政策展開が広が
ってきたことが指摘できる。

　『日本ボランティア・NPO市民活動年表』は，明治期からの市民の公益活動

を 1 万項目以上整理しているが，その総括として，日本の「市民（ボランティア）活動・NPO 活動」が活発化するのは1965年以降であり，「こうした活動が市民社会の成熟と密接に関係しており，自由で，自立的な市民の存在を抜き」には「ありえない」としている（岡本・石田・牧口 2014：9）。

この時期には，経済成長より「市民生活最優先」を掲げた革新首長が登場し，革新自治体が叢生した。革新自治体は都市問題への取組みや環境政策の先駆例を開発しただけでなく，「自治・分権」という理念とそれを支える「参加・情報公開」という手法の改革を進め，それは「革新」自治体に限らず全国に広がった。このころから，市民は，社会のメンバーとして，政府のオーナーとして，公共政策の主体としてのすがたをあらわしてきた。

初期の市民運動と政治との距離

ただし，自治体レベルでの市民による政策展開が，住民・市民運動として起こってきた一方で，それを政治また政府政策と結びつける動きは，特に国政レベルでは強力ではなかった。

新聞記者だった石川真澄は当時の状況を「イデオロギーを論じることは日常の生活をいいたてることよりずっと大事だという気風が広く存在していた」（石川・廣瀬 1979：17）と証言する。政治とは「高尚」なもので，市民のくらしの基盤整備としての政策課題は軽視されがちであった。当時のいわゆる革新政党も同様で，くりかえし革新首長からその無理解を批判され，市民活動にとってはむしろ「足枷」との評価を受けていた。自民党は1968年，幹事長だった田中角栄を核に「都市政策大綱」を示し，各党もそれを追って「都市政策」文書を示すものの，そこから発展しなかった（土山 2007）。それは，「高尚」なイデオロギーを論じる政党の政策能力の水準でもあった。

強烈な反対運動では政党の党派性が機能した面もあったが，あたらしい政策主体である市民層も政党と距離をとり，政党も自民党であれば農村票，革新政党であれば組合票などおおむね旧来の支持層へのアプローチに埋没し，市民と政治，政党との距離を遠いものにしていった。政党に集約されない票は当時から都市票，浮動票などと呼ばれ，こんにちの無党派層につながっている。政党は，市民活動が示したあたらしい政策を支持する都市票をとりこめなかった。

第4章 自 治

このことは，裏を返せば，市民も自身の価値や利益を政策として実現する代理
人となる政党を持てなかったことを示している。その背景には，市民にも，政
治を遠いもの，汚いものとして距離をおく「気風」があったといえる（土山
2007：203）。

政策主体としての市民活動

　政策主体としての市民の活動は，高度成長期以降も拡大・深化していった。
1990年代の後半に入ると，市民活動のための法人格制度の必要性が訴えられる
ようになり，1998年の特定非営利活動法人法（NPO法）につながる。1995年の
阪神淡路大震災の発災は，いたましい被害をもたらしたが，その復旧・復興を
支援する政策主体としての市民の力の大きさを示し，政策主体としての市民の
組織化を支える法人制度の必要性を広く認知させた。

　阪神淡路大震災は，水道，ガス，電気，道路といった都市装置の破壊，行政
機構自身の被災などによる，それまで経験のなかった「都市型社会における大
規模災害被害」をもたらした。その状況を「ほっとけない」人々の活動もまた，
それまで経験のない規模で展開された。発災から1カ月で62万人，1年間にの
べ137万人がボランティアとして活動し，約1800億円の寄付が寄せられたとい
う（「広がれボランティアの輪」連絡会議 2012：4-6）。

　1995年は「ボランティア元年」と呼ばれたが，その基盤には1995年までの市
民活動の蓄積，またそれがつちかってきた，困難に直面する当事者と，その困
難を「ほっとけない」支援者の自発的な行動をうみだすものがあるはずで，そ
の根幹は「自治・共和」という市民社会の思想と行動の規範だろう。

　さらに，被災した人々の「くらしの回復」は，都市型社会では，公共政策に
よる再構築を基盤とする。また，そうした「くらし」は社会資本，社会保障，
社会保険を横断する総合性を持つ。「くらしの回復」を継続して支援しようと
すれば，市民活動は政策展開にアプローチしていくことになり，政府政策と交
錯する。ここで図4-2のような政策主体間関係がみえてくる。

　もちろん，市民による取組みであれば成功するということではない。当然，
個々の市民活動にも，多くの模索や衝突，失敗や困難がある。しかし，確実な
ことは，当事者と支援者である市民が，「自分たちの課題」に政策主体として

99

第Ⅰ部　いまなぜ公共政策か

取り組み，企業や国・政府と連携また対峙し，市民セクターの政策主体がもつ
役割や意義を示し，日本の公共政策に大きなインパクトを与えたことである。
その後の大規模災害にも，こうした個人また団体としての市民が持つ政策主体
としての力が発揮され，その重要性を高めてきた。

3　市民自治の政策基盤

市民による政策展開の広がり

　あらためて視点をこんにちに戻し，政策主体としての市民を捉えてみよう。
すでにみたように，公共政策の課題は地域規模から地球規模まで広がり，また
深まる。これに応じて，市民の政策主体としての活動も多元的・重層的に展開
される。

　たとえば国を超えた層では，国政府からの資金援助を一切受けず，戦地や災
害地域で人命救助活動をする「国境なき医師団」，国政府と連携しつつ子ども
の生命・権利擁護に取り組む「Save the Children」「Worldvision」など日本
にも事務所を置くNGO団体がよく知られている。日本を本拠地として海外で
活動するNGO・NPO団体も多い。東日本大震災の時は，その中間支援団体の
「ジャパン・プラットフォーム」の存在もあり，海外での災害支援経験のある
団体が震災直後から被災地で支援活動をおこない，大きな役割を果たしたと指
摘されている（「広がれボランティアの輪」連絡会議 2014：15-26）。人権や環境問
題などを扱う国際会議では，それをテーマとするNGOが先んじて会議をひら
いたり活発なロビイング活動を展開したりしている。

　もちろん国内，自治体レベルまたそれより小さな地域でも，多様な市民活動
が幅広い政策展開を示してきた。政策提言・権利擁護としてのアドボカシーの
重要性が語られるようになり，高度成長期にみられたような政府セクターや
「政治」に対する忌避は目立たなくなってきている。この変化は，なによりも
市民活動団体が政策主体としてその経験を蓄積してきたこと，また，自治体を
はじめ，政府セクターにとっても市民社会セクターの政策主体との主体間関係
が重要なものとされるようになってきたことと相関している。

　1998年に創設された特定非営利活動法人制度は，その後，社会福祉法人制度

の整備，既存の財団法人などをふくめた公益法人制度改革をはさみながら，法人数を大きく伸ばしてきた。2000年にNPO法人は3800団体だったが，2019年度には5万1,261団体，税制上の優遇措置もある認定NPO法人も，当初は要件が厳しく，2001年に3団体，要件が緩和された2008年でも93団体だったが，2019年度には1,149団体となっている。また，法人にはなっていない，法人という形態をとらない市民政策主体はそれこそ無数にあるだろう。

　こうした活動は，「自治・共和」の思想と行動に基づくことは指摘したが，それは，課題に対する「同じ市民」としての共感に支えられる。その社会の市民社会セクターの活動のゆたかさ，課題への取組みの活発さ，活動主体とその主体間の連携のおこなわれやすさは，このような社会を共有する主体の意識によって左右される。人々の間に存在するネットワークとしての関係へアクセスすることで（Nan 2001=2008）政策はうみだされる。この「ゆたかさ」を資本にたとえたものが「社会関係資本」と訳されるソーシャル・キャピタル（social capital）である。これは，市民どうしの関係性を公共政策の資源として捉える視角である。

市民社会セクターによる資源調達の拡大

　市民政策の展開には，当然，資源が必要となる。ここでは，直接的な資金について考えてみよう。

　社会全体から強制的に税などのかたちで調達できる政府と異なり，市民社会セクターの資源は一般に少なく，担い手の拡大と資源の確保は市民社会セクターの政策主体にとって課題であり続けている。ただし，その資金調達の面でも最近の変化を読み取ることができる。ここでは，自治体，国政府による補助金・助成金の存在とその問題を指摘したうえで，近年の動きとして，寄付や融資といった非政府由来の資源の拡大を確認する。ついで項をあらためて，社会的企業や社会的インパクト投資（SBI＝social impact bond）など，市場セクターと公共課題に取り組む主体とのセクターをまたぐ接近をみる。

　阪神淡路大震災以降，市民社会セクター特にNPOなど市民活動への期待は高まってきたが，その期待の高まりは自治体による市民活動の「育成」「支援」として，団体の設立や事業に助成をしたり，自治体の事業の一部を委託したり

第Ⅰ部　いまなぜ公共政策か

Column ⑧　憲法政策論

　大学で憲法学を学ぶ学生から「憲法がわからない」という声を聞く。多くの場合，それは「憲法学がわからない」のではなく，「憲法をめぐる政策論がわからない」ようである。ここでは，政策論の観点から憲法をみてみよう。

　近代以降の日本には２つの憲法があった。１つは明治の「大日本帝国憲法」，もう１つは現行の「日本国憲法」である。現行憲法をめぐる論争は，自民党などの「保守勢力」と社会党・共産党などの「革新勢力」との間で繰り広げられてきた。保守勢力は「改憲」を，革新勢力は「護憲」をそれぞれ訴えてきた。

　その争点は何であったか。保守勢力が「改憲」をいうとき，戦後一貫して議論の中心にあったのは「自衛隊」であり，靖国参拝問題や従軍慰安婦問題がこれに連動してきた。他方，革新勢力は「日本国憲法」の「護憲」，特に「憲法９条」の維持にこだわってきた。こうした状況に，「天皇制」「基本的人権」「家族制度」「地方制度」などの戦後の憲法で転換した諸問題が付随し，錯綜した言論状況が展開してきた。

　「改憲」論を受けとめる国民の中には，憲法を変えることで現状の生活を抜本的に改善できるのではないかという素朴な見方も存在する。しかし，憲法は「国民生活を変える」ものではなく，「政府権力を縛る」ものであるという「立憲主義」の考え方を基礎としている。憲法が最高規範性を持つとか，憲法は一般の法律に対して上位法であるといわれるのはこの意味である。

　いうまでもなく，憲法が対象とする政府権力のうち最大のものは「自衛隊」である。戦後に軍部は解体され，現行憲法では「戦争の放棄」「戦力不保持」「交戦権の否認」が規定されている。そして，自衛隊は憲法解釈上，「戦力」には該当しない「自衛のための最小限度」とされてきた。

　こんにちの改憲論は複雑化・多様化しており，わかりにくい。だが，これを政策論としてみるならば，多少ともわかりやすくなるだろう。　　　　（K. N.）

するかたちでおこなわれてきた。こうした「育成」「支援」は，資源の乏しい市民社会セクターの主体にとって貴重なものでもあったが，問題を内包するものでもあった。たとえば，こうした助成の多くが事業費補助といわれるもので，人件費にあてることができず，事業をおこなうことはできても組織としての体力を増せない。また，資金を提供する側・される側という関係性が自立した政策主体としての立ち位置を動揺させ，行政による市民活動の「囲い込み」「官製NPO」と呼ばれるような関係性が醸成されることも指摘されている（廣川

2017：49-58)。

　なお，NPO 以外の市民団体については，従前から，地縁団体などに自治体が団体運営補助をだす例がみられたが，任意団体への運営補助支出については疑問も呈されてきた。自治体財政の困難を理由に，その見直しを進め，事業補助金にシフトした自治体もある。

　もともとは市民に由来する資源が，政府を経由して政策主体としての市民に再配分されることはどう正統化されるか。多くの自治体では外部の審査員がはいった助成事業審査をおこない，また市川市の１％助成制度のように助成先の選択に市民の意向を反映させる仕組みもある。ただし，資金を出す側・受ける側という関係が消えるわけではない。

寄付，投資，融資による資源の流入

　そこで，政府に由来しない資金の獲得，「ファンドレイジング」は市民政策主体にとって重要な課題となっている。ここで調達される資金は，１つは寄付，もう１つは投資として捉えられる。

　では寄付からみてみよう。日本には寄付文化がない，薄いといわれてきたが，阪神淡路大震災以降，NPO など公益活動法人制度の整備もあり，政策主体としての市民の活動の拡大・深化とともに，寄付も広がってきた。災害時には特に多くの寄付が寄せられるが，1995年の阪神淡路大震災では1791億円の義援金が，2011年の東日本大震災では約6000億円の寄付がよせられたといわれている（寄付白書 2015：16-17)。

　2016年の日本の個人寄付総額が名目 GDP にしめる比率は，イギリス0.54％，アメリカ1.44％とは差のある0.14％だが，金額では約7756億円となり，近年も増加傾向にある。2001年，2011年の特定非営利組織への寄付に対する控除制度とその拡大もその要因として指摘できる。市民から市民活動への寄付を仲介する中間支援組織として，コミュニティ財団の設立も2010年前後から広がり，2017年９月に全国コミュニティ財団協会には25団体が登録されている。

　寄付の形態も多様化しているが，中でもインターネットを活用した資源獲得の広がりが特筆される。ウェブサイトでの情報共有，クレジットカードを使ったオンライン寄付や投資，決済が可能になり，2010年には世界最大の寄付仲介

サイト「JustGiving」が日本版サイトを開設した（現「JapanGiving」）。いうまでもなくインターネットによる情報流通は距離の制約を超えた課題の共有が可能である。市民活動や課題の現場への資金の流入は，多様な形態の開発を伴いながら広がってきた。東日本大震災では，寄付はもちろん，企業の再起を支援するファンド，地域の産品を購入する「応援消費」などが展開された。災害支援だけでなく，市民による政策活動に対するクラウドファンディングも定着しはじめているといえる。

　市民社会セクターの資源の動向を捉えるうえで特徴的なことは，すでにふれたように，市場セクターとの接近である。企業の社会貢献は古くからおこなわれてきたが，新しい動向として，市民の意思を介在させる形態をみることができる。たとえば2001年に現イオングループがはじめた「黄色いレシート」では，市民が選ぶ任意の団体に購入金額の１％相当の品物を寄贈する仕組みとなっている。東日本大震災に際して，「Yahoo! Japan」では寄せられた寄付の同額を同社が寄付するマッチングファンドがおこなわれた。

　また，NPO など市民社会セクターの主体がソーシャル・ビジネスに接近していく傾向も指摘される（坂本・丹野・菅井 2017：22）。他方，市場セクターの側からは「社会的企業」と呼ばれる層がうまれている。

　非政府セクターでの資金流通では，投資・融資のシステムは重要な要素となる。社会的企業への融資，公益活動に投資してその成果による収益を回収する社会的インパクト投資（SIB）も着目される（塚本・金子 2016）。

　インターネットによらない地域に密着した投資でも，近年，地域金融機関による NPO などへ投資する動きや金融商品の開発がみられはじめ，公益活動，公共政策をめぐる資金の動きがおこりつつある。

自治の政策主体としての市民

　市民社会セクターの政策主体はその存在を大きくしてきたが，なぜこのセクターの主体による公共政策の展開が重要かという点については，しばしば，政府セクター，特に自治体が市民の「政策ニーズの多様化」に，財政上の理由や専門性の問題で対応できないためと説明される。これは，読みかたによっては，政府政策の「補完」として市民社会セクターの政策が位置づけられているとみ

第4章　自　治

ることができる。

　だが，市民による政策展開は，政府政策の「補完」のためにはじまるものではなく，これまで指摘してきたように「自治・共和」としての活動である。市民ニーズが多様化しているというよりも，無限の公共課題のうち「自分たちの課題」といえるものに取り組む市民が多様になり，市民による政策展開が政府政策のあり方に影響を与えてきている。

　市民政策の発生する起点から捉えてみよう。個人の解決能力を越えた，社会で共有される「公共課題」は，少数者の「困りごと」として発生する。公共政策の起点は，困りごとの当事者と，それを「ほっておけない」支援者の活動にある。当事者・支援者がその課題にみずから取り組むとき，政策主体となり，市民活動がうまれる。どんな課題を対象としていても，市民社会セクターの主体として一貫して必要な活動は，みずからの課題に対する共感をえて社会の中で認知を拡大し，当事者・支援者のさらなる参集を図ることである。支援者の課題へのかかわりかたには幅がある。活動の中心にある者から，課題への共感のみ，内面での応援のみといった者まで含まれるだろう。いずれにしても当事者・支援者の拡大によってこそ，課題の認知は広がり，資源調達の可能性は広がる。そこにあるのは，「私」から出発し，課題を「共通の関心事」としてともに取り組む「私たち」の形成と拡大である。このとき，「私たち」は公共圏となり，政策は自治・共和による手段となる。

　「私たち」の拡大は，しばしば市民活動の組織化・法人化や，資源調達を充実させ，事業として政策を直接展開することを可能にする。既存の公共政策・政府政策へのアドボカシー活動をおこなうかもしれない。政策課題への認知の高まりが政府政策のアジェンダ設定につながれば，政府政策の過程が始動することになる。

　ただしその過程によってうまれる政府政策が，市民政策として展開されたものと目的・手法が異なることは当然ありうるので，そのズレの部分はなお市民政策として展開されたりアドボカシーの対象になったりするだろう。市民による政策は政府政策に「昇格」して終わりではなく，活動の一部が政府に「負託」されるにとどまるのである。

　その公共政策に事業として一定の経済効率があるのであれば，企業あるいは

105

第Ⅰ部　いまなぜ公共政策か

市民活動がソーシャル・ビジネスとして展開することもありえる。市民社会セクターと市場セクターの接近・交錯はさらに進んでいくとみてよいだろう。

　公共課題は，当事者と支援者を起点に，認知の拡大を進めて，市民を主体とする政策として展開され，さらにマルチセクター，つまり市民社会セクター，市場セクター，政府セクターの複合による政策展開をみることになる。

　政府政策が公共政策の課題領域をカバー「できなくなった」のではない。市民は政府政策の過程を経て「必要不可欠」の枠からとりこぼされたものを「補完」するのでもない。むしろ逆で，市民による公共政策は，無限の課題に対する市民の「自治・共和」の取組みとして生まれ，そこから一定の手続きをへて政府政策の対象として選択されるものがありうるということである。したがって，政府に資源が足りないのであれば，必要なことは「市民に安くやってもらうこと」ではなく，「必要不可欠」度の低い事業を政府政策から解除して市民の自治の領域に返すか，市民から集める資源を増やしてもらうかである。ましてそれを「代行」する市民活動の主体を「育成」するべきではない。

「新しい公共」における「協働」と市民

　しかし，こうした市民「自治」を起点とする公共政策の過程が十分理解されているわけではない。たとえば，セクターを越えた公共政策の展開が「新しい公共」と呼ばれることがある。多様な市民による公共政策の展開が進む都市型社会は，人類史でみるとたしかに新しいが，「新しい公共」という時には，2000年ごろを念頭に「本来，公共とは政府だったが，そこに市民があたらしく登場してきた」という認識が内包されているようにみえる。だが，そうだろうか。市民が「公共の関心事」に取り組む自治は農村型社会の時代からあった。都市型社会への移行は，政策を統治の手段から市民の「日常の生活」の基盤整備という自治の手段に転換させた。産業・伝統・慣習という共通項を持たない多様な人々の集合である都市型社会で，政策課題を共有し政策を展開する市民社会セクターの主体があらわれてきたのは，日本では1960年代である。「新しい公共」という用語からは，この政策主体としての市民活動が政府の側から見て視野に入ってきたのは近年だという意味もよみとれる。

　政府セクター側から市民活動を「位置づけ」るこの視角は，政策主体として

の市民に政府政策を「補完」する役割を期待し，「協働」が「安上がり行政」となり，市民活動への支援で「行政依存」をうみだし，市民活動主体が行政によって「育成」されて「囲い込ま」れるという問題にもつうじる。

「協働」は，本来，課題領域を共有しうる政策主体どうしが連携・協力することで，効果を相乗したり負荷を軽減したりすることをめざした政策主体間連携をさしている。ただ，それは，自立した主体どうしであることが前提のはずである。市民による政策を政府政策の「補完」として捉えれば，「協働」は「互いに協力して働く」から，「政府に協力して働く」に転じやすくなる。市民が「ボランティア」精神を持って「政府に協力して働く」ことが尊重されるべき公益となれば，その団体や団体活動の目的，公益と政府政策との調整は，政策主体間連携と呼べる自立性を伴う，市民の「自治・共和」のいとなみといえるだろうか。

4　自治・共和・公共——政策と熟議

市民による政策展開は善か

本章の最後に，市民による政策についていくつかの補足と，「話し合い」をめぐる課題について検討しておこう。

当然のことだが，市民社会セクターの活動だから，社会的企業だから「善い活動」というわけではない。たとえば，外国籍住民が家を建てることに自治会が反対運動を展開することもある（もちろん，個人には居住の自由がある）。NPOや社会的企業，一般企業が貧困ビジネスと呼ばれる事業を展開することもある。制度があればそれを利用して制度が本来目的としていない使いかたによって利をえようとする行為はどのセクターであってもつねにうまれうる。そのため，日本財団のCANPANなど，公益性のある法人やその活動の情報を公開することによって，その「公共性」が評価されるようにしようとする動きもある。

一方，市民社会セクターの政策主体の「自治」には，大きな期待もよせられている。国および自治体の財政危機や今後の政策資源の減少が見込まれることにくわえ，1990年代後半から2000年代の市町村合併は，基礎自治体を約3300団体から約1700団体に減少させ，自治体の区域を広域化した。こうしたなかで，

第Ⅰ部　いまなぜ公共政策か

── *Column* ⑨　政策法務 ──

　自治体でいわれる「政策法務」という言葉には，大きく2つの意味がある。それが「自治体法務」と「訴訟法務」である。

　まず，「自治体法務」である。自治体でこれが用いられるときには民間企業で取り組まれている「企業法務」がイメージされている。企業法務は企業組織の法務部門が中心となって事業活動に伴う法的問題に対応しようとするものである。自治体法務ではさらに，法令等の自治的解釈，自治体の政策展開をはかるための戦略的な自治立法までが含まれる。こうした議論を主導したのが松下圭一や天野巡一といった論者であった。

　つぎに，「訴訟法務」である。訴訟法務は上記の自治体法務のなかに含まれる。具体的には自治体がかかわる国賠請求訴訟や国との関係における係争処理問題などである。この訴訟法務はもっぱら行政法学の領域で論じられている。

　ただし，これら政策法務の2つの意味は明確に分離されるものではない。自治体法務は，高度経済成長下の大規模マンションなど巨大建築物の登場に伴い，日照・環境権や，電波障害・風害・眺望の阻害などの市民生活上の諸課題を背景として注目されるようになったものである。一方で開発事業者は関係法令に沿った開発を推しすすめたが，他方で住民の側にはそれに伴う生活環境の悪化について対抗する手段をもたなかった。やがて，自治体もこれを放置できなくなり，開発指導要綱等の「要綱行政」によって規制するようになった。そして住民，自治体を巻き込んだ訴訟にまで発展してきた。

　2000年分権改革後，自治体では「自治立法権」「自治行政権」「自治財政権」が強調されるようになった。このなかで重要なのが自治体の政策的な自治立法をめぐる取組みである。神原勝や土山希美枝は，あるべき議会像を「政策議会」と呼んだ。自治立法権の拡充の議論もその発想の基礎は政策法務にある。そこで問われているのは自治型の責任のあり方である。　　　　　　　（K. N.）

　旧自治体地域，あるいは都市内分権と呼ばれる小学校区程度の近隣地域の自治組織制度も創設された。地方自治法また合併特例法を根拠とする地域自治区・地域協議会，条例などに基づく地域・住民自治協議会などである。

　ただ，そうした制度創設には，自治体の関与による地縁型組織である町内会・自治体の再編という側面もあり，「自治・共和」型のシステムとして機能するとは一概にはいえない。任意団体である以上，補助金の交付を受け活動したり地域代表として意見集約したりする機能を果たすとすれば，その組織に属

さない住民に対する公平性，正統性の問題も起こりうる。近年，島根県雲南市
など「小規模多機能自治」を掲げる自治体など，コミュニティビジネスといえ
る事業もおこなう自律的な地域自治協議会も着目されているが，そこでは繰り
返し「自主性による自治」活動であることの重要性が指摘されている。

政策課題の共有と「話し合い」

　市民による公共政策の過程は政策課題の共有の広がりを基盤とするが，その
共有は「話し合い」を媒体としておこなわれる。だれかの課題が共有され「公
共課題」となり，その対応策が「公共政策」として展開される。当事者また支
援者として政策にかかわるなら，社会に存在する問題のうち特定のものを自発
的に「自分たちの課題」とする契機があるはずである。その契機とは，課題を
知り，その取組みに共感するように「なる」内発的な変化をその人物に起こす
働きかけだろう。それは「話し合い」，しかも一方向の情報提供ではなく内面
の変化を促す相互作用としての「話し合い」つまり対話である。それは直接の，
音声による対話にかぎらない。大衆に語りかけるマスメディア，集会，パンフ
レットなどの文書，コミュニティメディア，市民メディアを含むインターネッ
トでの発信，SNSなど多様な媒体が存在している。
　「話し合い」つまり対話の重要性は，政策課題の共有という点だけでなく，
政策には「正解」がないという点にもかかわる。何を取り組むべき政策課題と
し，その課題にどのような目的と手段を設定するかは，話し合いによって多面
的に検討していくしかない。政府政策であれ，公共政策一般であれ，政策はか
ならず個人から発想されるが，その政策を効果あるものにするためには，話し
合いは不可欠である。

市民による話し合いの結果は「正しい」か

　都市型社会における市民自治と，そのための政策をめぐる「話し合い」をめ
ぐって，2つの問いをあげてみよう。1つは，巨大な社会における市民の「話
し合い」とはどのようなものかということ，もう1つはその結果としての政策
の展開は「なにが正しい」ものなのかということである。
　環境問題がそうであるように，国を越えた共通課題があるこんにち，その課

第Ⅰ部　いまなぜ公共政策か

題を共有する成員が一堂に集まる「樫の木の下の民主政治」は当然に不可能で
ある。政府政策に対する市民参加も全体からみればごく少数の「声」にとどま
る。課題の共有，政策としての洗練と展開に必要な，「話し合い」はどこでお
こなわれるのか。一堂に会するのが難しいのであるから，政策過程の多様な段
階で，多様な人々の間で積み重ねるしかない。こうした，民主主義と「話し合
い」の機能をめぐり，「理性的・合理的な合意による問題解決をめざす」熟議
（討議）民主主義が重視される一方で，そうした合意形成の限界を捉え「合意
に異議を申し立てる紛争に民主主義の可能性を見出そうとする」闘技民主主義
もまた必要とされる（田村 2008：3）。本章の文脈では前者に重点をおいて記述
してきたが，本来，「話し合い」の機会が政策にもたらす機能は多様である。

　また，市民社会セクターの政策主体がつねに善をなすとはかぎらないように，
市民による話し合いがいつも結果としてすぐれたものをもたらすとももちろん
かぎらない。しかし，政策には与えられた「正解」がなく，「正解を持つだれ
か」も存在しない。つねに「正解」を知っているエリートや名君は幻想である。
自分たちの「答え」を自分たちで決めていくしかないし，政策がつねに内包す
る可謬性は，多面的な検討による決断と，政策展開における「予測と調整」に
よって対応していくしかない。政府政策をふくむ公共政策は，多元・重層の市
民のアクセスによって課題の共有をすすめ，可謬性を前提に，予測と調整を重
ね政策過程において修正していくしかない。それは，多様な機会に，多様な主
体による，話し合いがもつ多様な機能を媒体とすることになる。

　このとき，あらためて，自治が「私たち」としての共和のいとなみであるこ
とを確認しよう。マルティン・ブーバー（M. Buber）は，人が外部の世界を捉
えるには2つの類型があり，「われ-なんじ」ととらえるか，「われ-それ」とと
らえるかであるとした（Buber 1923=1979）。「われ-それ」関係では自分と相手
のあいだは断絶し，「それ」は自分が利用する対象でしかない。しかし「われ-
なんじ」関係では，対象とのつながりによる相互作用がある。「私」の課題を
「私たち」の課題とし，政策によって取り組む。「私」と「私たち」のあいだを
課題でつなげた「われ-なんじ」の集合体の前に，「自治・共和」がいとなまれ
る「公共」があらわれる。「日本型の『公私の対立』をつきぬけて，〈私〉こそ
が〈公〉であるという自治の原点」（松下 1985：5）がそこにある。

参考文献

石川真澄・広瀬道貞（1989）『自民党――長期支配の構造』岩波書店。

岡本榮一・石田易司・牧口明編著，大阪ボランティア協会ボランタリズム研究所監修（2014）『日本ボランティア・NPO・市民活動年表』明石書店。

寄付白書発行研究会，日本ファンドレイジング協会（2015）『寄付白書2015』。

坂本恒夫・丹野安子・菅井徹郎（2017）『NPO，そしてソーシャルビジネス』文眞堂。

篠原一編（2012）『討議デモクラシーの挑戦――ミニ・パブリックスが拓く新しい政治』岩波書店。

田村哲樹（2008）『熟議の理由――民主主義の政治理論』勁草書房。

塚本一郎・金子郁容編著（2016）『ソーシャル・インパクト・ボンドとは何か』ミネルヴァ書房。

土山希美枝（2007）『高度成長期「都市政策」の政治過程』日本評論社。

「広がれボランティアの輪」連絡協議会編（2012）『ボランティア白書 2012』筒井書房。

――――（2014）『ボランティア白書 2014』筒井書房。

廣川嘉裕（2017）『政府―― NPO 関係の理論と動向』関西大学出版部。

松下圭一（1975）『市民自治の憲法理論』岩波書店。

――――（1985）『市民文化は可能か』岩波書店。

――――（1991）『政策型思考と政治』東京大学出版会。

Arnstein, Sherry R. (1969), "A Ladder of Citizen Participation," *Journal of the American Planning Association*, 35(4): 216-224.

Buber, Martin (1923) *Ich und Du,* Insel-Verlag. （植田重雄訳『我と汝・対話』岩波文庫，1979年，所収。）

Lin, Nan (2001), *A Theory of Social Structure and Action,* Cambridge University Press. （筒井淳也・石田光規・桜井政成・三輪哲・土岐智賀子訳『ソーシャル・キャピタル 社会構造と行為の理論』ミネルヴァ書房，2008年。）

（土山希美枝）

第Ⅱ部

政策過程とは何か

> 第Ⅱ部では，政府政策に焦点をあて，その具体的なプロセスを概観する。その中心にあるのは「政策の合理性」である。政策は合理的に「立案」され，「決定」され，「実施」されることが期待されている。しかし，現実の政府政策のプロセスはそうなっていない。そのギャップを埋めることが「評価」に期待されている。

国会議事堂——政策は国会で作られるのか？

第5章
形　成
――問題から解決策へ――

この章のねらい

　第Ⅱ部で扱うのは政策過程の具体的な中身，すなわち「アジェンダ設定」「立案」「決定」「実施」「評価」である。「アジェンダ設定」「立案」「決定」は一応異なる段階として理念的に識別することが可能である。しかし，これらは実際には連続したプロセスであって明確な境界線を引くことが難しいものでもある。そこで，第5章および第6章では，「前決定過程」「決定過程」とを便宜的に識別し，前者を「形成」というタイトルのもと，本章において概説することにする。これに続く「決定過程」については，次章の議論に委ねることにしよう。

1　アジェンダ設定

　第5章では，「アジェンダ設定」および「政策立案」について説明する。社会には数多くの解決すべき問題がある。だが実際に政府が真剣に注意を払うのはその一部に過ぎない。政府レベルで政策課題がつくられ，注意を払うべき対象に選ばれる段階は，アジェンダ設定過程と呼ばれる。また政府が政策課題に対して具体的な政策案を検討する段階は，政策立案過程と呼ばれる。一般に政策過程は，「知的なプロセス」であると同時に，政府の資源配分をめぐって多様なアクターたちが活動する「政治的なプロセス」でもある。それでは「知的なプロセス」と「政治的なプロセス」はどのように関係しているのであろうか。以下，説明をおこなう。

アジェンダとは何か

　第3章で紹介した政策過程モデルでは，社会で認識された問題が，そのまま

第Ⅱ部　政策過程とは何か

政策立案や政策正統化（決定）の段階に向かうことはないと想定されている（Dye 2002）。というのも，その間にアジェンダ設定の段階が置かれているからである。

　アジェンダとは「政府の公職者や政府の外側でこれらの公職者と密接に連携する人々が，特定のときに，かなり真剣な注意を払う主題や問題のリスト」のことである（Kingdon 2011=2017：16）。社会生活や経済活動をおこなう中で，私的な個人や集団では対処が難しい問題が生じることがある。そうした問題をマスメディア，利益団体，市民団体などが認識すると，その問題を公表したり，政府に対して何らかの要求をしたりするようになる。それに対して政府の公職者らが注意を向けはじめると，その問題は政策課題として政府アジェンダに設定されたことになる。

　この政策過程モデルにアジェンダ設定という段階が設けられるのはなぜだろうか。以下のような理由が考えられる。

　第1の理由として指摘できるのは代表制である。代表制では，人々の，政府に対する要求がそのまま政策過程に入力されることはなく，代表者をつうじて表明される。これは，政府に対する要求が，アジェンダ設定の段階で，政策過程からいったん強制的に切り離されることを意味する（早川 2014）。そのうえで，無限ともいえる問題の中から，代表者はどの問題に注意を払うのが相応しいのかを，全体の状況をみながら総合的に判断できるのである。アジェンダ設定はそのための機会を提供しているとみることができる。

　第2の理由として考えられるのは，資源の希少性である。政府がある問題を解決するには，予算，人的資源，能力や技術，時間といった資源が必要になる。だが，それらは有限であるのに対し，政府への潜在的な要求は無限であるといってよい。そのため，政府はどこかで対応する必要のある問題とそうでない問題とを区別しなければならない。アジェンダ設定という段階があることで，政府への要求が過剰となることを避けられるのである。

　第3の理由は，前の2つの理由と関係するが，政府が扱う問題や課題が絞られる段階を置くことで，政府の公職者らが残りの問題に集中できるようにするためである。政府の公職者らは，すべての問題について十分に注意を払い，深く検討するだけの能力や時間を持つわけではないのである。

アジェンダ設定と権力

アジェンダ設定に深く関与できるアクターは，「政治」に対して影響力を持つことができる。デヴィッド・イーストン（D. Easton）によれば，政治とは「社会に対する価値の権威的配分」のことである（Easton 1953=1976）。政治システムモデルによれば，環境（社会や経済）から政府に対する要求が入力されると，政治システムは，その要求を公共政策に変換し，政府をつうじて政策を出力することで，環境を変化させて，システムそれ自体の存続を図ろうとする。

このモデルでは，利益団体，マスメディア，世論，政党が諸要求を集約・縮減することで，政府や政治システム全体への負荷を減らす役割を担っている（Easton 1965=1980）。そうした集団からはじかれた要求の多くは，政府の政策に反映される機会を失う。つまり，そうした要求はアジェンダにはなりにくく，権威的な資源の配分に与ることはできなくなるのである。政治学にはエリート論と多元主義という2つの立場があり，政治アクターの影響力や権力構造をめぐって活発に論争がおこなわれた時期もあった。実はこの論争がこうしたアジェンダに対する研究関心を高めたのである。

エリート論では，社会学者であるチャールズ・ライト・ミルズ（C. W. Mills）が，連邦政府・軍部・ビジネスの最高の地位にあるごく少数のパワー・エリートたちが全社会的にも「指令的な地位」を占めており，意識的に利益調整をしていると論じた（Mills 1956=2000）。また地域の権力構造については，フロイド・ハンター（F. Hunter）が，アトランタ市において，だれが政治的な有力者であるのかを評判法をもちいて調査した結果，実業家階級に所属する一部のエリートたちが集団を形成し，コミュニティ内外の政策的な事柄を牛耳っていると主張した。要するに，エリート論では，政治・経済的なエリートがアジェンダ設定を含め，全般的に政治を支配しているということになる（Peters 2015）。

これに対して多元主義では，ロバート・A・ダール（R. A. Dahl）が，ニューヘブン市における意思決定と，その際に生じる対立と利害調整のプロセスを調査した。評判法に否定的であった彼らは，新聞や行政資料，インタビュー調査などを手がかりにアクターの行動を分析した結果，たしかに少数のエリートたちが政治的な影響力を持つものの，彼らの間には競争や対立があり，また政策領域が変われば登場するエリートも異なると主張した。つまり社会は多元的で

あって，エリート論が指摘するような，少数の人々に権力が集中している状態
ではないのである。この見方にしたがえば，アジェンダ設定に影響を与える機
会はだれに対しても与えられているということになる。

　それでは，ある争点を取り上げ，観察可能な紛争や対立を分析すれば，権力
関係をすべて把握できるのだろうか。現状を好ましいと考え，現状維持に利益
を見出す権力者はどのような行動をするだろうか。ピーター・バクラック（P.
Bachrach）とモートン・S・バラッツ（M. S. Baratz）は，多元主義が見落とし
ている権力のもう1つの側面を指摘した。それは「非決定作成」とか「非決定
権力」と呼ばれるものであり，意思決定者の価値や利害に対する隠然とした，
あるいは明らかな挑戦を抑圧または挫折させる決定だとされる（Bachrach and
Baratz 1962=2013）。ある問題をアジェンダに設定する権力があれば，そうさせ
ないような権力があっても不思議ではないだろう。エルマー・エリック・シャ
ットシュナイダー（E. E. Shattschneider）が指摘したように「政治のもっとも
重要な戦略は紛争の規模に関連をもっている」とすれば，観察できた紛争とい
うのは，権力者が意思決定の範囲を安全なところにまで広げた結果なのかもし
れない（Shattschneider 1960=1972:6）。現状が維持されるということは，どこか
でだれかが「何もさせない」ことを決めたためかもしれない。大嶽秀夫
（1996）は，自動車会社が自動車の欠陥を隠すために，各方面に圧力をかけ，
紛争の拡大を防ぎ，彼らにとって有利な「私的な処理」に持ち込むプロセスを
明らかにしている。

外部主導モデル──体系的アジェンダと公的アジェンダ

　ロジャー・W・コブ（R. W. Cobb）とチャールズ・D・エルダー（C. D. El-
der）は，アジェンダ構築（agenda building）に注目し，民主的な政治システム
の中で，一般の人々が持つ政治的な役割や影響力を捉え直そうとした（Cobb
and Elder 1983）。エリート論はもちろんのこと多元主義も，政治システムの中
の一般の人々を積極的に取り上げようとはしなかったからである。民主政治は，
結局のところ，セオドア・ロウィ（T. Lowi）が批判したように，実態としては
利益団体自由主義であり，利益団体による非公式のバーゲニング（Lowi
1979=1981）に過ぎないのだろうか。彼らは，分析枠組みとして，政治システム

モデルを利用しながら，「体系的アジェンダ」と「公的アジェンダ」を設定することで，一般の人々の影響力を明らかにしようとした。体系的アジェンダとは，政治的共同体のメンバーによって，一般の人々の注目に値し，既存政府の正当な管轄権において，重要であると認識される争点であり，公的アジェンダとは，権威的な意思決定者が積極的かつ真剣に考慮する対象となった一連の項目である（Cobb and Elder 1983：85-86；笠 1988）。「外部主導モデル」と呼ばれるこのモデルをつうじてコブとエルダーが描こうとしたのは，政府の外部で起きた社会問題が，争点拡大戦略によって，体系的アジェンダとして一般の人々の注目を集めた結果，それが公的アジェンダ，すなわち政府のアジェンダに設定されるというプロセスであった。

　彼らによれば，ある争点が体系的アジェンダに設定されることは，公的アジェンダに設定されるための必要条件ではないにせよ，もっとも確実な方法であった。これは，政治システム論でも指摘されたことである。すなわち，イーストンによれば，イシューとして成員の真剣な検討の対象とならなかった問題や要求の多くは，アウトプットの段階には進みにくいのである（Easton 1965=1980）。だが彼らのモデルでは，ゲートキーパーである政党や利益団体だけでなく，一般の人々にも役割が与えられるのである。争いは，実際にそれに参加している中心人物と観衆から構成されるのである（Schattschneider 1960=1972）。

紛争拡大のための戦略

　コブとエルダーは，一般の人々を，紛争に巻き込まれる順番に，４つのカテゴリーに分け，ある争点への注目が，あるカテゴリーからつぎのカテゴリーへと拡大するにつれて，アジェンダ構築のパターンが変化すると説明する。そのカテゴリーはつぎのとおりである――①自分たちの利益と，所属する集団の利益を同一視する「一体化した集団」，②前者ほど積極的・戦闘的ではないものの，関心のある特定の争点に関与する集団，③教育と所得の水準が比較的高く，情報を受け取ることで関心を持つ「注意深い一般の人々」，④情報も関心も持たない「一般の人々」。最初の２つのカテゴリーを経て，ある争点が「注意深い一般の人々」に浸透すれば，体系的アジェンダは，政党などを媒介して公的アジェンダになり，それが「一般の人々」にまで広がれば，自動的に公的

第Ⅱ部　政策過程とは何か

アジェンダになると，彼らは想定している。

　それではどうすれば，人々の注目をある紛争に向けさせることができるのだろうか。そしてそれを公的アジェンダに設定させるには何をすればよいのだろうか。有力な政策決定者の集団の近くにいて，彼らから支持をえやすい人々や集団とは異なり，政治システムの周縁にいる人々や集団が，ある紛争を公的アジェンダに設定させることは容易でない。そのためコブとエルダーは，発案者（initiator）と，自然災害，差別問題，人口問題といった「きっかけとなる装置」（trigger devices）の相互作用から争点がうまれ，紛争が拡大すると説明するのである（Cobb and Elder 1983）。

　紛争拡大の戦略上，もう１つ大切なことがある。それは異議を唱える者が増えるように，争点を定義することである。問題や争点は客観的に存在するものではない。問題を認識させるためのフレーム，未来を予想するための因果的なストーリーの組み方ひとつで，問題に対する人々の受け止め方は変わってくる。対立する陣営もそうした状況を織り込みながら，争点を再定義することで「援軍」を期待するのである。日本の安全保障政策についていえば，両陣営とも，政策論よりも，憲法論や保革イデオロギーと関連づけながら争点を定義，再定義することを好む。笠（1988：67）によれば「定義があいまいで，社会的意義があり，広く将来にわたる影響力をもち，わかりやすく，更にその分野で斬新な争点」であればあるほど，紛争は拡大し，それにかかわりを持とうとする一般の人々のカテゴリーも広がるのである。

　定義された争点を拡大させるのは言葉であり，それがシンボル操作される時，マスメディアが重要な役割を果たす。マスメディアの議題設定効果仮説によれば，マスメディアがある争点やトピックを強調すると，そうした争点やトピックに対して，人々（受け手）はより重要性を認識するようになる。そのための最初の戦略が「喚起」であり，潜在的な支援を活性化する働きがある。もしそれに失敗すれば，次の戦略として「挑発」がおこなわれ，潜在的な支持者を紛争に導こうとする。いずれの戦略もマスメディアに取り上げられやすい。「諫止」は著名人を利用して対立側の支持者を説得しようとするものである。それでも紛争の拡大が不十分であれば「デモ」を選択する。このほかに，内部向けに士気を高め，団結や統一を図るために「断言」が用いられることもある。た

第5章 形成

Column ⑩　政策論争とメディア

　政策論はメディアの報道姿勢によってしばしば左右される。世論を二分するような争点については、「フェイクニュース」かどうか、さらには「報道の中立性」が担保されているのかどうかが問題となる。特に影響力がつよいテレビについては放送法との関係が問われる。同法第4条では、放送事業者に対し、国内放送等の放送番組の編集にあたって、「公安及び善良な風俗を害しないこと」「政治的に公平であること」「報道は事実を曲げないですること」「意見が対立している問題については、できるだけ多くの角度から論点を明らかにすること」の4点がよらなければならないこととされている。また、この「よらなければならない」ことの解釈をめぐっては、「法的規範」なのか、それとも「倫理規範」なのか、という点についての論争も起きている。

　政権側からみれば、政府の方針に反する報道のあり方は好ましくないということになるだろう。2014年12月14日の総選挙の際、自民党は、「選挙時期における報道の公平中立ならびに公正の確保についてのお願い」（11月20日付、在京テレビキー局各社宛、筆頭副幹事長・報道局長連名）という文書を出した。政治は報道のあり方に敏感なものである。

　他方、メディアの側からみれば、そもそも「視聴率が取れるような報道のあり方」こそが重要視される。そこでは、「視聴率至上主義」が主軸となる。特に民放各局は視聴率が経営に直結するものとして敏感にならざるをえない。

　ここにあるのは、「政治の論理」と「経営の論理」のどちらを優先し、どちらの文脈でものをみるのかという視角設定の問題である。報道のあり方はそれにひきずられつつ評価を受ける。なお、注意したいのは「政策の論理」はこれらとは別次元にあるという点である。政治や経営の論理に惑わされず、何が私たちの社会の発展に寄与するものであるのかを、冷静に見極めたい。　（K. N.）

だし、ジョン・キングダン（J. Kingdon）によれば、マスメディアの報道は時間が短く、後追いとなりやすいので、争点の創出は難しいものの、それでも争点を拡散する力を無視することはできないとされる（Kingdon 2011=2017）。

薬害肝炎訴訟にみるアジェンダ設定

　このモデルを使って、肝炎問題のアジェンダ設定過程を概観することにしよう。2002年に大阪などではじまった薬害肝炎訴訟は、患者・原告団が国と製薬企業に対して、血液製剤によってC型肝炎に罹患した責任を問うものであり、

121

第Ⅱ部　政策過程とは何か

被害者の救済を求めた裁判であった。

　この裁判に携わったある弁護士によれば，訴訟は「この薬害の発生構造を社会に知らしめ，更には市民，国民の健康を疎かにしてきた医薬品行政，血液行政に対する問題性を顕在化させ，市民，国民の怒りに火をつけ社会的議論」を促し，政府に真相究明と再発防止を求め，恒久対策を拡充させることを目標にしていた（加藤 2009：7）。患者・原告団は，それまでにも繰り返されてきた薬害問題や，政府や官僚に対する不信といったシンボルを用いながら，肝炎問題が患者・原告団だけの問題ではなく，薬害として，つまり社会問題として争点化を図ったのである。特に2007年秋に裁判をつうじて，国と製薬企業が，原因となった血液製剤の投与を受けていた418人の患者の情報を持っていながら，投与の事実を本人に知らせていなかったことが明らかになると，一斉にメディアがこれを報道し，世論の注目が一気に高まった。メディアをつうじて「注意深い一般の人々」から「一般の人々」にまで関心が広がったのである。その結果，政府はこのアジェンダを優先して処理するようになった。だが大阪高裁の和解案には一審の原告全員の一律救済案は盛り込まれず，政府は和解修正案を提示したものの，患者・原告団はこれを拒否した。すると12月下旬に福田康夫首相は，急遽自民党総裁として議員立法をおこなうように与党に指示したことを明らかにし，年明けすぐの国会で，感染被害者を一律に救済するための法律案が全会一致で成立したのである。

　アジェンダ設定に成功したのは，患者・原告団という発案者，そして一連の裁判，さらには「418名のリスト」という出来事の相互作用をつうじて争点が創出されたからであった。患者たちは実名を公表し，メディアにたびたび登場したほか，司法と立法の場で論争がおこなわれたことで紛争は拡大し，一般の人々にまで注目を高めたことによって，この問題は体系的アジェンダから公的アジェンダへ移行したのである。このケースは，アンソニー・ダウンズ（A. Downs）の「注目争点サイクル」を使った説明も可能である（Downs 1972）。人々の問題関心が高まり，解決に向けたコストが認識されようとする中で，決定のチャンスがめぐってきたのである。

第**5**章　形　成

注目されやすい問題

　キングダンは，コブとエルダーの見方とは異なり，アジェンダ設定に関する
かぎり，大統領や被政治的任命者，そして党幹部や重要な委員会の委員長とい
った議会の有力者が，強力なアジェンダ設定者であると主張する（Kingdon
2011=2017）。彼は，長期にわたって政府の公職者らに対してインタビュー調査
をおこなった結果，公的（政府）アジェンダはトップダウンで設定されやすく，
政府の外側からアジェンダ設定が進められる「外部主導モデル」が妥当するケ
ースはそれほど多くはないとし，この場合の一般の人々の影響力は小さいと述
べている。ただし，キングダンは「政策の窓モデル」において，国民の雰囲気
がアジェンダ設定に影響するとして，一般の人々に別の役割を与えている。

　キングダンによれば，政府の公職者らが問題に注目するきっかけを与えるの
は，指標の変化，劇的な出来事・危機，既存プログラムからのフィードバック
などであり，政治的な圧力といった類いのものではないという。政府の内部で
は，体系的な指標の変化からある問題に注目が集まることがある。政府機関は，
高速道路での死亡事故，疾病率，消費者物価などを日常的に監視しており，政
府内外の研究者らの研究報告から注目すべき問題をみつけることもある。指標
が変化するということは，政策システムの状態が変化しているということであ
り，そこから問題の大きさや変化を読みとることが可能になる。日本の政府統
計によって，1997年に10万人あたり19.3人であった自殺者数が，翌年には26.0
人に急上昇したことが明らかになった時，いったいこの国で何が起きているの
かは，それだけではわからなかったかもしれないが，何か異状が生じているこ
とを，政府の公職者に気づかせるには十分であったはずである。

　また，劇的な出来事や危機の発生によっても，政府の内部で，ある問題に注
目が集まることがある。福島第一原子力発電所の事故や大手広告代理店での新
入社員の過労自殺などはその一例である。

　このほかに，日常の業務でのフィードバックによって，ある問題が注目され
ることがある。政府機関は日常的に業務を監視し，プログラム評価をおこなう
などして問題を感知しようとする。また立法府や行政幹部の意図と一致しない
行政機関による政策の執行に関する情報も，問題として注目されることがある。

　政府内部にいる人々が，争点を提起し，自律的に問題に注目できるのは，一

123

第Ⅱ部　政策過程とは何か

般の人々よりも政策や政治に関する知識を多く備えているからである（河野2009）。アジェンダ設定の場面では，専門知は，政策や政治にかかわる利害関係者の発見，争点の定義，アジェンダや争点の重要性の認知といった役割を果たすことがある。政策や政治にかぎらず人間の活動領域はますます専門化，高度化が進んでいる。実際，一般の人々が感知できないような問題は少なくないし，人々が問題に気づきはじめたころには，事態はかなり深刻になっているかもしれない。そのため，政府はつねに予測的に対応することが求められているのである。

2　政策立案

政策ツール

　政策立案がどのような段階であるかを説明するには，政策ツールを解説することから，はじめるのが適切であるように思われる。政策ツールには，市場メカニズムの導入，税と補助金，規制，財・サービスの供給といったものがある。政策立案者は，こうした政策ツールを組み合わせながら，問題を解決するための政策案を作成するのである。なお政策ツールについては第10章で詳しく解説するので，ここでは簡単な紹介にとどめておく。

　政策ツールの中には，政府の権威を利用し，特定の人々や集団に対して，望ましくない行動をさせないようにするものがある。たとえば，規制，罰則，課税などがそうである。地球温暖化を防止するために，企業による二酸化炭素の排出を抑制しようとする場合，政府は何らかの規制を設け，企業がそれに違反すれば罰則を与えるというような政策案を検討することがある。

　また政策ツールの中には，特定の人々や集団に対して望ましい活動を推奨するものもある。たとえば，補助金や減税などがそうである。同じく地球温暖化への対策を目的に，企業による新しい環境技術の導入を促進したい場合，政府はそれにかかる費用の一部を補助するような政策案を検討することがある。

　このほかに市場の失敗によって，特定の財やサービスが十分に供給されない場合，政府が代わりに財やサービスを供給することがある。防衛や治安はその代表的なケースである。しかし，政府が取り組むよりも，市場，非営利組織，

124

家族などに任せたほうが，より効率的に問題を解決できることもある。その場合，政府は直接問題に関与する必要はなくなるが，それでも法制度を整備し，必要な資源を配分することで，市場，非営利組織，家族にとっての障害を取り除き，それらが安定して存続するための基盤を与え，効率的，効果的に機能するための条件整備をおこなうこともある。

政策立案のコスト

政策案をつくり，それを実施するにはコストがかかり，その成否について政府は責任を問われることもある（西尾 2001：262-264）。そのためこうしたコストの大きさが立案される政策の内容に影響することがある。政策立案者が最初に検討するのは「微修正」であり，行政規則を見直したり，人員や予算を調整したりすることによって，問題に対応するようなことがある。現在実施される業務方法をいくらか見直すだけで政策課題に対応できるのであれば，政策立案のコストも，転換のためのコストも小さくなる。次に検討されるのが「転用」であり，たとえば，自治体は少子高齢化社会に対応するために学校教育施設を生涯学習施設に転換することがある。この場合，政策立案のコストは大きいものの，政策転換にかかるコストは小さく，すでに実施されている業務を修正するものなので，実施の際のリスクも小さい。だがこれらの方法を検討しても，問題に対応することが難しければ，政策立案者は政策転換コストの大きい，新規政策を検討することになる。しかし，その場合でも立案コストを抑える方法がある。それはほかの国や地方自治体がすでに成果をあげている先進事例と呼ばれるプログラムを「模倣」することである。コピー元とコピー先の問題状況が類似しているのであれば，それを改善することが期待できる。最後に検討するのが「研究開発」である。この場合政策案を新規に開発することになるため，政策立案のコストと政策転換のコストの両方とも大きくなるのが特徴である。

政策立案のプロセス

次に政策立案のプロセスについて説明する。ある社会問題が政府アジェンダに設定されると，政策立案者は代替案を検討し，その後に続く決定・承認の段階に備える。政策立案は，大まかにいえば，①状況判断，②意見交換，③政策

第Ⅱ部　政策過程とは何か

案の作成，④統合という手順で進められるとされる（Thomas 2001；Howlet et al, 2009；Turnpenny et al. 2015）。

　最初は「状況判断」の段階である。政策立案者は注目されるようになった問題の状況ついて，詳しく調査をおこなう。政策問題に関する論文や研究レポート，専門家による証言，利害関係者からの情報提供，認識されている問題への助言などが主な情報源である。こうしたデータや情報をもとに，政策立案者は問題の状況を分析，定義したうえで，政策案を作成する。この作業はちょうど，医師が診察や検査をおこない，診断を下したうえで，治療方針を検討するプロセスと似たところがある（詳しくは第9章で扱う）。

　次は「意見交換」の段階である。問題の状況が明らかになり，政策案が絞られてくると，政策立案者は，争点や政策案に対してさまざまな視点を持っている政策アクターたちと意見交換をおこなう。意見交換はオープンな会議の場でおこなわれることもあれば，公式の場が設定され，専門家，経営者や労働者の代表らが政策案について議論をおこなうこともある。問題が悪構造である場合，意思決定にかかわる人が多く，問題の状況についての見解が異なっており，しかも問題を解決するための知識や技術が十分ではないことも少なくない。技術的，政治的な実現可能性をより正確に見積もるため，政策立案者は意見交換をつうじて，より多くの情報を集めようとするのである。先ほど説明したように新規に政策を立案する場合は特に不確実性が高いため，純粋に技術的な観点から問題点を指摘してもらうことは有益である。また新しい政策によって，特定の人々や集団にコストを負担させることになるのであれば，政策立案者は理由を説明して理解を求めたり，利害調整を進めたりする必要がある。

　最後の「政策案の作成」「統合」の段階では，政策立案者はいろいろな政策案について検討し，承認に向けての提案書を作成する。それまでにえられた情報が政策案に取り込まれることもあれば，その後の交渉のための材料として用いられることもある。政策案を勧告すると，各方面から不満が表明されることがある。そのため政策立案者は引き続き意見の聴取をおこなうなどして，合意形成に努めなければならない。というのも，政策をめぐるかけひきは，政策決定や政策実施の段階でも継続するからである。彼らは表明された意見を集約し，統合を進めることで，スムーズに政策を決定し，より効果的に政策を実施する

第5章　形　成

ための環境を整えていくのである。

日本の政策立案のプロセス

　日本の政策立案のプロセスはどのようになっているのだろうか。これを考えるための手がかりとなるのが，官僚優位論と政党優位論（多元主義）である。前者は政策立案過程における官僚の影響力を大きいとみる。多くの法律案を作成しているのは官僚たちである。彼らは，国会，審議会，マスメディア，利益団体からの意見，要望，勧告などをきっかけに，法律案を作成している。国会に提出される法律案の多くは内閣提出法案であるが，原案を作成しているのは省庁の担当部局である。彼らは，省庁内部で調査研究をおこない，関係省庁や与党をはじめとする関係者との協議を重ねて意向を探り，了承をとりながら，広範な合意を調達する。さらに法律案は内閣法制局による審査を受け，事務次官等会議，閣議を経て，国会に提出される。それゆえ，法律案の内容は官僚の意向を踏まえたものになりやすいとみられていた。

　しかし，自民党政権が長期化し，族議員が活躍するようになると，政党優位論が主張されるようになった。彼らは，地元の選挙区や支援を受けている業界団体などに長期間利益誘導をおこなってきた結果，ときに官僚を上回るような経験と専門知識を身につけるようになったと指摘されている。自民党の政務調査会部会が政策立案の場として機能するようになり，政党，族議員が，法律案の事前審査などをつうじて，政策に大きな影響を及ぼすようになったのである。

　審議会もまた政策立案のための重要な場となっている。審議会とは，国家行政組織法に基づき設置される合議制機関である。審議会は行政機関の意思決定を拘束する法的効力を持たないが，諮問手続を経なかったり，審議会委員の大方の同意をえられなかったりした政策案を行政機関が決定することは困難だとされる（森田 2016）。審議会の議題や議案を作成しているのは事務局だとされ，各省庁が担当している。たとえば，中央社会保険医療協議会において，診療報酬体系の改定案を提出するのは，事実上，厚生労働省の保険局にかぎられるという。医師会，歯科医師会，薬剤師会，製薬メーカーの各団体，政治家（族議員），そして診療報酬の決定に影響を持つ財務省主計局などとのコミュニケーションをつうじて，各方面からの圧力を受けながら，保険局は，主導者，調整

127

者の役割を果たす。審議会に学識経験者，対象集団，利害関係者の代表を参加させ，意見交換をつうじて彼らの意向を反映させることで，行政機関は，構想中の政策案への同意を調達するのである。なお，森田朗によれば，審議会の議論の中で，利益団体が自分たちの利益や要求をむき出しにすることはないという。彼らは理論武装をおこない，公共の利益やそれをめざした制度の目的に鑑みれば，自分たちへの資源配分が必要である，と説明するのである（同上）。だが，たとえそれが建前であるにせよ，社会全体の利益や公共性について言及される時，アクター間での対話としての政治の可能性が高まるのである（足立2009：188-189）。

3 政策と政治の交錯

政治過程としての政策立案

政策立案の段階では，他の段階でもそうなのだが，これまでの説明からも理解されるように，知的で技術的な要素と政治的な要素が複雑に絡み合うことが少なくない。問題解決のための知識が十分ではなく不確実であれば，政策案をめぐって利害関係者の間で対立が生まれやすくなる。そのため，専門的知識がまったく無視されるわけではないものの，説得や交渉をつうじて利害調整が図られながら，政策案がつくられていくのである。

ロウィがいう「政策が政治を起動する」とは，このことと関連している（Lowi 1964）。彼は，分配政策，規制政策，再配分政策ごとにあらわれる，政治アリーナの特徴を明らかにした。

分配政策とは，ダムや道路の建設，減税といった政府が持つ諸資源を分配するタイプの政策のことである。この場合，議会の委員会のボスたちは，利益を細分化し，それぞれを個別の案件として取り扱うことで，クライアントである個人，個別企業に対して利益誘導をおこなう。そしてほかの委員会（政策分野）と競争しないように注意し，ときには票の交換をおこなうことで協力関係を築きながら，クライアントの利益を保護し，恩恵を与える。大きな対立に発展することはそれほど多くはなく，政策領域ごとにボスたちが政治的影響力を維持する。

規制政策とは，ある集団に利益を与え，そのほかの集団にコストを負担させることで問題解決をめざすタイプの政策のことである。そのため，たとえば政府が食品に対する安全規制を強化すれば，政府の関与を好まない，いろいろな業界が紛争にくわわり，連携しはじめると，それに対抗するように市民団体や消費者団体なども協力しながら，多数派の形成をめざす。まさに紛争の拡大である。そのため議会では委員会ではなく，本会議が決着の場となる。

再配分政策とは，市場に委ねたままであれば，所得分配の不平等が拡大するため，政府が税制や社会保障制度をつうじて，高所得者層から低所得者層へ所得の移転をおこなうタイプの政策のことである。経営者団体や労働組合の頂上団体が活躍するような階級闘争型の政治となりやすく，政府内部でも財務省と福祉担当の官庁が対立することもある。

ロウィの指摘が日本政治にそのまま当てはまるとはかぎらないものの，少なくとも政治を抜きにした政策形成がおこなわれることはないといえるだろう。

またジェームズ・Q・ウィルソン（J. Q. Wilson）によれば，ある政策がコストや便益の配分に深くかかわるような場合も，政治が起動しやすい（秋吉ほか2015）。たとえば，政府が，通信事業者間の競争を促進するために，大手の通信事業者に対して，中小の通信事業者に低価格で回線ネットワークを貸し出すことを義務づけるための政策案を検討したとする。この場合，競争やコストの負担を強いられる大手の通信事業者も，また新規顧客の獲得によって便益を期待できる中小の通信事業者も，それぞれが陣営を形成して，政府に対して圧力をかけることが予想される。

では政府が外国からの農産物に対して高い関税をかけて輸入を制限しようとする場合はどうだろうか。その便益は農業団体に集中するため，農業団体と関係の深い政治家たちはクライアントのために活動を活発化させるはずである。農産物の価格の上昇は，原材料費の値上がりや従業員の給与の目減りにつながるため，こうした政策を産業界は好まないかもしれないが，政府との関係もあって黙認するかもしれない。もちろん，消費者はこの政策には反対である。しかしマンサー・オルソン（M. Olson）にしたがえば，消費者が団結して，政府や農業団体に対抗するだけの影響力を持つことはないと予想される（Olson 1965=1996）。集団共通の利益を集合財というが，大規模な集団においては，そ

の構成員が合理的に行動するかぎり，費用を負担せずに便益だけを受け取ろうとするので，集合財は十分には供給されにくいのである。フリーライダーが発生すると，消費者が一致して政府や農業団体に対して抗議し，政策に影響を与えることは難しくなるため，消費者の利益は擁護されにくいと考えられるのである。

政策過程の中の専門的知識

　政策過程の政治構造は，多元主義が想定するような，競争的な性質を持つのではなく，むしろ実態としては「鉄の三角形」や「下位政府」と呼ばれる，閉鎖的な提携関係によって規定されているとの指摘もある。この場合，政策過程をつうじて出力される政策は既得権益を維持するものになりやすい。そうしたグループは，少数のメンバーから構成されるため，集合行為問題が生まれにくく，結束して，みずからの経済的利益の維持と拡大を志向するのである。議員や行政機関の一部は，公式の地位や権限を利用しやすい立場にありながら，そうしたコミュニティのメンバーを構成しており，業界団体は政治献金やポストを提供することで，相互依存関係が維持されるのである。こうした構造が政策に影響するのである。

　ヒュー・ヘクロ（H. Heclo）は，これに対して，政策形成過程が専門職業化し，開放的な争点ネットワークが形成されていることを指摘した（五十嵐1992）。争点ネットワークとは，公共政策についての問題にかかわる知識を共有するグループのことである。流動的で，主義主張や知的関心が動機となって，多数の人々がこのネットワークに参加する。彼らは，自分たちが持っている専門的知識や経験を資源として，政策に影響を与えうるのである。争点ネットワークのタイプには，つぎのような種類がある——学会や研究論文などをつうじて情報が伝播するタイプ，争点ネットワークのメンバーの一部が消費者運動や環境保護運動に参加するタイプ，行政機関，議会の職員やスタッフへの登用をつうじて，争点ネットワークが政策形成過程に組み込まれるタイプ，争点ネットワークの一部が政策形成過程のグループと連携し，非公式の集団を形成するタイプ。現状が必ずしも望ましい状況ではなく，新しい政策が期待され，潜在的には大規模な支持を結集する可能性がありながら，それに応えられていない

第**5**章 形成

Column ⑪   観光政策の形成

　近年，訪日外国人客数が毎年増加している。その理由の１つに，政府による観光政策の推進があげられるだろう。

　2003年の「観光立国懇談会報告書」には，日本の観光が「大交流に遅れ」ており，「第１位のフランスへの旅行者7,650万人と比べるとわずか16分の１」という文言があることから，当時の政府には相当の危機感があったようである。

　課題をめぐる環境や政策目標の評価基準が変わると，政府は政策を立案するようになる。実際，2003年以降，政府は「ビジット・ジャパン・キャンペーン」「観光立国推進基本法」（議員立法），観光庁の設置，観光関連予算の増額などをつうじて，この政策を推進してきた。また公益社団法人「日本交通公社」は，国土交通省からの委託を受けて2003年だけで「旅行会社における訪日外国人接遇向上調査」「外国人旅行者アンケート調査」「外国人観光客に係る統計情報のあり方に関する調査」を実施している。このことから，行政機関が集中的に政策情報を収集していた様子をうかがうことができる。ただし，政府が外部のシンクタンクに依存しすぎると，政府の政策立案能力が低下してしまうかもしれない。

　ところで，観光政策はいつぐらいからアジェンダの上位に設定されたのであろうか。政府では，「ウェルカムプラン21」（1995年），「外客誘致法」（1997年）の制定にみられるように90年代からインバウンド政策を重視するようになっていた。また，運輸大臣を務めたことのある二階俊博氏は2000年に『観光立国宣言』（丸の内出版）を出版している。そして2003年11月の自民党（小泉純一郎総裁）と保守新党の合併協議書には，「観光立国・観光立県を実現」という文言もある。実はこの保守新党の代表が二階氏であった。

　どのように政策が形成されたのかを，いろいろなデータやモデルをつかって推理するのが政策過程分析の面白さなのである。　　　　　　　　　　（S. I.）

状況は「政策真空」と呼ばれることがある（五十嵐 1992：91）。こうした状況の中でアイデアを供給するのが，専門的な知識を持つアクターたちなのである。

　問題解決のためのアイデアが，専門家たちの間で誕生し，実際に活用されるまでのプロセスを，キングダンは「原始スープ」と「政策起業家」という概念を用いて説明している。彼は，問題を解決するためのアイデアが，議会スタッフ，計画・評価部局や予算部局，学者，利益団体のアナリストらからなる政策コミュニティを漂っている様子を，生物が誕生するまえの「原始スープ」に見

第Ⅱ部　政策過程とは何か

立てた。専門家たちは社会問題の解決のためのアイデアや方法を日ごろから検討しているが，それがすぐに政策案に取り上げられるわけではなく，社会問題の発生や政治の側からのアプローチを待っている。この間に，かなりの時間をかけて政策案の淘汰が進み，生き残ったその一部が繁栄を享受できるとされる（Kingdon 2011=2017）。

　こうしたアイデアに動きを与えるのが政策起業家である。彼らは，政治家，官僚，利益団体やシンクタンクの職員などであり，政府やその周辺で活動し，新しい提案やアイデアを中心となって唱える人々である。そうした人々の中には，ビジネスの起業家と同じように将来のリターン，たとえば昇進，縄張りの確保，功績などを期待する者もいれば，公共的な価値を実現することに期待を寄せる者もいる。政策起業家はアイデアや提案を政府関係者に売り込む時，影響力や圧力よりも，証拠を提示して議論をおこない，説得することを重視する。それは，政策コミュニティは惰性的で，変化をあまり好まず，新しいアイデアを自動的に受け入れるような素地を持たないからである。こうした作業をキングダンは「軟化」と呼んでいる。

　「原始スープ」の状況はプラスティック・コントロールの世界に近いのかもしれない（薬師寺 1989）。言葉には記述的な機能と論争的な機能がある。人間は言葉をつかって，何かを表現したり，自分の考えを述べたりもできるし，ある意見に対して反論することもできる。また人間には試行錯誤をする機能が備わっていて，反論された内容について検討し，フィードバックをつうじて学習する，つまり反論を受け入れ，説得されることもある。そして言葉が物理的な人間の行動をうみだすのである。もちろん，利益，権力や影響力は，政策形成過程を記述し，説明するうえで重要な要素である。しかし，言葉や知識も，それと同じように政策の内容や政策過程に影響を及ぼしうるのである。近年の政策研究や政治学では，アイデアや言説についての実証研究が進められている（西岡 2007）。

政策案の実現可能性

　これまで政策形成過程では，知識や技術的な要素と政治的な要素が深く関係することを指摘してきた。政策立案をおこなう時も，またそのプロセスを分析

132

第5章 形成

する時にも，これらの要素を十分に考慮する必要がある。というのも，技術的に実行が難しい政策案や政治的な支持をえにくい政策案は，選択肢から落とされていくからである。いろいろな制約条件に配慮した政策案であればあるほど，真剣に検討される選択肢の最終候補に残りやすい（Kingdon 2011=2017）。政策案を実現可能なものにし，政府内外の関係者に受け入れられるようにするには，少なくとも以下の5つのポイントについて注意する必要がある。

第1に，問題の性質や特徴がはっきりしなくなるにつれて，また解決方法についての専門的知識が不足するにつれて，利害関係が複雑になり，技術的実行可能性だけでなく，政治的な実現可能性も低下することがある。

第2に，憲法の規定，政府と地方自治体の関係，社会の中の支配的な理念や信条が，制度的な制約条件となって政策案に影響する。たとえば政府が政策を形成し，地方自治体が政策の実施を受け持つという融合型の政策過程の場合，政策案はそうした枠組みの中で実行できるかたちをとる必要がある。また自由や個人の尊厳を重視する社会であるほど，そうした価値への配慮を欠いた政策案は真剣な検討の対象とはなりにくい。

第3に，政治的受容性に注意することである。政策案は選挙や既成政党の中で受容される範囲内で作成される必要がある（西尾 2001）。政策は選挙において有権者からチェックをされ，法律案，予算案として議会審議の対象となり，政策となったあとは行政監視の対象となる。どの政党からも支持されないような政策案が実現する見込みは低いとみてよいだろう。

第4に，官僚機構の内部で標準的に用いられている作業上の手続き，省庁間のセクショナリズム（縄張り意識），権限・組織・定員・財源といった行政資源の調達の程度は，政策案を考えるうえでの制約となる（同上）。政府政策は行政機関をつうじて実施される。政策を実施するには，それに必要な予算，担当する部署，専門的知識を持った人材などが必要になる。またそこで日常的に用いられている業務の手順から離れるほど，政策の実施は困難になる。政策案はこうした点にも配慮する必要がある。

第5に，政策コミュニティが共有する価値観や考え方に合致するものほど，政策案として取り上げられやすい。すでに述べたように，政策コミュニティは新規性のある政策案をなかなか受け入れようとはしない。したがって，すでに

133

第Ⅱ部　政策過程とは何か

受容されている政策案のほうが支持を集めやすい。そのため新しいアイデアが
受け入れられるようなるには議論をつうじた説得が求められる。

in の知識と of の知識

　政策担当者が政策案を検討し，作成していく段階を含めて，政策過程では，
いろいろな専門的知識やそのほかの関連する情報が必要とされる。現代の民主
的な政治システムでは，政府は政策過程のあらゆる段階で，つねに国民に対し
て政策について説明する責任を負っているからである（河野 2009）。政策立案
の段階では，検討されている政策案が，どの程度効率的，効果的に問題を解決
することができるのか，それにはどのくらいの費用がかかるのか，不確実性は
どの程度なのかを計算し，政府や自治体は国民に対して説明できる状態にして
おく必要がある。というのも政策決定の段階では，政策案は，国民の代表者か
ら構成される議会で審議の対象となり，特に野党から厳しくチェックされたう
えで，承認され正統化される必要があるためである。政策実施の段階では，政
府や自治体はパブリック・コメントなどをつうじて情報を入手し，効果的に政
策が実施できるように実施計画を策定することが求められるし，政策はその後
もいろいろな政策主体から絶えず監視され，評価されるのである。それゆえ専
門的知識は民主主義の要請に応えるものでなければならず，またそうなること
が期待されるのである。

　こうした一連のプロセスで用いられる知識は大きく 2 つに分けることができ
る（秋吉ほか 2015）。1 つは問題や問題解決に直接関係する知識であり，もう
1 つは政府機関の活動や政策過程それ自体についての知識である。前者は，経
済学や社会福祉学のような個別の専門分野の中で蓄積され，問題を分析し，政
策案を考えるのに直接関係してくる知識であり，「in の知識」，すなわち「政
策過程における知識」と呼ばれる。後者は，おもに政治学や行政学の中で蓄積
されており，「of の知識」，すなわち「政策過程についての知識」と呼ばれる。
本章では，アジェンダ設定と政策の立案という段階について論じながら，政策
過程が問題解決のための知的で技術的なプロセスであると同時に，政治的なプ
ロセスであることを説明してきた（政策過程の二面性については山川 1994；大嶽
1990；佐藤 2014）。「政治」というと，専門知識に基づく合理的な政策案の作成

を阻害するものだとみられることもある。確かにそうした面があることは否定しないが，政治があるからこそ政策の実現可能性が高まることもある。問題解決のためのアイデアが生産され，そこに専門的知識が投入されることで技術的な実現可能性が高まり，それと同時に利害調整も進み，少しでも多くの人々が政策案に同意することで政治的な実現可能性も高まることもある。民主的な政治プロセスの中に専門的知識やそのほかの情報が適切に配置されるように，政策過程そのもののデザインを工夫することが求められるのはこのためであり，それには政策過程についての知識が欠かせないのである（足立 2009）。

参考文献

秋吉貴雄・伊藤修一郎・北山俊哉（2015）『公共政策学の基礎（新版）』有斐閣。

足立幸男（2009）『公共政策学とは何か』ミネルヴァ書房。

五十嵐武士（1992）『政策革新の政治学——レーガン政権下のアメリカ政治』東京大学出版会。

大嶽秀夫（1990）『政策過程』東京大学出版会。

————（1996）『現代日本の政治権力経済権力——政治における企業・業界・財界（増補新版）』三一書房。

加藤高志（2009）「公益訴訟（政策形成訴訟）としての薬害肝炎訴訟」（『ノモス』25巻，1-12頁）。

河野勝（2009）「政策・政治システムと『専門知』」久米郁男編『専門知と政治』早稲田大学出版部，1～30頁。

佐藤満（2014）『厚生労働省の政策過程分析』慈学社出版。

西尾勝（2001）『行政学（新版）』有斐閣。

西岡晋（2007）「政策アイディア論・言説分析」縣公一郎・藤井浩司編『コレーク政策研究』成文堂，143～168頁。

森脇俊雅（2010）『政策過程』ミネルヴァ書房。

森田朗（2016）『会議の政治学Ⅲ——中医協の実像』慈学選書。

早川誠（2014）『代表制という思想』風行社。

薬師寺泰蔵（1989）『公共政策』東京大学出版会。

山川雄巳（1994）『政治学概論（第2版）』有斐閣。

笠京子（1988）「政策決定過程における『前決定』概念(1)」（『法学論叢』123巻4号，48～71頁）。

第Ⅱ部　政策過程とは何か

Bachrach, Peter, and Morton S. Baratz (1962), "Two Faces of Power," *The American Political Science Review*, 56 : 947-952.（佐治孝夫訳「権力の二面性」加藤秀治郎・岩渕美克編『政治社会学（第5版）』一藝社, 243〜267頁, 2013年。）

Cobb, Roger W., Charles D. Elder (1983), *Participation in American Politics : The Dynamics of Agenda-Building*, 2nd ed., The Johns Hopkins University Press.

Downs, Anthony (1972), "Up and Down with Ecology : the 'Issues-Attention Cycle'," *The Public Interest*, 28 : 38-50.

Dye, Thomas R. (2002), *Understanding Public Policy*, 10th ed., Prentice Hall.

Easton, David (1965), *A Systems Analysis of Political Life*, John Wiley.（片岡寛光監訳『政治生活の体系分析（上）』早稲田大学出版部, 1980年。）

―――― (1953), *The Political System : An Inquiry into the State of Political Science*, A. A. Knopf.（山川雄巳訳『政治体系――政治学の状態への探求』ぺりかん社, 1976年。）

Howlett, M., M. Ramesh, and A. Perl (2009), *Studying Public Policy : Policy Cycles and Policy Subsystems*, 3rd ed., Oxford University Press.

Kingdon, John W. (2011), *Agendas, Alternatives, and Public Policies*, updated 2nd ed., Longman.（笠京子訳『アジェンダ・選択肢・公共政策――政策はどのように決まるのか』勁草書房, 2017年。）

Lowi, Theodore J. (1964), "American Business, Public Policy, Case-Studies and Political Theory," *World Politics*, 16 : 677-715.

―――― (1979), *The End of Liberalism : The Second Republic of the United States*, 2nd ed., Norton.（村松岐夫訳『自由主義の終焉――現代政府の問題性』木鐸社, 1981年。）

Mills, Charles W. (1956), *The Power Elite*, Oxford University Press.（鵜飼信成・綿貫譲治訳『パワー・エリート（上・下）』東京大学出版会, 2000年。）

Olson, Mancur (1965), *The Logic of Collective Action : Public Goods and the Theory of Groups*, Harvard University Press.（依田博・森脇俊雅訳『集合行為論――公共財と集団理論』ミネルヴァ書房, 1996年。）

Peters, B. Guy (2015), *Advanced Introduction to Public Policy*, Edward Elgar Publishing Limited.

Schattschneider, E. E. (1960), *The Semisovereign People : A Realist's View of Democracy in America*, Holt, Rinehart, Winston.（内山秀夫訳『半主権人民』而立書房, 1972年。）

Thomas, Harold G. (2001), "Towards a New Higher Education Law in Lithuania : Reflections on the Process of Policy Formulation," *Higher Education Policy*,

14 : 213-223.

Turnpenny, John R., Andrew J. Jordan, David Benson, and Tim Rayner (2015), "The Tools of Policy Formulation: An Introduction," in Andrew J. Jordan, and John R. Turnpenny eds., *The Tools of Policy Formulation: Actors, Capacities, Venues and Effects*, Edward Elgar Publishing Limited: 3-29.

（石橋章市朗）

第6章

決　定

——合理性と制度——

この章のねらい

　本章では，政府の政策決定について説明する。最初に「政策の窓」モデルをつかって，政府アジェンダが，どのように決定アジェンダとなり，政策決定のチャンスをつかむのかを明らかにする。つぎに，政策決定論について紹介し，合理的な政策決定の可能性と限界について述べる。そのうえで，理論的にも関連の深いグレアム・T・アリソンの3つのモデルを紹介する。最後に，政策決定過程において，政治家の行動とそれを規定する制度との関係について説明する。政策研究では，さまざまな社会問題やそれに直接かかわる政府外のアクターに焦点が当てられやすい。本章では，政府内のアクターや政治制度が政策決定に影響を与えることを確認しよう。

1　決定アジェンダと政策の窓モデル

　政策過程（段階）モデルは，政策立案の段階から政策決定（正統化）の段階へと進むと想定している。だが，すべての政策案が決定の段階に進めるというわけではない。決定アジェンダとは，政府アジェンダの中で積極的な決定の候補になっている主題のリスト（Kingdon 2011=2017 : 16）のことであり，法律制定のプロセスに進んでいる提案や大統領や長官による決定を控えた最終検討段階にある主題が含まれる。あとで説明するように，政府アジェンダは「問題の流れ」「政策の流れ」「政治の流れ」という3つの流れがすべて合流すると，決定アジェンダになる見込みが非常に高くなるが，そのうちの1つでも欠けてしまうと，政策決定にはなかなかたどり着かない。そういった政策決定の前にみられる政策過程を説明するのが，ジョン・キングダン（J. Kingdon）の「政策の窓（Policy Window）モデル」である。なお，彼のモデルを構成するいくつかの

139

第Ⅱ部　政策過程とは何か

概念については，前章で説明してあるので，本章では，このモデルについてなるべく簡潔に説明する。

ゴミ缶モデル

　政策の窓モデルを理解するうえで欠かせないのが，ジェームズ・G・マーチ（J. G. March）とジョアン・P・オルセン（J. P. Olsen）の「ゴミ缶モデル」である（コーエンほか 1986）。そもそも，組織は，後述する合理的決定のモデルがいうように，問題に対処するために目標を定め，最適な代替案を選んでいるのだろうか。マーチとオルセンは，合理的決定のモデルが現実をうまく説明していないとして，「問題」（problem），「解決策」（solution），「参加者」（participant），「選択機会」（choice opportunity）というコンセプトをつかって，「組織化された無秩序」とでもいうべき状況を提示し，「ゴミ缶モデル」を提唱した。

　まず「問題」とは，組織内外の人々が注意を払う対象のことを表現している。「解決策」とは，問題に対する答えに相当するものである。一般には問題が解決策を探すと思われがちだが，現実の世界では，解決策が問題を探す場合もある。スマートフォンを購入したあとで何ができるのかを考えたことがないだろうか？　もっとも問題があっても解決策が見つかるとはかぎらない（詳しくは第9章を参照）。「参加者」とは，意思決定の場に参加する者のことである。ただし，彼らは必ずしも明確な選好を持っているわけではなく，自分自身，何を望んでいるのかがはっきりせず，問題や問題解決のための知識や情報を十分持っているとはいいがたく，意思決定の場に出たり入ったりすると仮定される。「選択機会」とは，組織の決定の機会のことである。その理想的な形態は合理的決定のモデルである。しかしマーチとオルセンによれば，現実の選択機会は，あたかも「ゴミ缶」のようであるという。そこでは，上述の参加者が，問題と解決策を，この選択機会に向かって放り込み，問題と解決策が偶然結びつきあいながら物事が決まっていくのである。当然，そこで織りなされる組織の決定は，合理的決定のモデルとは大きく乖離している。つまり問題・解決策・参加者および選択機会という，ある程度独立した流れの産物が，決定なのである。

　これら4つの流れは，組織構造に沿って流れるものであり，組織はこの結びつきを管理する。組織的にこの流れを規制する力が弱まれば，決定は偶然やタ

第❻章　決　定

イミングにより依存するようになる。とはいえ，組織が，この流れを厳重に規制すると，未処理の問題が山積みになることもある。議会で議事運営が法律案の成否の鍵を握るのはこのためなのである。

政策の窓モデル

　政策の窓モデルでも，「問題」「政策」「政治」という3つの流れがあり，それぞれが独立していると想定される。問題とは，すでに説明したように，指標の変化，事故や災害，日常の業務をつうじて認識されるものである。政策は，政策コミュニティでうまれる問題解決のための代替案である。では政治とは何だろうか。前章で紹介した「外部主導モデル」は，アジェンダ設定における「一般の人々」の影響力を重視したが，キングダンはそうした見方には否定的である。ただ，彼はエリートたちだけでアジェンダが設定されると主張したかったわけではない。一般の人々は，政治の流れとして，すなわち政権交代や利益団体の活動と並んで「国民全体の雰囲気」として組み込まれ，アジェンダ設定に影響するという役割を与えられている。「右に振れる」「反政府的な雰囲気」といった国民全体の風潮が，特定のテーマに対する注目度を高め，別のアジェンダのテーマを目立たなくさせる。もちろん選挙結果として生じることの多い政権交代も政治の流れを構成することから，ここでも有権者（一般の人々）が意識されているといえよう。

　問題，政策，政治という3つの流れはどのように合流するのだろうか。アメリカの1970年代の航空規制緩和をめぐっては，当初，問題の認識，政策案の生成，政治的出来事（国民全体の雰囲気）は，それぞれ独立していた（Kingdon 2011=2017：269）。人々は，1960年代後半から政府の規制が経済的な非効率を生み出していると確信するようになり，また政策コミュニティでは規制緩和の提案が形成されつつあった。そして1970年代になると，政治家はこうした国民全体の雰囲気の変化を感じとるようになっていた。これら3つの流れがほぼ同時に合流（coupling）したことで，航空規制緩和は決定アジェンダに進んだと説明される。別のケースをみてみよう。水路利用の有料化をめぐって，専門家の間では，利用料を徴収する方向で議論や提案がおこなわれていた。そこに利用料金の徴収を受け入れそうなカーター政権が誕生した。さらに水量を調節する

141

ための閘門ダムの老朽化に伴う施設の修理，交換という問題が発生したことで，政策，政治，問題の順番で３つの流れが合流し，水路利用料徴収の主題が決定アジェンダに進んだと説明される。

「政策の窓が開く」とは，特定の政策を推進する好機のことを表している。たとえば政権交代が起こったり，議会の構成が変わったりすると，それまで注目されてこなかった政策やプログラムが実現に向けて動きだすことがある。また何かのきっかけで，この窓が開くことで，決定アジェンダの中の優先順位に変化がうまれ，ある項目が立法化のチャンスをつかむこともある。さらに，窓が開くと，類似する問題や提案が窓にめがけて押し寄せることで，３つの流れが合流することもある。特定の政策や提案を主唱する者たちは，自分たちが好ましいと考える解決策を結びつけられるような問題が漂ってきたり，有利に働きそうな政治情勢が展開するのを待っていたりしている。そして，窓が開くことによって，これらが結合するチャンスがやってくるのである。

ここで活躍するのが政策起業家である（第５章参照）。彼らは，みずからが関心を持つ問題をアジェンダに設定し，そして政策の流れの中から解決策をみつけだし，公聴会やマスメディアをつうじて，提案が受け入れられる素地をつくり出す。そして政治の流れがそれを受容する状況となり，政策の窓が開いた時に，彼らは政策案を一挙に推進し，政策決定の可能性を高めるのである。

2　決定とは何か

政策決定論とは政策を決定するための理論であり，規範的な理論と記述的な理論がある（橋本 2003）。前者はある主体がどのように政策を決定すべきかを問うものであり，後者はどのように政策が決定されるかを説明し，予測するために用いられる。本章では，おもに後者について論じている。決定とは，m 個の選択肢から，k 個の，相互に排他的ではない選択肢を選ぶ過程である（宇佐美 2000）（ただしこの場合，m の値は 2 以上で，k の値は 1 以上 m 以下である）。決定を意味する decision は，語源的には「切断する」とか「切り捨てる」に由来する。日本語の「決断」もこうしたニュアンスを持つ。このことから理解されるように決定は特定の選択肢を切り捨て，時間的，行為的な連続性が失われ

ることを意味するのである。

政策案の中から適切なものを選択する段階は政策決定と呼ばれる（Wu et al. 2010）。政策過程モデルも，いま紹介した政策の窓モデルがたどるプロセスは異なるとはいえ，この決定という段階を持っている。政策案は，単純化すれば，2つに絞られる（Howlett et al. 2009）。1つは，ある政策課題に対して政府は特に新しいことをせず，現状を維持するという選択肢であり，そうした選択は消極的な決定と呼ばれる。もう1つは，政策を実施し，何らかの方法で現状を変更しようとする選択肢であり，そうした選択は積極的な決定と呼ばれる。消極的な決定は第5章で述べた「非決定作成」とは異なる。非決定作成とは，政策形成者が，みずからのイデオロギーや信念などから，現状を変更するかもしれない政策課題や選択肢を，アジェンダ設定や政策立案の段階で除外する決定のことである。それに対して，消極的な決定は，アジェンダ設定や政策立案の段階を経て，現状を維持する選択肢が選択され，政府がそれを宣言するという点で，非決定作成とは異なる。

政策決定は，また政治的な勝者と敗者を選択することでもある。問題解決のために政府が持つ資源は有限で希少性があり，ある価値を政策的に追求すれば，別の価値が失われることもある。個人や集団は，アジェンダ設定や政策立案の段階でも，資源の配分や価値の実現をめぐって政治的な活動をおこなうが，政策の決定によって政治的なゲームの結果が一応確定するのである。ただし，実施以降の段階でも政治は継続する。

しかし，決定のそうしたイメージとは反対に，決定はしばしばあいまいである。決定という行為はそれほど客観的ではなく主観的であり，文化的な影響を受けやすいようである。ある調査によれば，日米の大学生の間では決定をおこなったと感じる傾向に違いがあり，アメリカの大学生のほうが，それほど生活パターンが異なるわけでもないのに，日本の大学生よりも1日の中で自分が選択したと報告する項目の数が多かった（アイエンガー 2010）。また大規模な組織では，多くの場合，政策過程のどこかの時点で，たった1つの組織や状況の中で，はっきりとしたかたちで政策が決定されることはない（Weiss 1980）。あとで述べるキューバ危機でのアメリカ政府の政策決定においてもそうなのだが，そうした組織では，複雑な問題ともなると，決定過程は断片化しやすくなる。

ジョン・F・ケネディ（J. F. Kennedy）大統領が述べたように，直接決定に関わった者であっても決定のプロセスは不明瞭で，不可解なものなのである。下位組織に属する多くの人々が発言権を有し，少しずつ決定に関与し，それらが重なりながら，長い時間をかけて，決定がおこなわれるという見方もある。

しかし決定は，その重大性ゆえ，だれの目にも明らかでなければならず，正式な手続きを踏まないまま，それが覆されることのないように高度な安定性が求められる。それゆえ政治システム内で，ある決定が生じたことを事実として確定させ，それを集団の構成員に伝達し，決定内容を遵守させることが要請されるのである。会議公開の原則があり，決定のための手順が厳格に定められ，ときに政治家は衆人環視の前で投票や署名，宣誓をすることがある。そして，会議録はだれでも閲覧できるように公開される。このようにして儀式的に権威的な決定がおこなわれると同時に，政策決定者の責任が明確化され，つぎの選挙で有権者から審判が下されるのである。民主的に選ばれた代表者は，人々からの要求に対して応える責任，これから選択しようとする行為，そして実際におこなった行為やその結果について説明する責任を負うし，負わされるのである。政治家には，自分が選択しようとする行為が，どのような結果をもたらすのかを予見することが求められるため，ある目的を達成するための手段の適切さや有効性をよく検討しなければならない。マックス・ウェーバー（M. Weber）がつとに指摘していたように，生じた結果は，その理由にかかわらず，自分自身の責任として背負うという倫理観が彼らには求められる（ヴェーバー1980）。政策決定とその正統化は，政策決定者に対して，他者に責任を転嫁するという逃げ道が「切り離される」ことを自覚させるためにも不可欠なのである。

3　合理的な決定とインクリメンタリズム

合理的決定のモデル（完全合理性モデル）

合理性の程度として，完全合理性と限定合理性を区別することがある。前者に基づけば，政策決定者は完璧な合理性から，目的や追求する価値を最大にする選択肢を選ぶとするのに対して，後者に基づけば，人間や組織が完全な合理

性を持つと仮定することは，知識，将来の予測，行動の範囲の点で現実的ではないとして，充足モデルでは合理性の基準をいくらか緩め，彼らは満足できる選択肢を選ぶとする。

完全合理性を仮定する場合，行為者はつぎのような選択をおこなうと説明される。①まず目的や価値を定める（もしくは所与とされる），②可能な選択肢をすべて列挙する（ただし，選択肢は探索するのではなく，一挙に洗い出すものとされる），③各選択肢の結果をすべて，完全に予測する，④最初に定めた目的や価値を最大化する選択肢を選ぶ。あとでみるように，グレアム・T・アリソン（G. T. Alison）は，合理性を仮定して，キューバ危機におけるアメリカ連邦政府の政策決定を説明している。なお完全合理性モデルは，全知全能モデル，最大化モデルと呼ばれることもあるが，以下，合理的決定のモデルと記す。

しかし，合理的決定のモデルには，少なくとも2つの批判がある。1つは，政府に要請される能力が高すぎるというものである。すべての選択肢を列挙し，その結果を完全に予測するのは人間の能力の限界を超えているというのである。たしかに現代の政府は巨大で，有能な官僚機構と高度な情報ネットワークを備えている。その意味では，政府は個人に比べれば合理的な意思決定を下せるかもしれない。しかし，それでもなお，将来を予測することは，現代の科学技術をもってしても困難であり，そのためのコストも非常に高いものになる。

もう1つは政府を擬人化し，1人の人間のように扱うことに対する批判である。政府組織では，さまざまな価値が追求されており，その結果，同じ組織であっても，内部的には利害の対立を抱えることがふつうである。問題の定義，政策手段，政策評価をめぐる意見の多様性に配慮する時，合理性の要求はますます満たせなくなるのである。民主的な政治システムのもとでも，政策決定者に権限を集中させるべきだと主張されることがあるが，それは少しでも合理的な政策決定を可能にするための条件をつくり出すためでもある。実際，日本では1990年代に，首相の政治的リーダーシップを強化するような制度改革がおこなわれた。

とはいえ，民主的な政治システムの中に合理的な政策決定の仕組みを導入することは，決して容易なことではない。それはPPBSと呼ばれる計画事業予算制度の経験からも明らかであろう（第1，8章参照）。1960年代，アメリカ連

第Ⅱ部　政策過程とは何か

Column ⑫　日銀の独立性と金融政策

　かつては経済政策というと，公共事業などの財政出動が中心だったが，近年では金融政策が果たす役割が大きい。そこで問題になるのが中央銀行の独立性である。というのも，再選を追求する政治家は短期的には「インフレ政策」を好み，中央銀行による資金供給を期待して，政策決定に介入しようとするからである。日本ではバブル経済の反省もあって，1990年代後半に日銀法が改正され，日本銀行の独立性が高められた。

　第2次安倍政権がめざしたアベノミクスでは，デフレの脱却には，日銀が市場に積極的に資金を供給することが不可欠であるとされた。しかし，日銀出身の白川方明日銀総裁はこうした政策には消極的であった。そこで安倍首相は，人事権を梃子に，量的金融緩和に積極的な財務省出身の黒田東彦を総裁に据えた。日銀は金融政策の転換を本格化させ，短期的には物価は上昇したものの，デフレの脱却までには至っていない。問題認識や目標が誤っていたのか，それとも手段が誤っていたのだろうか。政策分析とともに政策過程の分析が待たれる。

(S. I.)

邦政府は，PPBS を導入し，費用便益分析の手法を活用して，予算編成をおこなっていた（西尾 2001）。しかし，能率性を実際に数量化することは技術的に難しく，与えられた経費と人員に対してどのくらい成果があったのかを測定するための統計情報は十分とはいえず，また測定方法などについても論争が絶えなかった。それに各部局は，統制機関の覚えをめでたくするために，評価指標に過剰な関心を寄せることもあった。また政策体系と行政機構が一致せず，環境保護と経済開発のように目的が対立するプログラムも多いため，政府全体で最適な資源配分をおこなうことは難しかったようである（秋吉ほか 2015）。そのうえ，「政治」に対する無理解も少なからず見受けられた。政治の世界では費用便益分析よりも，実際にだれが費用を負担し，だれが便益を受けとるのかを決定するほうに，はるかに関心が寄せられるのである。

充足モデル

　ハーバート・サイモン（H. Simon）は，人間に神のような能力を求める完全合理性の基準を批判し，限定合理性を仮定して，一般的な人間の意思決定を説明しようとした。考慮すべき目的や手段を制約することでえられる現実的な人

第6章　決　定

間の判断を理論化したのである。

　合理的決定のモデルの一部を満足化基準で上書きし，現実の政策決定過程を説明しようとしたのが，充足モデルである。このモデルでは，満足化基準を導入することによって選択肢をすべて列挙する作業を一定の範囲内にとどめるのである。

　充足モデルにしたがえば，政府はつぎのように選択をおこなうと説明される。①選択肢を探索あるいは作成する。合理的決定のモデルとは異なり，一挙にすべての選択肢を準備するのではなく，選択肢を1つずつ作成する。②満足（選択）化基準が設けられ，それを満たす選択肢を選択する。最善の選択肢にはこだわらないので，満足できる結果がえられれば，選択肢を探す作業は停止する。③満足化基準の水準は変化する。いろいろな制約から，当初の水準を満たす選択肢が見当たらなければ，その水準を下げて意思決定をおこなう。たとえば，靴を購入する時，すべての靴屋のすべての商品を見て回ることはしないし，満足できるものがみつかれば，その時点で探索をやめて商品の購入を決定する。しかしながら思ったような靴を見つけられなければ，満足化基準の水準を下げて，商品を選択することになる。

　サイモンは，なぜ限定合理性や充足モデルに基づく政策決定論を展開したのだろうか。政策決定とは，政治的な勝者と敗者を選択することでもある（Howlett et al. 2009）。現実の政策決定は，政府の持つ希少資源の配分をめぐる政治過程であり，深刻な価値の対立を避けることはできない。また人間の情報処理能力の限界から，未来の予測にはつねに不確実性がつきまとう。だからこそ，サイモンは，いろいろな価値を併存させながら，それぞれが満足できる水準を実現するような選択肢を選ぶこと，諸問題は包括的ではなく1つずつ処理すること，そして大きな問題に対してはまずは概括的に対処したあとで問題を小さく分けてから適切に処理することを提案したのである（橋本 2003）。こうした指摘は，政策が決定される前の段階から，問題の処理方法を検討することをつうじて，すでに政策決定がはじまっていることを示唆している。それゆえ，橋本（同上）は，政策決定の説明や予測をおこなうには，政策体系のどの部分を，どのようにとり上げたのかを明らかにする必要があると主張するのである。

第Ⅱ部　政策過程とは何か

インクリメンタリズム

　チャールズ・E・リンドブロム（C. E. Lindblom）は，合理的決定のモデルを批判し，いまから説明するインクリメンタル的な政策決定のほうが，むしろ現実的で合理的だと主張する（Braybrooke and Lindblom 1963）。というのも，合理的決定のモデルは，人間の問題解決能力の限界，時間の制約，情報を収集し分析するコストを考慮していないからである。しかも問題を定義することや，政策目標や追求する価値について合意をえることは難しいため，政策は多数の参加者の利害調整をとおして，マドリング・スルー（muddling through），つまりなんとか決定にたどり着くのがやっとなのである。だが，合理的決定のモデルはその点を考慮しない。その意味では，以下にみるインクリメンタリズムは，限定合理性や充足モデルに基づく政策決定論と同じような問題意識を持つといえるだろう。

　小さな変化を積み重ねることで，問題に対処しようとする政策決定戦略は，インクリメンタリズムと呼ばれる。アーロン・ウィルダフスキー（A. Wildavsky）によると，予算編成のたびに，政府予算の全体がつくりかえられることはなく，予算案は小さな単位に分けられ，前年度から増額要求された部分が厳しく精査されるのが一般的である（Wildavsky 1964=1972）。合理的決定のモデルの立場からすれば，インクリメンタリズムは，その場しのぎで，「要領の良い」決定のようにみえるだろう。インクリメンタリズムは，理想を実現するとか，最適化するといった発想を持たず，目の前の問題に少しずつ「対処」することにとどまっており，十分な情報の収集や分析をおこなうこともないのである。

　それではなぜリンドブロムは，インクリメンタリズムを提案したのだろうか。まず，現在の状況を少しだけ変化させるような政策であれば，結果を予測する精度があがり，不確実性を回避しやすくなる。しかも大きな変化はいろいろな価値に影響を与えるので，政策を総合的に評価することにつながり，政治的な混乱を生じせしめることで決定を困難にするかもしれない。だが，小さな変化であればそうした影響は小さくなる。すなわち，小さな変化をうみ出すような決定を，フィードバック情報を利用しながら連続的におこない，変化を積み重ねることによって，複雑な問題状況に対処するほうがむしろ現実的だというのである。

148

また合理的決定のモデルでは，問題は所与であり，変化しないという立場をとるが，実際には，状況の変化によって，問題の定義も，達成する目標も変わることがある。インクリメンタリズムはそうした点も説明することができる。政治過程に多元的な政策アクターが参加するような政治システムでは，大きな変化をうみだすような政策を実現するには膨大な調整が必要になる。それゆえ，そうした政策案は政治的な実行可能性が高いとはいえないのである。だがこのモデルでは変化の幅を抑え大きな問題を「断片化」することにより，価値の対立という状況になるべく触れないようにしながら相互調節を図るのである。

ただし，政治的安定性，政策手段，環境条件の変化が大きく，政策体系の根本的な見直しが要求される状況では，情報活動の強化とインクリメンタリズムに代わる合理的な決定戦略が求められるとの意見もあるように，この決定方式はいかなる場合でも有効な決定戦略だとはいえない（山川 1980；1993）。

4 アリソン・モデル

完全合理性と限定合理性の考え方を用いて，政策過程を分析したものとして，アリソンによる，キューバ危機をめぐる古典的な研究がある（Allison 1971=1977）。冷戦期，ソ連が革命後のキューバに核ミサイル用の基地を建設したことで，アメリカとソ連の対立が激化した。1962年10月の約2週間は核戦争の可能性がもっとも高まった瞬間であったといわれる。この時のアメリカの指導者はジョン・F・ケネディであり，ソ連はニキータ・フルシチョフ（H. C. Хрущёв）であった。アリソンは，こうした状況下でのアメリカ政府とソ連政府の政策決定過程を分析した。

アリソンは，米ソ両国の政府行動を分析するのに3つのモデルを用意した。第1のモデルが合理的行為者モデル，第2のモデルが組織過程モデル，第3のモデルが政府内政治モデルである。アリソンはこれらのモデルを「概念レンズ」と呼び，同じケースであっても，レンズを変えることで，政策決定過程が違ったようにみえる場合があることを強調した。複雑な政策決定過程のどこに焦点をあてるのか，そしてそこからどのような結論と教訓をひき出すかは，概念レンズの選択によって決まるのである。この研究では，政府を単一の統制さ

第Ⅱ部　政策過程とは何か

れた合理的な行為者とみる第1モデルよりも優れた説明と予測を生み出すために第2，第3モデルが提案された。

合理的行為者モデル

最初に提示される合理的行為者モデルは古典モデルとも呼ばれる。リンドブロムは，変化が大きく，政策決定者の知識も十分ではない政策決定のタイプとして，自然災害，革命，戦争をあげている（Braybrooke and Lindblom 1963）。そうした難局に対する政府の行動は，このモデルを適用すれば，合理性に基づくと仮定することになる。つまり，さまざまな下位組織から構成されるある国の政府を擬人化し，単一のアクターとみて，危機に対処するための政府の政策決定を説明するのである。すなわち，政府は，目的に対して，選択肢を列挙し，その結果を予測したうえで，目的に適う選択肢を選ぶと考えるのである。なお，ここでの合理性は，すでに説明した完全合理性の基準をやや緩めたものである。ではアメリカ政府を合理的行為者とみることに何か問題はないのだろうか。キューバでの核ミサイル基地の建設はアメリカの安全保障上の危機であり，国の安全という目的は何よりも優先されると考えられる。またアメリカ政府が合理的な決定をするための能力も十分高いとみてよいのかもしれない。というのも，アメリカは長年，多額の予算をつぎ込み高度な情報収集能力と軍事力を保持してきたからである。しかし，このモデルの妥当性は事例に当てはめ，他のモデルと比較することで，判断されるべきである。

アリソンは「なぜアメリカは海上封鎖をもってミサイルの展開に対応したのか」という問いに対して，つぎの6つの選択肢について検討をしている。①何もしない，②外交的圧力，③カストロとのひそかな接触，④侵攻，⑤外科手術的な空爆，⑥海上封鎖。たとえば「何もしない」というオプションは，戦略的均衡を逆転する機会を相手に与えてしまい，また同盟国からの信頼を失うと計算される。「侵攻」は，ソ連軍との対決，核戦争による惨事，ベルリンへの影響が懸念される。「海上封鎖」には，国際法に違反すると非難されるだけでなく，またソ連船が停船に応じなければ，アメリカ政府は発砲せざるをえなくなるといったデメリットもある。しかし，この選択肢は，危機に対処しようとするアメリカの意思の強さを十分表現できるものであった。しかも爆撃ほど性急

150

第**6**章　決　定

ではなく，つぎに何をするかをめぐっての責任をソ連側に負わせることができ
るし，何よりもカリブ海での海戦はアメリカにとって絶対的に有利であったか
ら，ソ連側の対応によってはより強固な手段に切り替えることもできた。こう
した計算から，海上封鎖が選択されたと説明するのである。

組織過程モデル

　組織過程モデルでは，政府を単一のアクターとみるのではなく，下位組織の
緩やかな連合体だと考える。各組織はそれぞれ任務，責任，権限を与えられて
おり，特定の問題処理にあたっては事前に作成されている「標準作業手続」に
したがって，半自立的に対応するようにプログラムされている。政府のような
大きな組織の活動には大勢の人間が一度にかかわることになるため，それらを
調整するためのマニュアルが欠かせないのである。各組織が行為をするには情
報が必要であるが，それはかぎられた範囲内の情報ルーティンからバケツリレ
ーのように入手されたものであり，かならずしも全体の状況を考慮したもので
はない。政府の行為は，官僚組織の標準作業手続に基づく組織的出力であり，
条件の変化があったとしても，政府は同じような行為をくり返しやすい。その
ため政府の指導者が組織の複合体の頂点に立つとはいえ，組織を思いのままに
コントロールすることは難しく，いくらか調整をくわえたり，どの組織に対処
を委ねるかを選択できる程度である。もちろん組織は学習によって変化するが，
それが劇的に起きるのは大きな失敗をしたあとのことである。

　キューバ危機では，こうした官僚組織の標準作業手続をつうじて入手された
情報が政府指導者に伝えられる。しかし，硬直化した下位組織の行為から入手
された情報には誤ったものや不正確なものがあり，それが政府指導部の選択に
も影響を与えることがあったと説明される。政府指導部が選択肢の１つとして，
ミサイル基地を攻撃するだけの「外科手術的空爆」を検討しはじめたことを受
けて，軍部の企画者は以前から計画していた大規模なカストロ打倒計画を，単
にソ連ミサイル用に書き換えたのであった。しかも，政府指導部が，空軍の専
門家に奇襲攻撃の見通しを問いただしたところ，90％以上の成功は難しいと自
信をもって答えたため，この選択肢は急速に支持を失った。確実にはミサイル
を除去できないと政府指導部に理解されたのである。だが，この90％という数

151

字ですら慎重に検討されたものではなく，標準作業手続にしたがって「計算」
されたものであった。担当者は，ソ連のミサイルに「機動力がある」と資料に
書かれていたことから成功確率を割り引いたのだったが，機動力があるとはい
っても，移動に1週間を要する程度のものであった。

　このモデルに理論的な基礎を与えたのは，限定合理性の理論であり，人間は，
複雑な問題の分割，満足化，選択肢の探索，不確実性の回避，行為プログラム
のレパートリーの開発によって問題に対処しようとすると説明する。組織過程
モデルはこれを組織レベルで表現したものなのである。他方で，このモデルは
政策実施過程を捉えたものだともいえる。すなわち官僚機構がある状況に対し
てどのように対応するのかを記述するモデルにもなっているのである。

政府内政治モデル

　合理的行為者モデル，組織過程モデルは，合理性を前提にしながら，政府の
政策決定を説明するものであった。それに対して，政府内政治モデルは，組織
が持つ合理性を分析枠組みの外へと追い出す。代わって，公職に就いているプ
レイヤーたちが，国家的，組織・集団的，個人的な関心から，みずからの力を
つかって交渉・取引をおこない，そうしたかけひきから派生した結果として，
つまり政治的な合成物として，政府の行為が説明されるのである。そのため他
のモデルよりも決定プロセスは断片化したものとして描かれる。その意味では
多元主義に近いところがないわけではない。ただし，このモデルでは，外交政
策を国内政治の延長として捉えるものの，キューバ危機をめぐる政策決定の場
はホワイトハウスとその周辺にかぎられており，議会，利益団体，政党，マス
メディア，世論・有権者は政策過程から遠かった。

　新しく発生した状況を前に，プレイヤーがそれをどのような問題として認
識・解釈し，いかなる手段を用いて解決するのかは，彼らの地位や立場，そし
て各個人が持つ信条体系などに規定される。プレイヤーにとっての目標には，
国家安全保障の利益，組織的利益，国内的利益，個人的利益が含まれる。政府
行動の目的は，合理的行為者モデルでは単一であるが，政府内政治モデルでは
プレイヤーたちがいろいろな目的を提唱するので，「政治」が避けられなくな
るのである。もちろん，プレイヤーたちの間では，危機を前に安全保障という

第6章　決　定

広義の目的は共有されている。しかも政府が行為をするために規則化された手段としての行為経路があり，ゲームに参加できるプレイヤーやタイミングも所与とされる。それゆえ，かけひきのゲームは無秩序なものにはならない。しかし特定の決定はいろいろな事柄が積み重なった結果としてあらわれるのである。

　アメリカ政府による封鎖という選択についての説明は，このモデルの性質上いろいろなプレイヤーたちの行動が分析にとり込まれるため，ほかのモデルよりも動的で，いくらか物語性を帯びたものになる。ロバート・マクナマラ（R. McNamara）国防長官は空爆には反対し，ロバート・ケネディ（R. Kennedy）司法長官は「逆の真珠湾」という汚辱をおそれた。それに対して空爆を支持したのは，統合参謀，ジョン・マコーン（J. McCone）CIA長官，ディーン・ラスク（D. Rusk）国務長官　ポール・ニッツ（P. Nitze）国防次官補，ディーン・アチソン（D. Acheson）元国務長官であった。当初大統領は空爆を支持したが，正確ではない情報からミサイルを確実には撤去できないことが明らかになると封鎖を支持するようになった。こうしたプロセスの中でプレイヤーたちは，大統領の選択に影響を与えようとかけひきを行ったのである。アリソンによれば，こうした事柄が「コラージュ」のように封鎖という決定をつくりあげたのである。

　キューバ危機からえられる教訓は概念レンズによって大きく異なったものになる。合理的行為者モデルによれば，両国の政府とも核戦争は選択せず，核戦争が起きる可能性は低いというものになる。しかし組織過程モデルでは，組織の硬直性から戦争が起こる可能性があり，政府指導者がかろうじてこれを防いだということになる。そして政府内政治モデルでは，ケネディ大統領がロバート・ケネディ司法長官とセオドア・ソレンセン（T. Sorensen）特別顧問を最高執行会議のメンバーに選んでいなければ，空爆が採択されていたかもしれない，というものになる。異なる概念レンズをつかって同じ結論が導かれないとすれば，そこに研究課題が残されているという考え方もできる。

153

5 政策決定と政治家

本人―代理人モデル

アジェンダ設定，政策立案，政策決定という段階について解説してきたが，ここで政治家が政策過程の中でどのように行動するのかを考えてみたい。社会問題は複雑であり，高度な専門知識が必要とされるのに対して，政治家はそもそも政策課題に対処するだけの十分な能力を持っていないようにもみえるため，注目に値しないような印象があるかもしれない。官僚優位論はたしかにそうした見方をするところがないわけではない。国会や国会議員は，立法能力が低く，政府が提出した法律案や予算案をただ通過させるだけであるという見解は，メディアなどで流布しており，国会無能論と呼ばれることもある。しかし，政治家は再選を目標に「功績主張」「立場表明」「宣伝」をつうじて，有権者からの支持の獲得に努めており（Mayhew 1974=2013），しかも民主的な政治システムでは人々の代表として政策や制度を最終的に決定する権限を持っている。ほんとうに，彼らは政策過程に対して影響を与えないのだろうか。

ここでは，合理的選択制度論という理論と本人―代理人モデルをつかって，政策決定過程における政治家の行動が政策に与える影響について，建林正彦・曽我謙悟・待鳥聡史（2008）の議論を手がかりに説明したい。

まず合理的選択制度論から説明する（建林ほか 2008：42-44）。この理論では，個人は行動に先立って目標を持ち，その目標を達成するように合理的に行動するが，制度が個人の行動の選択肢や行動の帰結を規定すると考える。政治家の場合，彼らは再選を目標に，制度的な制約の中で合理的に行動すると仮定されるのである。ただし，個人は制度に規定されるだけでなく，個人の行動が集積されることで，制度を変化させることもある。

もう1つ大切なことは，本人と代理人の関係で民主政治を捉えるということである（建林ほか 2008：54-64）。直接民主制では，市民が会議に直接参加し，そこで議論をし，意思表示をすることで，政策の決定がおこなわれる。しかし，間接民主制では，本人である有権者が代理人として政治家を選び，彼らが有権者に代わって政策決定をおこなうのである。間接民主制が採用されるのは，市

民が同じ場所に集まることができないといった消極的な理由もあるが，アメリカ合衆国憲法の起草者は，むしろ優れた能力を持つ市民，つまり選良たちが選ばれることに期待を寄せた。

しかし，ここで問題となるのが，代理人による裏切り行為である。代理人にも独自に追求しようとする目標がある。本人と代理人の知識や能力の格差は，情報の非対称性と呼ばれるが，それを利用して，代理人（政治家）は本人（有権者）の利益よりも自分自身の利益を優先させがちなのである。そのため，本人はそうした裏切りを防ぐために，代理人の行動を監視し，報償と懲罰をくわえたり，代理人同士を競争させたりすることで，彼らの能力，技能，労働力を利用しようとする。

政権交代と選挙制度

政策の窓モデルは，政権交代がアジェンダ設定に影響を与えることを指摘するものであった。政権交代を選択するかどうかは，民主政治においては，有権者の集合的な判断の結果なのである。ただ，選挙制度の中には政権交代を起こしやすいものと，そうでないものがある。日本の1990年代の政治改革の目標の１つが，政権交代が可能な二大政党制をつくることであり，そのために導入されたのが小選挙区比例代表並立制であった。その目玉となったのが小選挙区制の部分であり，有権者が選挙をつうじて本人―代理人関係を見直せるようにし，政権交代を起きやすくしたのである。小選挙区制は二大政党制に，比例代表制は多党制になる傾向は，これを主張した政治学者の名前をとって「デュヴェルジェの法則」と呼ばれる。

ところで政策の転換を図ろうとする時，どのようなことが起きるだろうか。インクリメンタリズムによれば，現状からの大きな変化はいろいろな価値に影響を与えるので，政策は総合的に吟味されたり評価されたりすることにつながり，その結果，政党間で論争や対立が起きる可能性もある。だが政党内部でも同じことが起きるかもしれない。同じ政党に所属する政治家といえども，それぞれの選挙区の事情や支持団体の構成が異なるため，大幅な政策の転換に対して政党内部から異論が起きることがある。

ここで重要になるのが，集権的な政党組織の構造である。党の執行部が政策

第Ⅱ部　政策過程とは何か

Column ⑬　ビッグデータと AI

　近年，情報技術の高度化によって安価に大量のデータを蓄積できるようになるとともに，そのデータを AI に分析させることでさまざまな知見を手に入れられるようになってきた。医療診断などの分野ではすでに実用化もすすんでおり，経験豊富な医師以上に的確な診断をおこなえる可能性がある。

　では，公共政策の分野においても同様のことが可能だろうか。そもそも政府は大量のデータを有しているが，じつはそのほとんどは使われずに「宝の持ち腐れ」となっている。これに対して，カリフォルニア州副知事のギャビン・ニューサム（G. Newsom）は，そうした情報を公開することで，市民からさまざまな提案がなされる可能性を指摘している。たとえば，どこでどのような犯罪や交通事故が発生したのかにかんして，詳細な情報をわかりやすく公開することで，それを見た市民のなかから，統計的な分析にもとづく，より適切な防犯対策や交通安全対策を提案する人があらわれるかもしれないという（ギャビン・ニューサム＋リサ・ディッキー著（稲継裕昭監訳，町田敦夫訳）『未来政府──プラットフォーム民主主義』東洋経済新報社，2016年）。ニューサムはこのように市民の力に期待したわけだが，考えてみれば，こうした分析は AI のほうが得意な可能性がある。AI であれば，犯罪件数などの数字データだけでなく，監視カメラの映像なども含めて分析をおこない，思いがけない発見をしてくれるかもしれない。このような技術の進展が公共政策のあり方，ひいては民主主義のあり方にどのような影響を与えることになるか，いまからよく考えておく必要があるだろう。

（W. S.）

の方向性を定め，個々の政治家がそれにしたがうような制度が必要になる。もし党執行部にあまり依存せず，自分の力で選挙を勝ち抜けるような選挙制度（たとえば，中選挙区制）であれば，執行部の方針に反発する政治家は少なくないだろう。しかし，執行部に依存して議員に当選できたのであれば，多少の不満があっても，彼らは次の選挙で候補者から外されるリスクを考慮して，党執行部の意向にしたがわざるをえない。このような理由から，政党組織の構造が，アジェンダ設定や政策立案の段階にも影響を及ぼすのである。そして小選挙区制こそが，政治家が党執行部に依存しやすい選挙制度なのである。

　議院内閣制とは，議会多数派のリーダーのもとで，立法権と行政権が融合する制度であり，首相は議会多数の支持を受けることで，強力に政策を立案し，

これを実施することができる。有権者は選挙をつうじて，どの政党の党首を首相，つまり自分たちの代理人にするかを，実質的に選んでいる。首相のリーダーシップが強いということは，有権者の意向を政策に反映させやすいことを意味する。それに対して議会が多党化し，政党間の協議によって連立政権がつくられるのであれば，有権者が首相や執政部に対して何を委任したのかが明確ではなくなってしまうし，責任の所在もあいまいになりがちである。それにくわえて政党組織が分権的であれば，首相は党内情勢に十分配慮しながら，政権運営をおこなうため，リーダーシップを発揮しにくくなり，インクリメンタルな政策が選ばれやすくなると考えられる。

1990年代の日本の政治改革の柱が小選挙区制の導入であったことの理由は，これまでの説明から明らかであろう。つまり，政権交代が可能な二大政党制を実現し首相に権限を集中させることで，トップダウンの政策過程が構想されたのである。ただし，選挙制度についてみると，比例代表制も採用されたことから，中小政党の議席もある程度が維持されており，連立政権も常態化している。これは参議院の存在も関係している。有権者は参議院選挙で，野党を勝利させることがあり，それがいわゆる「ねじれ国会」となって国政を停滞させ，短命政権をうみだしやすいので，連立政権が好まれるともいえる。選挙制度はそのほかの政治制度と関連しながら，政策や政策過程に影響を与えるのである。もちろんのことだが，本人―代理人モデルによれば，そうした動きをつくり出すのは結局のところは有権者の判断なのである。

政治家による官僚への委任

トーマス・ダイ（T. Dye）の政策過程モデルでは，政策立案に続く段階――一般的には「政策決定」とされることの多い段階――を「政策正統化（policy legitimation）」の段階と呼んでいる（Dye 2002）。大統領とホワイトハウス，議会や委員会，裁判所がこの段階での参加者であり，ある提案を選択し，その選択に対する政治的支持を発展させたり，法律を制定したり，合憲性の判断をおこなったりしている。政策正統化の段階に参加する資格を持つのは，憲法などに定められた公職保持者にかぎられており，政党，利益団体，マスメディア，世論・有権者はこの段階には含まれない。

第Ⅱ部　政策過程とは何か

　ダイによれば，大統領や議員などの公職保持者が政策形成に積極的に関与するようになるのは，アジェンダが設定されたあとのことだとされる（Dye 2002）。現状を変更するのか，それとも維持するのかといった大まかな方針は，すでに決定済みであり，政策の方針が決まるころには，マスコミは一般の人々向けに新しい政策やプログラムを紹介しはじめるのである。したがって，彼らが関与できるのはわずかな部分であって，政治的な功績の主張，組織や予算の編成に関する内容にかぎられるということになる。

　だがもし，ここで政策過程のほかの段階でも，政治家本人に代わって，彼らのために活動してくれる代理人がいれば，政治家の意向が，政策過程の各段階で反映されることになる。代理人が，本人が注意を払うと思われる問題や主題に対して注意を払い，本人が好ましいと考える政策を立案し，それを実施するのである。

　とはいえ，政治家が官僚たちを代理人にしたとしても，彼らが政治家のためでなく自分たちの利益のために行動する可能性がある。すでに述べたように官僚と政治家との間に情報の非対称性があるため，政治家が官僚の行動を監視し，コントロールすることは容易ではないのである。政治家は，官僚たちの持つ専門的知識に期待を寄せながらも，彼らが自律的に行動すればするほど，国民や政治家に対する応答性が低下するというジレンマに陥ることになる。

　そこで必要なのが，任命された官僚たちの自律性と応答性を規定する官僚制という制度である（建林ほか 2008：199-236）。政治家たちは，ときに組織編成権，人事権，意思決定手続を利用したり，条文の解釈の範囲を細かく設定したりすることで，彼らの専門能力を利用しつつ，応答性をある程度にまで高めることを忘れないのである。政治家は無条件にあらゆる事柄を官僚たちに委任するというわけではない。まず政治家と官僚の政策選好の違いが大きくなると，政治家は委任をためらう。また彼らの専門知識が低ければ，彼らに政策案の作成や政策の実施を委任する理由がなくなってしまう。政治家は資格任用制を採用することで，彼らの能力を高め，地位の安定性，適切な昇進，給与，名誉などを確保するとともに，自分たちの意向に沿うような官僚たちの行動には報償を与え，裏切りがあれば制裁をくわえることで，彼らを代理人として活用するのである。日本では2014年に内閣人事局が設置されたことで，内閣は官僚の人

事権を握り，政治主導をさらに強めたといわれる。ただし，官僚は自律性を奪われると，一般には専門能力を発揮しにくくなると考えられる。

政治家が委任するのは官僚だけにとどまらない。政治家は憲法上，政治制度を設計し，決定する権限が付与されている。政治家はそれをつかって中央銀行制度，司法制度，中央・地方関係制度を設計することで，中央銀行，裁判所，地方自治体の行動をある程度コントロールし，政策の内容に影響を与えることで，みずからの再選可能性を少しでも高めようとしていると考えられる（コラム⑫を参照）。

拒否権プレイヤーと政策決定

政策決定とは，突き詰めれば，現状を維持するか，変更するかを選択することにほかならない。現状を変更するために，合意をえておくことが不可欠なアクターは，拒否権プレイヤーと呼ばれる（Tsebelis 2002=2009）。拒否権プレイヤー論は，拒否権プレイヤーの数や配置，政策選好の違いが政策の安定性にどう影響するのか，またどのような内容の政策案であれば，変更が可能かを検討するのに役立つ。

日本の地方自治体では二元代表制が採用されている。首長は，議案提出権，予算の独占的な提出権，再議付託権（拒否権），専決処分権という強い権限をもつ。とはいえ，地方議会の意向を無視して政策を決定することは政治的にコストの高い選択となる。というのも，首長が条例を提出しようとする場合，議会は拒否権プレイヤーとしてこれを阻止できるからである。また国が拒否権プレイヤーとして，自治体の行動を抑制することもある。たとえば，地方自治体が法定外税を導入する場合，制度上，最終的には総務大臣の同意が必要となる。国の意向を考慮しない政策案は，たとえ議会がそれを可決したとしても，総務大臣がそれを拒否してしまえば，政策は変更できなくなってしまう（北村2002）。もし首長が現状の変更をめざすのであれば，自分が好ましいと考える範囲，議会が好ましいと考える範囲，総務大臣が好ましいと考える範囲を考慮し，それらが重なった部分で政策を立案し，決定する必要がある。ただし，重なりあった部分の中であれば，首長は自分がもっとも好む位置で政策を立案できる。

第Ⅱ部　政策過程とは何か

　ところで首長と議員が，次の選挙で再選することを目標に合理的な選択をおこなうとすれば，それぞれどのような政策を好むのであろうか。首長も議員も，住民から直接選挙で選ばれるという点では共通している。しかし，首長と議員では選挙制度の違いから，彼らが追求する利益の内容は異なったものになる。知事は，都道府県という1つの選挙区で選ばれるが，都道府県議会の議員は，それよりも小さな選挙区で選ばれる。そのため知事は，都道府県全体の公共財の供給に関心を示しやすく，議員は各選挙区や支持母体への利益誘導に関心を示しやすいと考えられる（同上：158）。そのため首長側が議員や議会の意向を予測して対応したり，双方で事前に利害の調整をおこなったりしながら，政策案がつくられると考えられる。議会が無条件に首長が提案する条例案や予算案に賛成しているようにみえるのは，そうしたメカニズムが働くからである。

　とはいえ首長はリーダーシップを発揮し，戦略的に争点を操作することで，自分にとって有利な状況をつくり出すこともある。たとえば三重県の北川正恭知事が産業廃棄物に課税するための条例案をつくって新税の導入をめざした時，議会は地元の利益に配慮し，これに否定的であった。しかし，知事が同条例案は環境保護に寄与すると説明し，「新規課税への賛成─反対軸」という対立軸に，「環境保護積極─消極軸」という対立軸を新たにくわえ，争点の多次元化を図った。すると，反対派は自分にとって何が好ましいのかがよくわからなくなり，首長はその機会を利用して議員や地元産業界を説得することに成功したのである。

　このように制度は，ゲームのルールとして，政策決定過程の参加者，政策案の数，彼らの政策選好などを規定する。それを前提に政治アクターが合理的に行動すると仮定すれば，政策的な帰結を説明したり，予測したりできるようになるのである。

参考文献

縣公一郎・藤井浩司編（2007）『コレーク政策研究』成文堂。

宇佐美誠（2000）『決定』東京大学出版会。

北村亘（2002）「地方税導入の政治過程」（『甲南法学』42巻3・4号，335〜388頁）。

白鳥令編（1990）『政策決定の理論』東海大学出版会。

建林正彦・曽我謙悟・待鳥聡史（2008）『比較政治制度論』有斐閣。

第**6**章　決　定

西尾勝（2001）『行政学（新版）』有斐閣。

橋本信之（2003）「政策決定論——政策体系と規範理論・記述理論」足立幸男・森脇
　　俊雅編著『公共政策学』ミネルヴァ書房，131〜144頁。

山川雄巳（1980）『政策過程論』蒼林社。

―――（1993）『政策とリーダーシップ』関西大学出版部。

アイエンガー，シーナ（櫻井祐子訳）（2010）『選択の科学』文藝春秋。

ヴェーバー，マックス（脇圭平訳）（1980）『職業としての政治』岩波書店。

コーエン，ミッチェル・D，ジェームス・G・マーチ，ヨハン・P・オルセン（1986）
　　「参加者，問題，解と関連性のあいまいさ」J・G・マーチ，J・P・オルセン（遠
　　田雄志・アリソン・ユング訳）『組織におけるあいまいさと決定』有斐閣。

サイモン，ハーバート・A（松田武彦・高柳暁・二村敏子訳）（1964）『経営行動』ダ
　　イヤモンド社。

―――（佐々木恒男・吉原正彦訳）（2016）『意思決定と合理性』筑摩書房。

Allison, Graham T. (1971), *Essence of Decision : Explaining the Cuba Missile Cri-
　　sis,* Little, Brown.（宮里政玄訳『決定の本質——キューバ・ミサイル危機の分
　　析』中央公論社，1977年。）

Braybrooke, David and Charles E. Lindblom (1963), *A Strategy of Decision : Poli-
　　cy Evaluation as a Social Process,* The Free Press of Glencoe.

Dye, Thomas R. (2002), *Understanding Public Policy,* 10th ed., Prentice Hall.

Howlett, M., M. Ramesh, and A. Perl (2009), *Studying Public Policy : Policy Cy-
　　cles and Policy Subsystems,* 3rd ed., Oxford University Press.

Tsebelis, George (2002), *Veto Players : How Political Institutions Work,* Prince-
　　ton University Press.（眞柄秀子・井戸正伸監訳『拒否権プレイヤー——政治制
　　度はいかに作動するか』早稲田大学出版部，2009年。）

Mayhew, David R. (1974), *Congress : The Electoral Connection,* Yale University
　　Press（岡山裕訳『アメリカ連邦議会——選挙とのつながりで』勁草書房，2013
　　年。）

Weiss, Carol H. (1980), "Knowledge Creep and Decision Accretion," *Knowledge :
　　Creation, Diffusion, Utilization,* 1(3) : 381-404.

Wildavsky, Aaron B. (1964), *The Politics of the Budgetary Process,* Little, Brown.
　　（小島昭訳『予算編成の政治学』勁草書房，1972年。）

Wu, Xun, M. Ramesh, M. Howlett and S. A. Fritzen (2010), *The Public Policy
　　Primer : Managing the Policy Process,* Routledge.

（石橋章市朗）

第7章
実　施
——行政活動とその変容——

この章のねらい

　政府政策は「決定」されて終わりなのではない。政府政策は「実施」(implementation) され，事後的に検証されることによってはじめてその全容をあらわす。この意味では「政策決定」は，その後に続く「政策実施」のはじまりにすぎない。政府政策がその全容をあらわすまでには，さまざまな公的機関を通過する。さらには，市場経済や市民社会との相互作用の中で，政府政策はより具体的なすがたとなる。したがって，「政策実施」を理解するためには行政をはじめとする公的機関や社会経済のあり様についてもよく理解しておかなければならない。本章では，「政策実施」の理論状況を概観し，そのうえで，近年のいくつかの問題について議論しよう。

1　政策実施の視点

政策実施とは何か

　社会に存在するさまざまな問題の解決をめざして，「政策決定」はおこなわれる。しかし，「政策決定」段階では，その後に起こりうるさまざまな事象が洞察しつくされているわけではない。もちろん，そのスタートラインとなる「政策決定」の時点での合理性は高い水準にあることが望ましい。しかし，それは神のごとき所業を求めるものとなる。この意味において現実の「政策決定」は，未来に向けた暫定的な仮説にとどまらざるをえない。

　たとえば，2016年6月13日，イギリスでは2015年欧州連合国民投票法 (European Union Referendum Act, 2015) を受け，欧州連合 (EU) の離脱の是非をめぐる国民投票が実施された。その結果，僅差でイギリスの EU 離脱（ブレグジット (Brexit)）が決定されることとなった。国民投票の直前期の多くの識者，

163

第Ⅱ部　政策過程とは何か

マスメディア，あるいは大手の賭け業者（ブックメーカー）の予想は，イギリス国民がEUに残留する選択をするだろうというものであった。しかし，国民投票の結果はこの予想を裏切るものとなり，為替・株式市場をはじめとし，さまざまな混乱が生じることとなった（コラム⑱参照）。

ブレグジットは，国民投票というかたちの「政策決定」であった。そしてこの後には，イギリスのEU離脱に関する「政策実施」が展開している。ブレグジットの「政策実施」の帰結はいったいどうなるのであろうか。

「政策決定」の時点において，ブレグジットに1票を投じた人々は，十分に未来を洞察し，そこに合理的な確信を持っていたのだろうか。報道では，ただ現状に対する強い不満，特に移民問題についての不安がいわれるばかりであった。ブレグジットを主導した人々はどうか。EU離脱派を主導したボリス・ジョンソン（B. Johnson）はデイヴィッド・キャメロン（D. Cameron）首相の後継を決める2016年の保守党党首選には出馬しなかった。また，離脱派の中心人物であったイギリス独立党のナイジェル・ファラージ（N. Farage）党首は，国民投票の勝利後，目的を果たしたとして党首を辞任してしまった。こうした離脱派のリーダーの態度は，将来に向けての十分な展望・洞察があって離脱を主導していたわけではなかったのではないかとの批判を受けていた。

キャメロンの後を継いで2016年に新しい保守党党首および首相となったテリーザ・メイ（T. May）はどうだろうか。彼女はもともとEU残留派であったが，首相就任後は国民投票の結果を覆すことなく，EU離脱プロセスを着実に遂行する，欧州単一市場から脱退すると明言した。その判断をめぐって議会との調整や2017年の前倒し総選挙が展開し，本格的に政策実施のプロセスが着手されていった。今後，ブレグジットの効果がイギリス国民やEU市民，あるいは世界経済に対して，いったい何をもたらすのかが判明していくこととなるだろう。

ここで留意しておきたいことがある。2016年のEU離脱の国民投票は，そもそもイギリスのEC加盟から数えて43年，EUがスタートしてから四半世紀の時間が経過してからのことであったという点である。すなわち，長い時間をかけなければ，ブレグジットをめぐる「政策決定」の帰結についての十分な検証もできないおそれがある。後年，ブレグジットの帰結が問われる際には，そもそも2016年時点での「政策決定」がどれほど合理的に考え抜かれたものであっ

164

たのか，また，この「政策決定」が十分な国民的合意を獲得できていたもので
あったのか，そして，この「政策決定」が，最終的によい結果をもたらしたも
のであったのかがあらためて問われるのだろう。

オークランド・プロジェクト

政府政策は「決定」だけで完結するのではない。それは「実施」（implemen-
tation）され，事後的に検証されることによってはじめて具体的なすがたをあ
らわす。「政策決定」を未来への仮説とするなら，「政策実施」はこの仮説の実
証ないし検証となる。上記の「未来への仮説」は，規範的意味を込めて「政策
デザイン」と呼ばれる。政策が成功をおさめるためには，合理的にデザインさ
れたプランが忠実に「執行」される必要がある。しかし，「政策デザイン」や
「執行」の局面に何らかの問題が含まれる時，政策は「失敗」に向かって傾く
こととなる。

政策実施過程研究の重要性を最初に提起したのは，ジェフェリー・プレスマ
ン（J. Pressman）とアーロン・ウィルダフスキー（A. Wildavsky）が1973年に刊
行した『政策実施』（*Implementation*）という著作であった。『政策実施』の内
容は，1960年代の後半の，カリフォルニア州オークランド市での連邦政府商務
省経済開発局（EDA: Economic Development Administration）の経済開発・雇用
促進プログラム（EDA プログラム／オークランド・プロジェクト）を対象とした事
例研究であった。

当時のオークランド市は，高い失業率，治安の悪さ，人種差別などの問題を
抱えており，黒人解放に関する暴力的政治組織ブラックパンサー党（1967年）
の結成拠点としても知られていた。EDA プログラムの候補としてオークラン
ド市が選定されたのは，1960年代の黒人差別問題・公民権運動の盛り上がりを
前に，こうした問題の解決・救済が急がれており，かつ各種の政策的条件等に
適合していたためである（公民権運動の最高潮は歌手のボブ・ディラン（B. Dylan）
も参加した1963年の「ワシントン大行進」である）。

連邦政府機関の EDA は，1965年の「公共事業と経済開発に関する法律」と
ともに新設された官庁であり，経済開発（Economic Development）をつうじた
雇用の創出をその目標として掲げていた。こうした中で EDA のオークラン

第Ⅱ部　政策過程とは何か

ド・プロジェクトは脚光を浴びていった。同プロジェクトの予算規模は，建設
関連貸付と補助金などをあわせて約2329万ドル（空港整備関連予算で1065万ドル，
港湾整備関連予算で約1223万ドル，競技場へのアクセス整備で約41万ドル）であり
（*ibid.*：2），関連効果もあわせ，3000人分の雇用創出がめざされていた。

失敗政策の分析

　しかし，EDA プログラムの結果は芳しいものではなかった。1968年になっ
ても，その予算は300万ドル，すなわち13％程度しか執行されておらず，新規
雇用はわずか20しか創出されなかった（*ibid.*：xix）。さらに，1969年，EDA の
オークランド事務所がオークランド市議会に提出した報告書では，連邦政府機
関からのオークランドの企業への貸付額は約109万ドル，これに関連する新規
雇用は43にとどまった（*ibid.*：5）。結局，「建造物は部分的にしか建設されず，
企業貸付はまったく動かなくなり，その結果としてマイノリティの雇用は目を
覆わんばかりの失望にまみれた」（*ibid.*：xx）のである。1969年 5 月16日のロサ
ンゼルス・タイムズ紙はこれを「きわめて大きな惨事」と書きたて，オークラ
ンド・プロジェクトは典型的な「失敗政策」として認知されるようになった
（*ibid.*：4）。そこで，プレスマンとウィルダフスキーは，EDA プログラムの実
施過程に焦点を合わせた研究をおこなうこととした。

　プレスマンとウィルダフスキー（Pressman and Wildavsky 1973；1978）の論
点は多岐にわたるが，そのうちもっとも重要なのは，実施過程に参加したアク
ターの多様さおよびそれらの視点・意図の分裂状況に関する指摘である。
EDA プログラムには，「建設工事」と「雇用」という 2 つの目的が含まれて
いた。前者は EDA やオークランド港湾（Port of Oakland）を中心に取り組ま
れていた。また，後者は保健教育福祉省（HEW），労働省（DOL），黒人指導部
や雇用計画評価委員会などの関心事項であった。だが，「建設工事」と「雇用」
という目的は，事前に十分に整理されたものでも，十分な合意が成立している
ものでもなかった。さらには，「建設工事」と「雇用」という目的間の相違は
セクショナリズムの狭間で組織間のコンフリクトに転化した。また，これらの
縦割を統合する強力なリーダーシップも欠如していた。

　プレスマンとウィルダフスキーの研究の焦点は，①「当初の目的と政策実施

との乖離の理由についての解明」，②「経験から教訓をえること（類似の失敗を避けること，経験から学ぶこと）」であった。これらはそれぞれ，①政策デザインそのものの問題と，②政策実施過程における「学習」の問題に還元されるものであった（*ibid.*：164-170）。こんにち，前者は「政策デザインの失敗」と呼ばれる。また後者は「政策実施の失敗」と呼ばれている。

　①「政策デザインの失敗」に焦点を当てる立場からは，政策実施が失敗するのはそもそもの計画＝政策デザインに無理があるからではないかとされる。ここで重要なのは，計画と実施との間に横たわる因果関係の「鎖」（chain）が正しく設定されているのか，という論点である。また，②「政策実施の失敗」に焦点を当てる立場からは，目的や計画の役割よりも政策実施過程における政策形成（policy formulation）のあり方こそが重要であるということになる。政策は具体化するなかで次第にその輪郭を明確にしていく。ここでは「政策形成」概念の拡張が提起されている。すなわち，「政策形成」は政策立案の局面でなされるだけではなく，政策実施過程という政策の具体化（operationalization）の過程においても展開するというのである。それは政策実施過程においても，そこに登場するアクター間の「サブ政治」や「サブ決定」があることを意味している。なお，このような意味での政策実施過程は従来，機械的な執行過程であるとしてブラックボックスとされていたものである。

トップダウンアプローチ

　プレスマンとウィルダフスキーの研究を経て，「偉大な社会」の分析を中心に，政策実施研究は大きな注目を集めた。政策実施の研究は1970年代から1980年代にかけて事例研究を中心に盛り上がりをみせた。そこには多様なアプローチが持ち込まれ，その中で理論的な整理も求められていった。

　政策実施研究の学説史についての日本語文献としては，森田朗の『許認可行政と官僚制』（1988年），宇都宮深志編著の『行政と執行の理論』（1991年），大橋洋一編著の『政策実施』（2010年），真山達志の『政策実施の理論と実像』（2016年）などがある。これらのうち，森田朗（1982）によれば，アメリカで氾濫した政策実施の研究はそのほとんどが事例研究であったとされている。その内訳は，①政策実施の規定要因を制度的編成に求め，政府間関係の問題として

第Ⅱ部　政策過程とは何か

Column ⑭　藤田宙靖の「必要性論」と「効率性論」

　行政改革会議委員であった藤田宙靖は同会議において，「垂直的減量（アウトソーシング）をめぐる問題点」と題するメモを示し，政策の企画立案機能と実施機能を組織的に分離するにあたっての基本的考え方を整理した。そのメモの冒頭に述べられていたのが，「『サーヴィスそのものが絶対に必要か』という問題（仮に「必要性論」と呼ぶ）」と，「『官民いずれに委ねるのが，より確実かつ効率的なサーヴィスの保障となるか』という問題（仮に「効率性論」と呼ぶ）」の区別であった。藤田は，「この両者は必ずしも理論的次元を等しくしないため，明確な区別をしておかないと絶えず議論のすれ違いを招くことになる」と注意を喚起していた。

　藤田のこの「必要性」と「効率性」の区別は，こんにちの独立行政法人制度をめぐる基本論点の１つでもある。独立行政法人の提供する各種のサービスを廃止すること，あるいは独立行政法人そのものを廃止することは，政治的負荷が高い。これは「必要性」にかかる改革といえる。この「必要性」に関する改革を除外した場合，つぎの課題となるのは，独立行政法人が担う政策実施機能の「効率化」となる。すなわち，「必要性論」と「効率化論」は異なる次元の議論だというのである。

　藤田のいう「必要性論」と「効率性論」は，財政的な観点からは，しばしば連続的・一体的に理解されがちである。他方で，「必要性論」と「効率性論」については，それぞれに独立した取り扱いが求められる。ここでは，「必要性論」は政策デザインに立ち戻って議論すべき論点であること，またしばしば政治的判断を要するものであること，したがって理論的課題ではないことなどを確認しておきたい（コラム⑰参照）。他方，「効率性論」は政策実施過程において論じられるものであること，また経済学説等の理論的検討からの貢献可能性が高いものであることを指摘しておこう。　　　　　　　　　　　　　　（K. N.）

政策実施過程を捉えるもの，②政策実施を多数の人々の共同作業であると考え，それらの人々の相互作用を政治学的観点から分析しようとするもの，③政策実施を行政機関の組織活動とみなし，組織内の統制やコミュニケーションのあり方の分析を試みるもの，④政策実施を社会管理活動と捉え，政策実施主体の観点に立って行動制御の方法ないし相手方との関係を論じるものなどであったという（森田 1982：153-154）。

　アメリカの政策実施研究では，こうした膨大な研究を整理するために，「ト

ップダウンアプローチ」と「ボトムアップアプローチ」の区分がいわれるように
なった（Hill and Hupe 2014）。トップダウンアプローチとは，政策決定段階
で決められたことを忠実に執行することを原則とするものである。先に紹介し
たオークランド・プロジェクトに対するプレスマンとウィルダフスキーの研究
は，典型的なトップダウンアプローチによるものであると整理されている。

　トップダウンアプローチは，うえで述べたように「政策の忠実な執行」を原
則とする。このため，行政法学における行政行為論や行政裁量論とも重なるも
のとなる（大橋 2010）。特に日本における政策実施研究においては，行政法学
の観点が重視される傾向が特徴的である。先の森田の研究も許認可行政（規
制）を中心とする実証研究であった。また，大橋らの研究は，本格的な行政法
学からのアプローチとして注目される。

2　実施研究の拡張

ボトムアップアプローチ

　政策実施研究のもう1つのアプローチは，「ボトムアップアプローチ」であ
る。トップダウンアプローチへのアンチテーゼとして提起されたボトムアップ
アプローチでは，政策現場レベルにおける創意工夫や自発性が鍵となる。これ
は行政学における行政責任論とも大きく重なる。

　ボトムアップアプローチの要点は，「実施構造」（implementation structure）
への注目にある。これは，政策現場レベルの多様なアクターの目的や行動に焦
点を当てようとするものである。

　ボトムアップアプローチの元祖とされているのが，マイケル・リプスキー
（M. Lipsky）の『行政サービスのディレンマ』（Lipsky 1980=1998）である。リプ
スキーの最初の論文は1971年に発表されていたが，当初は政策実施研究である
とは認知されていなかった。しかし，ボトムアップアプローチの広がりにより，
その先駆者として位置づけられることになった。

　リプスキーが提起した「ストリートレベルの官僚制」（street-level bureaucra-
cy）は「行政責任のジレンマ」論としてもよく知られている。これは，「第一
線職員」（front-line staff）論とも呼ばれている。

第Ⅱ部　政策過程とは何か

　ここでいう「ジレンマ」が意味するものとは，現場の専門職（教師，警察，判事，弁護士，医者，ソーシャルワーカーなど）の職員がさまざまなジレンマ，すなわち制度的な制約，慢性的な資源不足，複数のクライアント，それらクライアントとの文化的差異（価値観の相違）などに直面しつつ高い裁量性を発揮する，というものである。リプスキーの研究は，「ストリートレベルの官僚による意思決定，彼らによってすすめられる職務の定型化，職務の不確実性や職務の圧力に対処するための彼らの工夫などが，実質的に彼らが遂行する公共政策〈となる〉ことにつき論じる」ものであった（同上：序）。

　1980年代には，ボトムアップアプローチからトップダウンアプローチへの批判が注目され，論争が本格化することとなった。その主な舞台は欧州であった。ボトムアップ論者の代表格はペニー・イェルン（B. Hjern）とデビッド・ポーター（D. Poter）であった。たとえば，『組織研究』誌に掲載された1981年のイェルンとポーターによる「実施構造：新たな行政分析の単位」（Hjern & Poter 1980）では，政府の歳出の拡大に伴い「実施上の欠落」（implementation deficit）が注目されるようになったこと，これを政策研究者が「問題」と認識するようになったこと，「階統型」や「経済合理性型」ではない議論のあり方が求められていたこと，そして実施のギャップを埋めるために「実施構造」を分析の基礎単位とする必要があることなどが主張されていた。

　具体的に，イェルンとポーターが指摘した「実施構造」とはどのようなものなのか。それは，現場レベルで，「プログラムの枠組みのなかに企業，政府，アソシエーションなどが入り，相互につながっている状態」（*ibid.*：213）のことである。イェルンらは事例としてスウェーデンとドイツにおける人材育成プログラム（職業訓練）を取り上げていた。同プログラムでは，受講生として若者，高齢者，女性，障碍者などが参加しており，プログラム提供者側には，専門訓練センター，市立学校，国・州の訓練指導者，労働組合幹部，企業，社会保障関係機関，国土計画省，専門職業訓練士，職業紹介窓口職員，教師，商工会議所，技能団体，その他多数の地方・地域・国家の行政機関が登場していた。イェルンらは，こうした階統型のコントロールが効かない，深刻な「市場の失敗」の領域において，複数の機関が協働してプログラムの実施構造を担う必要があることを主張していた（*ibid.*：213-214）。

ガバナンス論への拡張

さらに，ボトムアップアプローチの視座は後年のガバナンス研究にも継承されていった。ガバナンス研究は1990年代から2000年代にかけて多彩な展開がみられた。ここでは初期ガバナンス論である1997年の著作，R. A. W. ローズ（R. A. W. Rhodes）の『ガバナンスの理解：政策ネットワーク，ガバナンス，再帰性とアカウンタビリティ』（R. A. W. Rhodes 1997）を参照しておこう。

ローズの研究は，イギリス政治の文脈におけるものであった。同書のなかでローズは，「ウエストミンスター・モデル」を「ガバナンス」の視座から批判した。ここでいう「ウエストミンスター・モデル」とは，イギリスの中央政府の政治体制，中央集権型の政府体系のことをさしている。ローズはこれを「ガバメント」という言葉で表現し，「政策コミュニティ」「政策ネットワーク」および「ガバナンス」などの諸概念と対置させた。

「政策コミュニティ」とは，かぎられたメンバーあるいは共通の価値といったものに特徴づけられるグループである。ローズはさらに，政策立案過程で分断されている政治制度間の関係におけるネットワークのあり方に焦点を当て，「政策ネットワーク」に注目した。ローズが注目した「政策ネットワーク」とは，福祉国家時代のサービス提供システムのあり方を検討するための概念であった（*ibid.*: 39）。そこには，「政策コミュニティ」以外に，「専門家のネットワーク」「組織間のネットワーク」「手続きのネットワーク」「争点ネットワーク」などが含まれていた。

しかしながら，「政策ネットワーク」にも問題があった。それは，サッチャリズムがもたらしたイギリスにおける統治構造（governing structure）の変容——民間・ボランタリーセクターの顕著な伸張——を十分に説明することができないということであった。そこでローズは，あらためて視点を「ガバメントからガバナンスへ」と移すこととした。

ローズは，サッチャリズムによって惹起された統治構造の変容を分析するために，「ガバメントからガバナンスへ」の視座転換——すなわち政府の視座（トップダウン）からではなく社会の側から政策を観察すること（ボトムアップ）——を提起した。その際に念頭におかれていたのは，伝統的な「階統型コントロール」や「市場型コントロール」以外の，「ネットワーク型コントロール」

第Ⅱ部　政策過程とは何か

表 7-1　ローズのガバナンス概念（6 類型）

ガバナンスの類型	視　点	意図および意味
①最小国家	特定の党派的主張	歳出の極小化を狙う。公的介入の範囲の縮小化に関心。
②コーポレートガバナンス	企業経営のあり方	ステイクホルダーを意識した内部統制や企業価値向上。
③NPM	政府経営の手法論	管理者主義と新制度派経済学の政府経営への応用・援用。
④グッドガバナンス	政府開発援助	世銀の第三世界への資金の貸付条件。NPMと親和的。
⑤ソシオ・サイバネティック	中央政府の統治限界	社会・政治・行政の相互作用による統合的な効果に関心。
⑥自己組織型ネットワーク	ネットワーク管理	民間・ボランタリーセクターの強調や組織間の関係。

出典：筆者作成。

を説明をすることであった。

　しかし，そこでさらに壁として立ちはだかったのは，数多くのガバナンス概念が混在していることであった。そこでローズはガバナンス概念を以下の6つに再整理することとした。すなわち，①「最小国家」（minimal state），②「コーポレートガバナンス」，③「NPM」，④「グッドガバナンス」，⑤「ソシオ・サイバネティック・システム」，⑥「自己組織性型ネットワーク」である。これらを簡単に整理したものが表 7-1 である。

　ローズは，1979年以降のイギリス政府の衰退（階統型コントロール）とそのなかで台頭してきた新自由主義（市場型コントロール）と組織間関係（ネットワーク型コントロール）の三者の関係を説明しようとした。特にローズが重視していたのが，⑤のソシオ・サイバネティック・システムとしてのガバナンス概念や，⑥の自己組織性型ネットワークとしてのガバナンス概念であった。これらのガバナンス概念は①〜④のガバナンス概念に対置されるものであった。ローズは，こうしたガバナンス概念の整理により，1980年代から1990年代にかけてのサービス提供システムの断片化や組織間調整のあり方を洞察しようとしていたのである（*ibid.*：57）。

第**7**章　実　施

サービス提供システム（service delivery system）

　ボトムアップアプローチが浮き彫りにした重要な論点は，「サービス提供システム」の存在であった。次章にて詳しく述べるが，受益者の側に発現する政策効果のことを「アウトカム」と呼ぶ。これは単なる行政活動の業績や結果等と区別される概念である。

　「サービス提供システム」とは，行政活動たる「プログラム」からサービスの受益者側に発現する「アウトカム」までをひとつのシステムと見立てるというものである（併せて第10章も参照のこと）。

　そもそも，公共政策学は「政策決定」をめぐる研究からはじまった。ところが，決定された政策が合理的にデザインされたものであり，当該政策が機械的に執行されるはずである，というトップダウン型の仮説は，その後のボトムアップアプローチをはじめとする実証研究において不完全性を指摘されるようになった。トップダウンアプローチの論者は「なぜ意図したとおりの政策効果が発現しないのか」という点に関心を集中させ，政策デザインと政策実施過程に潜む問題性を浮き彫りにしようとした。これに対してボトムアップアプローチの論者は，従来の研究がいずれも「政策決定」に拘泥していた点を批判し，現場レベルの「実施構造」を焦点化すべきであるとした。

　こうした一連の政策実施研究における論争をつうじて明らかとされたのは，アウトカムの発現へと向かう「サービス提供システム」が，そもそも合理的に編成されているのかという点であった。このシステムは政策実施過程を「サービスの提供」を軸として再構成しようと意図するものであった。

　図7-1は，アウトカムの発現までの「サービス提供システム」を示すひとつのモデルである。図7-1は大きく分けて「プログラム構造」と「アウトカム構造」から成り立っている。前者は行政の活動を中心とする。また後者は，行政の活動が作用する対象集団の便益や社会への影響に関するものであり，プログラムと社会との相互作用を表現する。そして，「プログラム構造」と「アウトカム構造」には，ともに「外部要因」と呼ばれるプログラム外部からのさまざまな制御不能な影響にさらされている。図7-1において「社会的文脈」とあるのは，これを示すものである。

　図7-1は，政府のプログラムを表現するモデルのひとつであり，「ロジッ

第Ⅱ部　政策過程とは何か

図7-1　ロジック・モデルの基本型
出典：Wholey, Hatry and Newcomer eds.（2010：570）を一部修正。

ク・モデル」と呼ばれている。ロジック・モデルはもっぱら政策評価論において用いられている汎用的な説明枠組みであり，多様な政府政策をわかりやすく整理しようとするものである。なお，ロジック・モデルは，1970年代に政策評価研究者のキャロル・ワイス（C. Weiss）やジョセフ・ホーリィ（J. Wholey）が提唱したものである。ロジック・モデルにおいて基本となる構成要素は「インプット」「アクティビティ（行政の活動）」「アウトプット」「アウトカム」の4つである。ここで，これらの構成要素を簡単にみておこう。

「インプット」（input）とは財源や人員・設備などの政策システムに投入される資源（resource）のことである。「アクティビティ」（activity）は政府政策の場合には，「行政の活動」そのものである。インプットをアウトプットへと変えるのが政府部内の転換過程の機能である。「アウトプット」（output）は，具体的な法律や計画・制度，審議会などの報告書といった行政活動によってうみだされる成果物（products）のほか，具体的に提供されるな財・サービスのことをさす。行政活動の直接的な実績（performance）や活動の結果（results）がこれに該当する。「アウトカム」（outcomes）は，図中では短期・中期・長期をわけているが，いずれも対象集団側において顕在化する諸影響のことである。「長期アウトカム」は，「インパクト」（impact）あるいは「最終的なアウトカム」（end-outcome）とも表現される。

一般論としては，短期アウトカムのほうが行政活動そのものと緊密であり，長期アウトカムへと向かうにしたがって個々の行政活動との因果関係は希薄化

第**7**章　実　施

する。すなわち，長期アウトカムへと向かえば向かうほど，外部要因（exter-
nal factor）や他のプログラムの影響が強くなり，プログラムとアウトカムとの
因果関係は不確かなものとなり，その説明は困難なものとなる。

　たとえば，生活保護行政を例にとって説明してみよう。生活保護事務の原資
は厚生労働省の予算であり，2016年度の実績で3兆8,281億円となっている。
これが「インプット」である。生活保護事務の具体的執行は自治体のケースワ
ーカー（社会福祉主事等）の業務である。ケースワーカーは個別の案件に対する
相談，調査，対応などの業務に従事している。その具体的な諸活動が「アクテ
ィビティ」である。そうした諸活動の結果として，生活保護受給世帯数は214
万世帯となっている。これが「アウトプット」である。そして，高齢者はとも
かく，若くて働くことができる者には改善を促し，受給世帯数を減らしていか
なければならない。そのためには，住宅政策，雇用対策などの生活保護事務以
外の行政活動とも連携しなければならないこともある。それは生活保護制度の
持続可能性にとっても重要なことである。このような議論は「アウトカム」に
関するものといえるだろう。ただし，生活保護世帯数は，いくら行政活動を展
開してもその制御には限界がある。生活保護世帯数の増加の原因は，主に高齢
化と景気動向の影響が顕著であるからである。これはプログラムの側からみれ
ば，「外部要因」ということになる。

　政策効果が十分に発現しない場合，「政策のデザインの失敗」や「政策実施
の失敗」がありうることはすでに指摘したとおりである。ただしその原因がも
っぱら外部要因にあることもある。これらの問題にどう対処していくのかが政
策評価の論点となる（第8章参照）。

3　行政改革と政策実施

企画立案機能と実施機能の分離

　日本において政策実施過程が注目されるようになったのは2000年代以降であ
った。そこで，政策実施の視座から，日本の近年の行政改革についてみておこ
う。ここでは，2001年の中央省庁等改革によってうみだされた「独立行政法人
制度」，さらにその後に展開した「公共サービス改革」について概観する。そ

第Ⅱ部　政策過程とは何か

の出発点は，「中央省庁等改革」からである。

　中央省庁等改革を準備したのは1996年11月に総理府に設置され，1997年12月に最終報告を出した行政改革会議（会長・橋本龍太郎内閣総理大臣）であった。2000年に実現した中央省庁等改革の基本的な設計図となったのは1997年の行政改革会議の最終報告であった。同報告書では，大きく以下の4点が謳われていた。第1に「内閣機能の強化」である。第2に「新たな中央省庁の在り方」である。第3に「行政機能の減量（アウトソーシング），効率化等」である。第4に「公務員制度の改革」である。大枠でいえば同報告書の内容に即して1998年に中央省庁等改革基本法が組み立てられ，2001年の中央省庁等改革が展開した。なお，このうち第4の「公務員制度の改革」については，2014年の国家公務員法の改正法成立まで先送りされることとなった。

　上記の4項目のうち，第1の「内閣機能の強化」については内閣府が創設されるとともに内閣機能が強化されることとなった。また，第2の「新たな中央省庁の在り方」および第3の「行政機能の減量（アウトソーシング），効率化等」に掲げられていた「政策の企画立案機能と実施機能の分離」や「独立行政法人の創設」は，中央省庁等改革の看板であった。

　「政策の企画立案機能と実施機能の分離」について，行政改革会議最終報告は，「政策立案機能と実施の機能とは，一面において密接な関係をもつものであるが，両者にはそれぞれ異なる機能的な特性があり，両者が渾然一体として行われていることは，かえって本来それらが発揮すべき特性を失わせ，機能不全と結果としての行政の肥大化を招いている」との問題意識を示していた。これが，「企画立案機能」と「実施機能」を分離する1つの理由であった。

　そのうえで，同報告書は，政策の企画立案機能を主として「本省」に，実施機能については可能なかぎり「外局」「独立行政法人」等の組織に分離することを基本方針とし，「異なる機能特性に応じた組織の編成，管理」「政策立案部門と実施部門の責任分担の明確化」「高い視点と広い視野からの政策立案機能の確立」「公正，中立，透明な行政執行と効率的で国民のニーズへの即応を重視した行政サービスの提供を確保できる実施機能の確立」を実現するとしていた。同方針に基づき独立行政法人制度は設計された。そこでは，主として政策実施段階での効率化が課題とされた。

第7章 実 施

独立行政法人制度

　上記の独立行政法人制度は，イギリスで展開していた執行エージェンシー制度をモデルとしたものであり，中央府省とは異なる法人格を持つ法人を設立するという点に特徴があるものであった。同制度により，大幅な公務員数の削減（独立行政法人の定員を総定員法の枠外とすることによって実現）が可能となり，それととともに，政策実施の透明化・効率化がめざされた。

　独立行政法人制度の根拠法は，1999年に制定された独立行政法人通則法であった。また，各独立行政法人は通則法および個別法によって設立された。通則法と個別法は，前者が制度の基本となる共通の法律事項を定め，後者が通則法に基づき各独立行政法人の法律事項を具体的に定めるものという関係にある。なお，類似の制度として国立大学法人制度，地方独立行政法人制度もある。ここではこれらの制度も含め，「独立行政法人等」と呼ぶ。

　政策実施機能との関係で独立行政法人等の制度的特徴を述べるならば，以下の3点があげられる。第1に，政策の企画立案機能から区別されたルーティンの領域を主要な任務とする組織を括りだすための制度であるという点である。第2に，公務員の定員を大幅に削減することができる制度であるという点である。第3に，評価の仕組みが導入されており，政策実施機能の透明化・効率化に向けた取組みが恒常的に推進されるという点である。それぞれについてみておこう。

　第1に，ルーティンを括り出すための制度という点についてである。ルーティンとは繰り返しおこなわれる定型的業務のことをいう。たとえば大学教育や病院での医療行為，あるいは研究開発など，一定の専門性があり，特定の社会的機能を継続的に発揮しているものがこれに該当する。独立行政法人制度はこれらの領域に，行政機関とは異なる別の法人格を与えようとするものである。これらの領域は，一定の専門性のもとで定型的な業務を繰り返すため，ダイナミックな企画立案をかならずしも必要とせず，むしろ特定の社会的機能を維持し管理しようとするものである。すなわち，これらの領域は，典型的な政策実施過程であると考えられる。

　第2に，公務員の定員削減についてである。公務員の定員は，総定員法（行政機関の定員に関する法律）によって上限が定められている。国家公務員の総数

は1970年代には90万人程度であった。中央省庁等改革前にはこれが84万人程度にまで減少していたが，中央省庁等改革後にはこれが33万人規模にまで減少した。この減少数は，郵政事業の公社化（28.6万人），国立大学法人化（13.3万人），独立行政法人化（7.1万人）によってもたらされたものであった。このうち，独立行政法人等の制度による寄与率は4割を占めた。この改革の鍵となったのが，公務員の身分を有する職員を「非公務員化」するという手法であった。上記の郵政公社化，国立大学法人化，独立行政法人化ではいずれも非公務員化を伴ったが，一部には公務員の身分を有する役職員が残された（特定独立行政法人の役職員）。なお，こうした公務員数の大幅削減は単なる組織機構上の変更にすぎず，財政効果が顕著であったというわけではない。

　第3に，独立行政法人等の制度に付随して登場した恒常的な透明化・効率化を推進する仕組みとしての評価についてである。独立行政法人の場合，これは「独法評価」と呼ばれる。独立行政法人等は，所管する主務大臣・自治体の長からの指示である「中期目標」，中期目標を達成するために法人自身が策定する「中期計画」，さらに中期目標を実現するための毎年の「年度計画」によって規律されている。これらの計画・目標の達成状況を検証するための手段が「独法評価」である。

　「独法評価」には，法人の成果実績を検証する「有効性評価」と財務規律を検証する「効率性評価」が含まれている。ただし，独法評価の焦点はもっぱら「効率性評価」におかれている。また，その改革効果はもっぱら財政縮減への寄与度によって表現されている。

　他方の「有効性評価」については，十分にこれを把握し，確認することが難しいとされてきた。そこで，2014年に独立行政法人通則法が改正され，それに伴って新たに「中期目標管理法人」「国立研究開発法人」「行政執行法人」の三類型の法人管理へと移行した。また，国立大学法人でも類似の改革がおこなわれつつあり，国立大学の機能強化策として，「強み・特色」を軸とした運営費交付金の配分に関する改革が展開している。これらが独法評価とどのように関連していくことになるのかという点は，「有効性評価」との関係で注目される。

第**7**章　実　施

公共サービス改革

　独立行政法人制度を含め，2000年代には政策実施機能をめぐるさまざまな改革が取り組まれた。ここで登場するのは，民営化，規制緩和，市場化テスト，PFI（Private Finance Initiative），指定管理者制度である。

　「民営化」にはさまざまな意味内容が含まれている。狭義の民営化は，政府保有株式の上場等によってその所有権を株主に移転させるものである。1980年代にはNTT，JR，JTの民営化（三公社の民営化）が注目されたが，2000年代にも日本郵政公社の民営化（2005年），道路関係四公団の民営化（2005年）などが展開した。

　「規制緩和」は，市場において経済合理性を損なう各種規制について，これを再編・改革しようとするものである。具体的には，電気通信事業，金融サービス，交通運輸（航空，タクシー，バス），有料職業紹介などの，行政指導がおこなわれていた分野での取組みが顕著である。なお，特定地域のみの規制緩和となる構造改革特区も広い意味での規制緩和に数えられる。また，貿易自由化など外国との商取引の活性化がめざされる場合も，市場のルールを統一することを目的とし，規制緩和が取り組まれることとなる。

　「市場化テスト」は，2006年の「競争の導入による公共サービスの改革に関する法律」（公共サービス改革法）によって登場した改革手法であるが，その目的は「民間事業者の創意と工夫」を期待しつつ，「公共サービスの質の維持向上及び経費の削減を図る」ものである（法第1条）。これは1980年代のイギリスの強制競争入札制度（CCT: Compulsory Competitive Tendering）やアメリカの市場化テスト（Market Testing）をモデルとしている。

　「PFI」は，1999年の「民間資金等の活用による公共施設等の整備等の促進に関する法律」（PFI法）で登場したものであるが，2011年に法改正がなされ，「公共施設等運営権」が追加されることとなった（コンセッション方式）。PFIの要点は，民間資金を活用し，民間事業者が公共施設等の施設整備をおこなったり運営管理したりする点にある。また，コンセッション方式は，民間事業者の利用料金の収受を可能とするものである。2020年に開催される予定の東京オリンピックに向けた社会資本整備でもこれが活用されている。

　「指定管理者制度」は，2003年9月施行の地方自治法改正法（自治法第244条

第Ⅱ部　政策過程とは何か

Column ⑮　センター試験と政策実施

　トップダウンアプローチの事例として理解しやすいのが，1990年から実施されている「大学入試センター試験」（独立行政法人大学入試センターが実施する試験。以下「センター試験」という）である。大学入試センター試験は，例年1月13日以降の最初の土日に，全国各地の大学等を会場とし，大学入試センターと大学との共同実施でおこなわれている。なお，2006年以降の英語科の試験ではICレコーダーを用いたリスニング試験（個別音源方式）もおこなわれている。

　センター試験は，50万人超の受験者に対し提供される試験サービスであるが，国家的に重要な入試イベントとして，「執行段階に絶対に間違いがあってはならない」という前提に立っている。社会的にもこのことが共有されており，試験実施段階のトラブルは細かなものまで報道対象となる。出題ミス，試験問題の流出，開始時間・終了時間の間違い，問題冊子の配布ミス，問題冊子の持ち出し，ICプレイヤーの配布遅延，リスニング試験時間中の機器の故障等がここに含まれる。さらに，これらのトラブルを繰り返さないためにさまざまな対策が講じられ，ルールやマニュアルがさらに精緻化されていく，という循環構造が確立している。

　センター試験は，50万人超の受験生に対して全国一斉に，また公平な試験サービスを提供するものであり，トップダウン型の政策実施の典型事例といえるものである。センター試験では，大学や実施担当者（試験監督者）の創意工夫や自発性はほとんど求められていない。何らかのトラブルが生じた際にも現場の判断によるのではなく，大学入試センターや本部の指示に基づいて対応を図ることが原則となっている。トップダウン型の政策実施では，こうした画一的対応を現場に求める点に特徴がある。

　このセンター試験も，2020年には廃止され，大学入学共通テストに移行する。新たなテストでもセンター試験でえられたさまざまな知見が活用されることになるだろう。

（K. N.）

の2〜11）により実現した制度で，従来の管理委託制度をあらため，公の施設の運営管理（公物管理）を株式会社やNPOに委託することができるとしたものである。博物館，美術館，図書館，体育館，文化ホール，福祉センター，駐輪場，公園，コミュニティセンターなどその適用範囲は広い。

　以上の諸制度は，一括してNPMに基づく改革手法と呼ばれる。また，これ

らの制度を活用した改革は「公共サービス改革」とも称される。これらの改革手法は，いずれも政策実施過程の透明化・効率化を眼目とするものである点において共通している。その際の重要な規律点は，「効率性」である。

さらに，これらの改革手法はいずれも，政策目的そのものを所与のものとして扱う（必要性論を概ね不問とする）という点でも一致している。その意味ではトップダウンアプローチの延長線上にある改革方策ということもできる。

なお，これらの改革手法の今後の課題となるのは「有効性評価」である。この点は独立行政法人制度と同様の問題状況である。

4　トップダウンか，ボトムアップか

以上の議論にくわえ，政策実施との関係でもう1つ念頭においておきたいのは，中央地方関係である。序章でも触れたが，1990年代よりおよそ四半世紀にわたって展開してきた地方分権改革は，従来型のトップダウン型の統治構造のあり方について，ボトムアップ型への変容を迫るものであった。

この新しい政府体系の中で自治体には，現場レベルでの課題発見・解決能力の向上が求められている。自治体職員に求められる「政策形成能力」とは，自治体の課題発見・課題解決能力，すなわち自治体の政策責任を問い直すものとなるものである。

しかし，いまだに自治体の政策体系は，自治体内部で完結したものとはなっていない。いいかえれば，自治体はいまだに，国・都道府県を貫く政府体系の中に組み込まれたままの状態におかれている（「集権・融合型の中央地方関係」（西尾勝 2007））。さらにいえば，国の省庁のセクショナリズムは，そのまま自治体の縦割り行政へと持ち越されており，自治体政策の断片化ないし自治体の総合的調整力の欠如の主因ともなっている。その結果，自治体政策のアウトカムを問おうとしても，政策分野によっては，都道府県や国の取組みに誘導されがちとなっている。

ボトムアップアプローチは，現場での調整力が政策効果の高低，あるいは政策そのものの成否につながるような取組みについて分析しようとするものである。中央地方関係のような政府間関係（IGR: Inter Governmental Relations）論

は，ボトムアップアプローチの議論とも重ね合わせながら議論していきたい。

参考文献

今村都南雄（1997）『行政学の基礎理論』（三嶺書房）。

伊藤修一郎（2015）「公共政策の実施」秋吉貴雄・伊藤修一郎・北山俊哉著『公共政策学の基礎』有斐閣。

大橋洋一編著（2010）『政策実施』ミネルヴァ書房。

大森彌（1981）「政策」（日本政治学会編『政治学の基礎概念1979』岩波書店，130～142頁）。

大山耕輔（2010）『公共ガバナンス』ミネルヴァ書房。

嶋田暁文（2010a）「政策実施とプログラム」大橋洋一編著『政策実施』ミネルヴァ書房。

─────（2010b）「執行過程の諸相」大橋洋一編著『政策実施』ミネルヴァ書房。

坪郷實（2006）『参加ガバナンス』日本評論社。

新川達郎編著（2011）『公的ガバナンスの動態研究──政府の作動様式の変容』ミネルヴァ書房。

西尾勝（1991）「行政裁量」西尾勝『行政学の基礎概念』東京大学出版会。

真山達志（1983）「政策インプリメンテーション研究」（『中央大学大学院研究年報』第12号Ⅰ-1，111～123頁）。

─────（1986）「行政研究と政策実施分析」（『法学新報』第92巻56号，97～162頁）。

─────（1991）「政策実施の理論」宇都宮深志編『行政と執行の理論』東海大学出版会。

─────（1994）「実施過程の政策変容」西尾勝・村松岐夫編『行政学講座　第5巻』有斐閣。

─────（2013）「政策実施過程での政策の変容」新川達郎編『政策学入門』法律文化社。

武藤博己編（2014）『公共サービス改革の本質』敬文堂。

村上芳夫（2003）「政策実施（執行）論」足立幸男・森脇俊雅編著『公共政策学』ミネルヴァ書房。

森田朗（1984）「執行活動分析試論⑴」（『國家學會雑誌』95（3・4），146～222頁）。

─────（1988）『許認可行政と官僚制』岩波書店。

─────（2007）『制度設計の行政学』慈学社。

山本啓（2014）『パブリック・ガバナンスの政治学』勁草書房。

─────編著（2008）『ローカルガバメントとローカルガバナンス』法政大学出版局。

第**7**章　実　施

Allison, Graham T. (1971), *Essence of Decision : Explaining the Cuba Missile Crisis*, Little, Brown.（宮里政玄訳『決定の本質——キューバ・ミサイル危機の分析』中央公論社，1977年。）

Birkland, Thomas A. (2016), *An Introduction to the Policy Process : Theories, Concepts, and Models of Public Policy Making*, 4th ed., New York and London: Routledge.

Pressman, Jeffery and Aaron Wildavsky (1978), *Implementation* : 3rd ed., University of California Press.

Gogin, Malcolm L. and A. Bowman, J. Lester and L. O'Tool (1990), *Implementation theory and Practice : Towards a Third Generation*, Glenview: Scott Foresman and Co.

Hill, Michael and Peter Hupe (2014), *Implementing Public Policy : An Introduction to The Study of Operational Governance*, 3rd ed., Sage.

Hjern, Benny and D. O. Poter (1980), "Implementation Structures: A New Unit of Administrative Analysys," *Organizational Studies*, 2(3): 211-227.

Lipsky, Micheal (1980 ; 2010), *Street Level Bureaucracy : Dilemmas of the Individual in Public Service*, MIT Press.（田尾雅夫訳『行政サービスのディレンマ——ストリートレベルの官僚制』木鐸社，1998年。）

Mazmanian and Sabatier (1989), *Implementation and Public Policy With a New Postscript*, Univ. Press of America.

Newcommer, Kathryn E., Harry P. Hatry and Joseph S. Wholey (2010 ; 2015), *Handbook of Practical Program Evaluation*, Jossey-Bass.

Rodes, R. A. W. (1997), *Understanding Governance : Policy Networks, Governance, Reflexivity and Accountability*, Open University Press.

———— and Mash, D. (1992), "New direction in the study of policy networks", *European Journal of Political Research*, 21 (1-2): 181-205.

Sabatier, Poul A. and Jenkins-Smith, H. (1999), "Advocacy Coalition Framework," in P. Sabatier ed., *Theories of the Policy Process*, Boulder, Westview Press.

（南島和久）

第8章

評　価
——アカウンタビリティと改善——

この章のねらい

　第8章では政策評価について概説する。政策評価は，近年の政府財政の逼迫状況や行政の信頼の低下をふまえつつ論じられてきたものであり，もっぱら政府政策を対象とするものである。前章でみたように，政策評価と政策実施との関係は，「同じコインの裏表」（Pressman and Wildavsky）にあるといわれる。なぜなら，政策実施と政策評価はともに，「政府政策をいかにコントロールするか」を共通の課題としているからである。

　本章では政策過程論や政策実施論と政策評価論の関係に注目しつつ，政策評価の基礎概念および評価制度について学ぶ。

1　政策評価の概念

政府のアカウンタビリティ

　最初に，政策評価は何のためにおこなわれているのか，あるいはおこなわれてきたのかについて整理しよう。

　政策評価の目的として掲げられるのは，「成果重視への転換」「財政逼迫への対応」「説明責任の拡充」の3つである。具体的な表現は異なるが，政策評価の法律や条例等では，これらの目的が掲げられるのが一般的である。

　第1に，「成果重視への転換」である。従来の政府政策に関する説明では，「いったいなぜ，政府政策として取り組むのか」という疑問に対して，「法律で決まっているから」「組織の方針だから」「権限があるから」などの説明が繰り返されてきた。政策評価制度では，「こうした成果・効果・結果がある」といった，政府政策の具体的な機能に関する説明の充実が期待されている。

　第2に，「財政逼迫への対応」である。政策評価には，無駄な事務事業の削

185

第Ⅱ部　政策過程とは何か

減，財政効果への貢献といったことも期待されている。今後，財政事情が悪化する際には，さらなる効率化への期待が寄せられることになるだろう。

第3に，「説明責任の拡充」である。政府政策の究極の主体は有権者たる市民である。今後，市民が政府政策に対して自覚的に責任を負うことがいっそう問われる。そのために政府政策については，さらなる透明化・可視化へと向かうことが求められる。「説明責任の拡充」については，こうした民主主義の進展という文脈をふまえて理解しておきたい。

ただし，「成果重視への転換」「財政逼迫への対応」といっても，政策評価が取り組まれるようになって，これらがどの程度進展したのかと問うならば，その答えはかならずしも肯定的なものではない。これに対して，「説明責任の拡充」については，膨大な政策実施過程の情報が提供されるようになるなど，一定の進展がみられてきたところである。

なおここでいう「説明責任」は，英語のアカウンタビリティ（accountability）の訳語である。そこに含まれるのは，単なる「行政の取組みについての市民へのお知らせ」や「広報・PR」ではない。究極の本人たる〈市民〉，あるいはその代理人たる議会・議員からの問責があって，行政機関側に〈答責〉が生じる，さらに市民・議会側に疑問が残されればそれに答えていくという循環性にこそ，その意義がある。

政策評価の概念には多様な意味内容が込められている。「政策評価とは何か」と問われた時，どのような答えを用意するべきなのだろうか。

歴史をふまえていえば，政策評価という概念には，「政策分析」「業績測定」「プログラム評価」の3種類が存在してきた。逆にいえば，「政策評価とは何か」という問いに対しては，「政策分析」「業績測定」「プログラム評価」の3つのタイプの評価類型を識別して答える，ということが考えられる（表8-1）。まずはこの点を，アメリカの政策評価の歴史と重ねながらみておこう。

政策分析（policy analysis）

最初に「政策分析」である。政策分析は，主に意思決定過程の前段階に介在し，政策の合理化をめざそうとするものである。序章や第6章で述べた「合理的決定のモデル」がその理念型であり，これを具体化したものが，1960年代の

186

第8章 評 価

表8-1 評価の基本類型

	政策分析型 （analysis）	プログラム評価型 （evaluation）	業績測定型 （measurement）
科学主義の強度	非常に強い（科学主義）	強い	弱い（実用主義）
評価時点の重心	事 前（ex-ante）	事 後（ex-post）	
基本的な手法	費用便益分析等	社会諸科学の調査手法	実施状況の監視
アウトカムへの態度	政策決定前にアウトカムを予測・分析	政策実施後にアウトカムを多面的に検証	計画で示されたアウトカムとの離隔を事後に測定
関心の焦点	合理的判断への貢献	政策の事後検証と学習	サービス提供システムの点検
具体的制度 （米・日）	PPBS，公共事業評価・規制評価・研究開発評価・ODA評価等（事業評価方式）	GAOのプログラム評価，行政評価局調査（総合評価方式），社会的インパクト評価等	GPRA，自治体評価，独法等の評価，府省の目標管理型評価（実績評価方式），事業仕分け等
その他の特徴	個別型・予測型	個別型・深掘型	総覧型・悉皆型
学問的な背景	経済学，OR，システム分析，工学など	経済学，社会学，統計学，政治学，行政学など	経営学，会計学，企業経営モデルなど

出典：筆者作成。

米連邦政府の取組みとして注目されたPPBSであった。その導入にあたってはランド研究所（RAND Corporation）が重要な役割を担った。

　PPBSは，経済学やOR，システムズアナリシスを基礎としつつ，合理的な意思決定を支えるためのシステムとして考案された。PPBSは当初は国防総省の予算編成において活用されたが，その後，一般行政事務にまで拡張されていった。しかし，行政実務のあり方や政治部門の決定を無視・軽視するかのような過度な科学主義が批判を浴びるところとなり，1970年代初頭には制度としては終焉を迎えることとなった。

　もっとも，PPBSで培われた分析手法，具体的には費用便益分析などはその後も継承されていくこととなる。たとえば公共事業評価や規制影響評価においては，その利用価値がみいだされ，洗練されていった。また，政策のあり方そのものを合理化・科学化するという発想も，その後の公共政策学に対し影響を与え続けていった。

プログラム評価 (program evaluation)

続いて「プログラム評価」である。プログラム評価は，政策分析のように政策決定の前に合理性の観点から分析をおこなうのではなく，政策が決定され，実施された後に，政策効果を明らかにすることを主な目的としておこなわれるものである。政策効果を明らかにするために社会科学の諸手法が動員される。特に社会学で用いられている社会調査の方法はプログラム評価にとって重要な意味を持っている。プログラム評価は政策効果を明らかにするために学術的な手法を応用しようとするものであり，そのため，「評価研究」(evaluation research) とも呼ばれる。

米連邦政府の場合，プログラム評価は，1970年代以降の議会付属機関である会計検査院 (GAO: General Accounting Office) において取り組まれてきたことで知られている。GAO は立法府の一機関であるが，立法府を強化する目的でプログラム評価は GAO において取り組まれていった。その背景にあったのが，ウォーターゲート事件などの疑獄による政治不信，行政国家化に伴う代議制の危機，そして連邦議会の機能強化などであった（益田 2010；Mosher 1979）。

GAO はもともと決算にかかる機関であって，公認会計士等の会計専門職を抱える組織であった。しかし，PPBS の取組みが終焉すると，行政府に所属していた PPBS のスタッフは GAO に合流することとなった。そして，議会のために政策実施過程に関する調査活動を展開させる中で，GAO のプログラム評価は確立していった（2004年に GAO は General Accounting Office から Government Accountability Office へと名称を変更した（略称はともに GAO））。

GAO のプログラム評価は，政策実施過程の調査により，政策効果をはじめとした政府政策の課題を浮き彫りにするものであった。またそのレポートは客観的で信頼性のあるものであるとされてきた。GAO のプログラム評価は，学識経験者やシンクタンク等の知見を活用するなど，評価活動そのものも社会的な広がりとともにあった。アメリカでは政策産業 (policy industry) という表現があるが，上記のような政策評価の展開もこれに関係している。

「業績測定」(performance measurement)

最後に，「業績測定」である。業績測定は政策分析やプログラム評価のよう

第8章 評 価

に，学術的な意味での厳密な方法論には強くこだわらない。その手法は民間企業で用いられている「目標管理」の仕組みをモデルとするものであり，「あらかじめ定められた目標に対する実績の測定」をおこなおうというものである。業績測定は，政策現場において取り組みやすく，また予算編成に連動させうるという実用性にも特徴がある。

業績測定型の評価は，米連邦政府の場合には，GPRA（Government Performance and Results Act, 1993）という法制度の下で展開した。GPRA はビル・クリントン（B. Cliton）民主党政権下で登場し，民間経営手法を摂取する（＝NPM）という文脈のもとにあった。

その後のジョージ・W・ブッシュ（G. W. Bush）共和党政権下では，この GPRA の枠組みのもと，「予算との統合」が熱心に取り組まれた。共和党と民主党では，「小さな政府」「大きな政府」という標語にも示されるように，財政規律への政治姿勢が異なっている。ブッシュ共和党政権では，一般行政にかかる財政規律が重視されていた。

さらに，バラク・オバマ（B. Obama）民主党政権が成立すると，GPRA は2010年の GPRAMA（GPRA Modernization Act, 2010）によって抜本的に改革された。GPRAMA の枠組みのもとでは，組織の幹部や議会へのアカウンタビリティの確保を目的として，重点目標たる APG（Agency Priority Goals）や省庁横断目標たる CAPG（Cross Agency Priority Goals）が新たに導入された。ひとことでいえばこれらは「評価の重点化」を狙うものであった。その目的は，特定の政策に対する深掘り（in-depth）した分析をおこなうことや，組織内部の幹部会合で共有するなどリーダーシップとの接合を図ろうとした点にあった。これらは業績測定の弱点を補強しようとして考案されたものである。

以上の3つの評価類型のうち，こんにちの主流は業績測定とプログラム評価の2つである。政策分析は行政機関にとっては将来予測を伴うので難易度が高いとされており，限定した政策領域において活用されるにとどまっている。

業績測定とプログラム評価との関係は，しばしば対立し，「評価対測定」（Evaluation vs. Measurement）と呼ばれている。プログラム評価は，相応の費用や時間を要する。これに対し業績測定は，行政機関が取り組みやすい。プログラム評価は客観的で信頼性のある情報をうみだすが，業績測定はこうした面で

第Ⅱ部　政策過程とは何か

不十分である。他方，双方の役割の違いを踏まえ，両者は「測定＋評価」（Measurement and Evaluation: M&E）であるともいわれる。これは両者に相互補完性があることを表現しようとするものである（Hatry 1999=2004）。

単年度予算とアウトカム

業績測定のアウトカムの追求には限界があり，「評価疲れ」の主因ともなっている。ここでは広く政府機関に導入されている業績測定とアウトカムとの関係について3つの基本論点を踏まえておくことにしよう。

第1に，単年度予算主義との乖離の問題である。行政機関は単年度予算の上で活動を展開させているが，これに対してアウトカムは，しばしば複数年度にわたってその効果を発現させるものとなる。さらに，アウトカムには，「短期アウトカム」「中間アウトカム」「最終アウトカム」などの時空間的な広がりがある。単年度の行政活動からみれば，これらのうちの「短期アウトカム」はみることができたとしても，「最終アウトカム」までをも洞察することは困難であることが多い。

アウトカムの断片化

第2に，アウトカムの断片化（fragmentation）問題である。「最終アウトカム」を検証しようとする場合には，行政機関の活動単位である事務事業から離れて，関連する他の部局が所管する事務事業との関係にも目配せをしなければならない。逆にいえば，個別事務事業のアウトカムを厳格に検証しようとするならば，複数の事務事業，他機関の動向，社会経済状況などの「外部要因」を徹底して排除しなければならないということになる。

たとえば，合計特殊出生率の改善のためには，啓蒙を含めた婚活支援，医療機関における不妊治療，産後のケアや母子保健事業，子育て支援としての幼保関係事業，働く女性を支援するための社会的な取組みの展開，男性の育児参加，企業・団体の協力などが考えられる。それぞれの事業は個別の担当部局に所管されているが，この中で「合計特殊出生率の改善のために婚活支援という行政活動がどの程度有効に作用したか」を明らかにするためには，行政活動の効果・影響をすべて網羅し，その具体的効果・影響をつきとめ，さらにそれらの

第8章 評価

効果・影響の外部要因を排除しなければならない。もちろんこれは容易な作業ではない。そのうえさらに，個別の事業ごとの効果・影響を取り出せるのかということになる。「最終アウトカム」と個別の事務事業を所管する部局との距離は，このようにしばしば乖離しがちなのである。

欠陥業績指標問題

第3に，欠陥業績指標（poor performance）問題である（Behn 2014）。業績測定はしばしば予算編成過程で活用されている。そして，そのために予算要求をおこなうあらゆる事務事業に対してアウトカムが求められがちである。もともと，アウトカムは対人サービス（human service）業務について要請されてきたものであった（たとえば医療・福祉・介護や教育など）。しかし，予算編成と連結した評価システム＝業績測定の制度が構築されていく中で，上記以外のバックオフィス業務（人事・総務・会計・広報，交渉・調整関係など）やロジステイクス業務（会議の運営や講演会の開催事務など），窓口業務，その他の羈束系業務なども業績測定の対象とされるようになった。ところが，これらの業務には，およそアウトカムが発生しない，あるいはアウトカムを表現することがそもそもなじまない。その結果として，無意味な業績情報や極度に断片化された業績情報，あるいはその他意思決定に利用できない業績情報などを産み出すことにつながってしまっている。

これらの問題への対処方策としては，GPRAMA にみられたように，「評価の重点化」が有力な処方箋となるだろう。「評価の重点化」のためには，「プログラム評価」などの深掘型評価の活用や，政治部門や組織の幹部のコミットメントなどが考えられる。しかしその前にアウトカムの追求にはなじまない業務も数多く存在するという点についても考慮されなければならないだろう。

2　日本の政策評価

自治体評価

つぎに日本の政策評価の具体的な制度についてみていくことにしよう。

日本で政策評価が本格的に取り組まれるようになったのは，1990年代の後半

からであった。自治体では1996年の三重県における「事務事業評価システム」の取組みにはじまり，1997年には北海道の「時のアセスメント」が登場した。前者の「事務事業評価システム」は広く自治体の事務事業を対象とするものであり，後者の「時のアセスメント」は公共事業の再評価に関する取組みであった。

　三重県の「事務事業評価システム」は，約34〜35億円もの削減効果をもたらしたものとして全国的に知られるようになった。その手法は，事務事業を対象としてその所管部局が自己評価をおこない，これをもとにして予算要求をおこなうというものであった。また，ここでの自己評価の方法は，事務事業の目的を確認し，成果指標を掲げ，その結果を検証するというものであった。これ以降，予算査定に連動した同様の手法が全国的におこなわれるようになり，1990年代の終わりから2000年代の前半にかけて多くの自治体で「行政評価」（上山信一 1998）という呼称が普及した。なお，この三重県の事例は，その後，中央省庁等改革の際に，国の府省の評価制度の設計の際にも参照されたものである。

　三重県において参照されていたのが，アメリカのGPRAであった。このほか三重県が参照していたのはNPMの教科書のひとつとされていたデイビッド・オズボーンとテッド・ゲーブラー（D. Osborne and T. Gabler）の『行政革命』（1993年）であった。GPRAにしろ，NPMにしろ，そこでめざされていたのは民間企業の経営手法の摂取であった。その基本的な考え方は，「顧客志向」や「成果重視」と表現されるものであった。

　これに対し，北海道の「時のアセスメント」は，大規模公共事業の見直しの方法として脚光を浴びた。「時のアセスメント」は，「時の経過」をふまえ，社会環境が大きく変化する中で，あらためて点検・評価が必要な取組みについて，多角的・多面的な視点から検討をおこなおうとするものであった。この北海道の取組みについても，財政縮減効果が期待できるものとして注目を集め，国の公共事業再評価などにおいて参照された。

　2000年代前半には自治体において，「政策評価条例」の制定も相次いだ。条例化に取り組んだ自治体では，安定的かつ継続的に自治体評価が取り組まれるようになっていった。同時期，自治体評価関係で注目を集めていたのは，首長のマニフェストに対する「マニフェスト評価」や，「事業仕分け」であった。

第8章　評価

── *Column* ⑯　自殺対策の評価 ────────────────

　政策評価で用いられる「プログラムセオリー」「プログラムプロセス」「プログラムアウトカム」の3つを政府の自殺対策を例にとって説明してみよう。

　「プログラム・セオリー」はプログラムの設計図に該当する。自殺対策では，自殺対策基本法や自殺総合対策大綱，各種の補助要綱等がこれに該当する。この設計図は関係者間で共有されていなければならない。しばしば，この設計図は明示的でなく，共有もされていない。自殺対策基本法が登場する以前の状態がまさにそれであった。

　つぎに「プログラム・プロセス」である。プログラム・プロセスとは，設計図とおりにプログラムが実施される過程である。自殺対策では精神医療・公衆衛生といった医療系のアプローチが支配的である。他方，自殺はかならずしも医療機関において治療を受けている人だけの問題ではない。いじめや進学・就職の失敗，不適切な労働環境などその契機は身近に存在している。すなわち，自殺の問題は社会問題として捉え直すことが重要である。このような場合には医療系のアプローチだけなく，広く社会的な啓蒙をおこなうといったアプローチも求められる。自殺総合対策大綱では，こうした視角が重視されている。

　最後に「プログラム・アウトカム」である。プログラム・アウトカムは，プログラムの効果に焦点を当てようとする。上記の政府大綱では，「平成28年までに，自殺死亡率を17年とくらべて20％以上減少させる」＝「2万4,428人以下」が目標とされていた。これに対して2016（平成28）年の自殺者数は，2万1,764人（警察庁速報値）であった。すなわち目標は結果として達成された。しかし，この結果が政府政策によってもたらされたものであるのかという点については分析・検証をしなければわからない。すなわち，プログラム・アウトカムによって効果が発現したのか，それともプログラムの外部要因によってこれがもたらされたのかという点については実証的に検証されなければならない。

（K. N.）

────────────────────────────

　また，2010年代になると，地方創生が注目される中で，「重要業績評価指標」（KPI: Key Performance Indicatior）やこれを推進するための「PDCA サイクル」（Plan-Do-Check-Act の4要素で表現されるマネジメント・サイクルの一種）が話題を集めていった。

第Ⅱ部　政策過程とは何か

国の府省の評価

　国の府省の評価が本格的に取り組まれるようになったのは2001年1月の中央省庁等改革以降である。その後，同年6月には「行政機関が行う政策の評価に関する法律」（政策評価法。平成13年法律第86号）が成立した。

　国の府省の評価は中央省庁等改革（2001年1月6日）とともに導入された。その根拠法は新設された内閣府設置法，改正国家行政組織法および総務省設置法であった。内閣府設置法および国家行政組織法では，中央省庁等改革の際に新たに「内閣の統括の下に，その政策について，自ら評価し」との文言が追加され（内閣府設置法第5条第2号，国家行政組織法第2条第2項），これを根拠として政策評価が取り組まれることとなった。また，総務省設置法では総務省行政評価局の所掌事務として政策評価に関する事務が書き込まれた。

　その後に制定されたのが「政策評価法」であった。そこでは，政策評価の目的および基礎概念や，国会への報告手続きなどが整理された。このとき整理された基礎概念には，「政策」「必要性」「有効性」「効率性」「政策効果の把握」「事前評価」「事後評価」などが含まれていた。また，巨額の予算を要する「公共事業」「研究開発」「政府開発援助」（ODA）については事前評価が義務付けられた。この「義務付け評価」については後年，「規制評価」と「租税特別措置の評価」が追加され，全部で5分野におよぶものとなった。

　中央省庁等改革に前後し，旧総務庁が培ってきた旧行政監察も再整理された。新しい総務省設置法に基づくものとして「行政評価・監視」が，政策評価法に基づくものとして「統一性・総合性確保評価」および「客観性担保評価」が，それぞれ登場した。「行政評価・監視」と「統一性・総合性確保評価」は，のちに「行政評価局調査」として一括されるようになった。

　総務省の行政評価局調査は，日本版のプログラム評価といえるものである。行政評価局調査では，各府省の政策実施過程に対する綿密な調査をふまえ，勧告等がおこなわれている。また，総務省が評価専担組織としておこなう客観性担保評価は，各府省の政策評価の実施状況をふまえ，その品質管理をめざすものであって，その内容は「評価の評価」または「メタ評価」（meta-evaluation）ということができるものである。

　これらの評価活動のうち，府省がおこなう自己評価活動については，自治体

の場合とは異なり，導入当初は予算査定との連携が希薄であった。しかし，2009年に民主党等連立政権が登場すると，予算査定との関連性が強い事務事業レベルの評価活動が追加されることとなった。「事業仕分け」「政策仕分け」「行政事業レビュー」がそれである。

これらのうち行政事業レビューについては，2012年の政権再交代を経てもなお継承されており，政策評価との連携が徐々に図られている状況にある。ただし，府省の自己評価よりも後発となった行政事業レビューは，政策評価法の枠外とされたままであり，この二者はシステムとして統合されているわけではない。

以上は行政府の動向である。これに対して近年では立法府の動きも顕著である。2015年7月8日には参議院本会議では，同年が「国際評価年」であることをふまえつつ，「政策評価に関する決議」がおこなわれた。同決議は2003年の「政策評価制度に関する決議」，2005年の「政策評価の見直しに関する決議」に続く3度目の決議であると同時に，10年ぶりの決議となるものであった。政策評価論の一分野である評価文化論（evaluation culture）においては，立法府と政策評価との関係について，国際的に日本が立ち遅れていることが指摘されている（Frubo *et al.* 2002）。この意味において，これら一連の決議には重要な意味がある。

評価をめぐる動向

日本の公的部門における政策評価の取組みは，評価の制度化として展開してきた。また，その最大の効用は膨大な行政機関内部の情報が社会的に提供されるようになった点にあった。政策評価の眼目を政策実施過程の透明化・可視化にあるとするならば，その目的は十分に果たされているといえる。

さらに政策評価法の枠外でも，自治体評価，大学・学校の評価，医療等の分野における専門的評価，NPOの評価，各種大綱等に基づく評価などが展開している。公的部門をめぐる評価の普及状況は，1990年代前半とは比較にならない規模となっている。また，前章で触れた，独立行政法人，PFI，指定管理者制度などでも各種の評価活動が取り組まれており，会計検査院も「有効性検査」の名称でプログラム評価に近い取組みを展開させている。その外延は拡張の一途を辿っており，今後とも，財政状況の悪化，政府の信頼性の低下などの

第Ⅱ部　政策過程とは何か

要因が重なれば，さらなる拡張の可能性も見込まれる。

　ただし，政策評価の取組みについては，依然として制度面の充実にとどまっているといわなければならない。民主主義の進展をめざす立場からいえば，市民の合理的判断が作動する水準の情報提供機能が，評価システムに対して求められる。特に，政策効果や政府政策の有効性＝アウトカムそのものに関する情報提供については依然として不十分な状況にある。

　いくら行政機関側の説明が充実したとしても，専門知識がなければ理解できないような情報が氾濫するだけでは，民主主義の進展には貢献できない。ここには，複数の評価が登場し，それらが交錯する状況の交通整理も求められる。さらに，政策実施過程の透明化・可視化の向こう側に，失敗政策についての政府の適切な対処も期待される。以上のような課題は評価システムにとどまらず，政府政策全体の課題として捉えておきたい。

3　政策過程と政策評価

政策過程における政策評価

　政策評価の理論的な側面にも目を向けておこう。

　政策評価は政策過程の1つの段階として整理されている。この，「政策評価は政策過程の1つである」という説明は，日本の公共政策学における通説となっている（大森 1981）。この通説に対して以下の3点を補足しておきたい。

　第1に，政策評価を政策過程の一環に位置づけるという通説は，政治学者・行政学者の間で広く共有されている。近年の政治学の標準的な教科書では，この通説が標準的な内容とみなされている。行政学系の教科書においても同様の理解が共有されている。

　第2に，政治学系と行政学系ではその扱いに若干の違いがみられる。政治学では政策過程のうち，「前決定過程」が重視される。ここでは，政策評価で出力・産出された情報（評価結果）は，「前決定過程」にフィードバックされるものとして描かれる。たとえば山川雄巳（1994：65）はこのフィードバックについて，「政府や経済計画を実績にもとづいて修正したり，政治家や国民が歴史的経験をふまえて，みずからの政治行動や政治に対する考えを改める」と説明

している。近年の政治学の標準的な教科書においても，あるべき規範論と断ったうえで，政策評価の結果は政策決定へと接続されるべきであるとする理解が示されている。

これに対して行政学では，フィードバック先として「政策実施過程」が示されている。行政学は政府政策の決定後の局面，特に官僚制を中心とする政策実施そのものを研究対象としている。そこでは政府内部の政策資源（ヒト・モノ・カネ）の獲得が焦点となり，政策評価はしばしばここに関連づけられている。

第3に，政策評価論におけるこの通説の取り扱いはどうだろうか。政策評価論における政策過程の説明は，政治学・行政学の通説とは大きく異なる。政策評価論では，そもそも政策過程や政策実施に関する説明が省かれている。その理由について山谷清志（2012）は，評価学の理論蓄積が政策過程論の登場以前よりおこなわれてきたことを指摘している。そのうえで山谷は，1980年代以降に政治学分野において政策過程論の中に政策評価が組み込まれるようになったこと，さらに1990年代以降はもっぱら実務的知識として政策評価が活用されてきたことなどを指摘している。

真山モデル

政策過程と政策評価の関係についてさらに踏みこんでおこう。

政策実施研究の第一人者である真山達志は，1999年の公共政策学会での報告（真山 1999）において政策評価が政策過程の一環であるとする通説に対する修正を試みた。ここではそれを「真山モデル」と呼ぶ（図8-1）。

図8-1に示された真山モデルの特徴は以下の4点である。第1に「政策評価」が政策過程から完全に除外され，「政策評価研究」として括り直され，「政策実施研究」と対応関係におかれている。第2に政策実施の後のプロセスについては，「政策評価」ではなく「政策の成果」「政策の効果」とされている。第3に「公式の政策」後のプロセスが「政策実施研究」とされ，「政策決定研究」と分担関係におかれている。第4に「政策決定研究」と「政策分析研究」が対応関係におかれている。

これらのうち重要な点は，第2の，政策実施の後のプロセスが「政策評価」

第Ⅱ部　政策過程とは何か

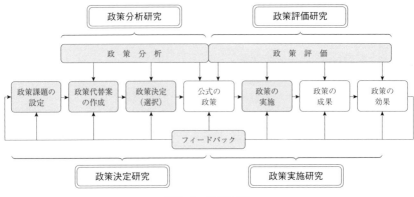

図 8-1　真山モデル

出典：真山（1999：15）。

ではなく，「政策の成果」「政策の効果」とされている点である。真山モデルでは，政策過程の中に政策評価は位置づけられていない。そのかわりに「政策の成果」「政策の効果」が政策実施後のプロセスとして位置付けられている。このモデルは，第7章でもみたように政策実施・政策評価論では一般的なものである。

　政策実施論ではこうした循環モデルを「サービス提供システム」と呼んでいた（第7章参照）。政策評価論では，これを「プログラムセオリー」（program theory），あるいは「ロジック・モデル」（logic model）と称している。その内容は共通である。真山モデルはこの政策実施論・政策評価論の蓄積をふまえ，プログラムそのものおよびプログラムの実施の結果であるアウトカムまでを一連のストーリーとして表現しようとしたものである。

　真山モデルにはもう1つ重要な意味が込められている。それは，「政策分析研究」「政策決定研究」「政策評価研究」「政策実施研究」という4つの学問領域が相互に独立するものとして表現されていることである。真山は，「一部の例外」を除いてこれらの研究交流が十分に図られていないとしている（同上：15）。ここでいう「一部の例外」とは，政治学・行政学の間の交流である。そのうえで真山は，「政策過程のどの段階に関心があるかによって，中心になるアプローチに違いが出ており，それぞれのアプローチが独自の専門性を主張して，独自の言語で論じているかぎり，政策過程全体を包括的に捉える理論の構

築は難しいと言わざるを得ない。」（同上）と指摘している。この論点は公共政策学全体にかかわる課題である。

評価関連の諸概念

つぎに，政策実施と政策評価との間のより具体的な関係について議論してみよう。第7章では，トップダウンアプローチとボトムアップアプローチがあることを説明していた。政策評価は実務上も研究上もこれらのうち，トップダウンアプローチとの関係が深い。政策実施と政策評価を「同じコインの裏表」とする表現も，もっぱらトップダウンアプローチを念頭におくものである。

トップダウンアプローチでは，オークランドプロジェクトの分析でもみられたように，決定済みの政府政策の実施過程を対象としている。このアプローチでは，政府政策の決定を所与とし，その後の過程を追跡しようとしている。その前提におかれているのは，「政府政策全体のコントロール」である。そして，「政府政策全体のコントロール」の前提となるのが，「サービス提供システム」の全容解明である。

真山モデルを踏まえていえば，「サービス提供システム」の全容解明が，政策評価に期待される役割の1つである。「サービス提供システム」の全容を解明するため，政策評価論ではいくつかの概念が登場する。「事前評価」と「事後評価」の区別，「形成的評価」と「総括的評価」の区別，「アウトプット」と「アウトカム」の区別などがそれである。ここで，これらの概念枠組みについて簡単にみておこう。

政策評価には多様な種類の概念が登場するが，そのもっとも大枠の整理が，「事前評価」と「事後評価」の区別である。この区別は，政策決定のタイミングを軸に，これよりも「前の時点」（ex-ante）か，それとも「後の時点」（ex-post）かを分岐線とするものである。

「事前評価」は公共事業など埋没費用（sunk cost）が大きいものについて特に重視される。その対象となるのは，中長期にわたりかつ費用が巨額となる「公共事業」や「研究開発」，あるいはいったん開始すると撤回が難しい「政府開発援助」（ODA）や「規制」などである。その手法は，「費用効果分析」（cost effective analysis）や「費用便益分析」（cost benefit analysis）が主軸となる。こ

第Ⅱ部　政策過程とは何か

れらの手法は,「政策分析」のカテゴリーに属する。

　これに対して「事後評価」は,上記以外の一般行政活動にまでその対象を拡張するものである。事後評価には,政策実施中におこなわれ,サービス提供システムを調整していく「形成的評価」(formative evaluation),および政策実施後に政策の最終的な効果や影響を多面的総合的に検証する「総括的評価」(summative evaluation) という区別がある。

　「形成的評価」は,しばしば予算編成に連動しておこなわれる。その中心的な手法は,事前に設定した目的目標の達成度の検証をおこなう「業績測定」や「モニタリング」である。この際,目的目標は,「アウトプット」レベルや「アウトカム」レベルの各種の定量的な業績指標 (performance indicator) が用いられる。この種の評価は,行政機関や事業実施を担うその他の機関によって取り組まれている。

　これに対して「総括的評価」は,もっぱらサービス提供システムの最終局面で登場する。総括的評価では,第三者による検証など,外部性や客観性の高さなどが求められる。総括的評価の結果は,社会的に共有されたり,政策決定者にフィードバックされ,政策・制度の見直しに利用されたりする。「プログラム評価」は,この総括的評価の代表的手法である。

　なお,「形成的評価」「総括的評価」の区別は大雑把な整理として意味を持つが,評価手法の具体的手順を表現するものではない。この整理はあくまでも説明上の便宜である。

4　プログラムの概念

機能概念としてのプログラム

　ここまで,特に断らずに「プログラム」という表現を用いてきた。他方,第1章においては,「政策・施策・事務事業」の体系性を指摘していた。「プログラム」という用語法では,この体系性は等閑視されている。それはなぜなのだろうか。

　政策評価では,政策体系上のどの階層であっても「プログラム」,あるいはその代替としての「プロジェクト」という用語が用いられる(以下では便宜的に

200

第8章 評価

Column ⑰　政策終了論

　政策終了は，政策の「立案」「決定」「実施」「評価」に続くプロセスである
とされている。ただし，政策終了は公共政策学の研究として取り組むことは難
しいといわれてきた。主な理由は以下の3点である。

　第1に，政策終了は「政治的決断」によるものだからである。政策過程のう
ち，「立案」「決定」「実施」「評価」は，その大半が行政機関の内部でおこなわ
れている。これらに対して政策終了は，政策過程に「ピリオドを打つ」という
異質な存在である。これが典型的に観察されるのは政権交代時である。トラン
プ政権における TPP 離脱やオバマケアの廃止，イギリスのブレグジットなど
はその典型だろう。それらは政治的決断以外ではうまく説明できない。

　第2に，政策終了は「合理性」だけではそのすべてを説明できないからであ
る。「政府の失敗論」や「公共財の理論」のように政府活動の理論的整理をめ
ざそうとするものもある。しかし，こうした理論だけで政策終了のすべてを説
明できるわけではない。たとえば，2000年の地方分権改革で展開した機関委任
事務の全廃はひとつの政策終了でもあったが，その中身は地方分権推進委員会
と各官庁の個別交渉によるものであった。

　第3に，どこまでが政策終了と呼んでいいのかという点がはっきりしないか
らである。たとえば，2016年には「高速増殖炉もんじゅ」の廃炉が決定された。
この場合，「高速増殖炉もんじゅ」の廃炉はひとつの政策終了である。ただし，
より上位の核燃料サイクル政策は終了したわけではない。それではわれわれは
どこまでを政策終了とみなしてよいのか。事例を選択する際には，つねにこの
ことが問題となるのである。

　なお，国内の政策終了論については岡本哲和が第一人者である。また，政策
終了論の学会での特集として，日本公共政策学会の年報『公共政策研究』の第
12号（2012年）の記事もある。あわせて参照していただきたい。　　（K. N.）

「プログラム」とする）。なお，ここで用いられる「プログラム」の概念は厳密な
ものではなく，その単位の規模は大小区々であり，複数の事業が複合するよう
なものも含まれている。

　それでは，「政策・施策・事務事業」に相当する用語が，政策評価論におい
てまったく見当たらないのかといえばそうではない。たとえば，図8-2を参
照すると，「政策」は「長期アウトカム」に，「施策」は「中間アウトカム」に，
事業は「アウトプット」に置換されている（三好編 2008：7）。「長期アウトカ

201

第Ⅱ部　政策過程とは何か

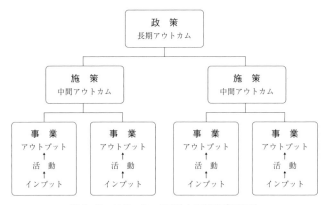

図8-2　ロジック・モデルと政策体系の関係
出典：三好編（2008：7）を一部改変。

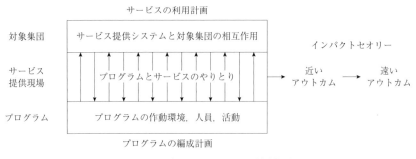

図8-3　プログラムセオリーの見取り図
出典：Rossi *et al.*（2004）．

ム・中間アウトカム・アウトプット」とは，第7章で紹介したロジック・モデルの構成要素の一部である。すなわち，同じ内容を持つ概念がほかに存在しており，政策評価論では，公共政策学とは共通の概念枠組みが利用されていないのである。

つぎに，政策評価論では「プログラム」概念はどのように理解されているのかという点をみていこう。

図8-3は，プログラムの概念を模式的に描いたものである。図8-3では，対象集団に対してプログラムによる〈介入〉が起こると，そこで一定の相互作

用が発生し，その結果として対象集団の〈変化〉が観察されることが描写されている。この対象集団側で起こる〈変化〉が「アウトカム」と呼ばれるものである。いいかえればここでは，対象集団の，プログラムによる介入の前の状態と後の状態の「差分」をプログラムの機能＝アウトカムとして認識している。

　あらためて，政策評価でいうプログラムとは，社会問題をどのように解決したのかを問う機能概念であることを確認しておきたい。このプログラムという機能概念は，最終的にどの程度社会問題を解決することができたのか（アウトカム），という点を問うための道具立ての1つである。この，アウトカムを検証するための具体的手段が，「プログラム評価」である。プログラム評価の中心課題は，社会問題の解決の度合い＝最終的なアウトカムの水準を多面的総合的に浮き彫りにし，記述することにある。

評価の厳密性と客観性

　方法論に注目していえば，プログラム評価は社会学で用いられている社会調査の方法や統計学，経済学等におけるモデル分析の手法などを現実の政策のレビューに応用しようとするものである。プログラム評価が社会科学の研究方法を「応用」しようとするのは，評価結果の客観性・信頼性を重視するためである。

　近年，政策評価においては，「証拠に基づくアプローチ」（evidence based approach）が注目されている。「証拠に基づくアプローチ」は医療・医学や教育・心理学の臨床分野では基礎事項であるが，このアプローチが要請するのは，単なる「事実」に基づいていることではなく，「科学的根拠」に基づくことである。政策評価との関係では，特に必要性の検証やアウトカムの精査について，これが望ましいとされる。

　ただし，現実の政府政策は，多様なステイクホルダーの中にあって，さまざまな角度から批判を受ける社会的・政治的な存在でもある。政府は政府政策に寄せられる批判に対して，適時適切な説明をしなければならない。政府の立場からいえば，現実の政治過程においては，費用・時間を要する研究ベースの調査分析をおこなうことよりも，適時適切なタイミングで対応することのほうが優先される。ここから，厳密で科学的な評価を諦め，簡素で利便性の高い評価

第Ⅱ部　政策過程とは何か

手法の開発が求められたりする。このジレンマの解消もまた，政策過程全体の課題である。

評価階層の理論

プログラム評価の前提となるのが，「プログラムをいかに記述・説明しうるか」という問題である。ここに登場するのが，「評価階層の理論」である。これは政府政策に寄せられるさまざまな立場からの批判を経験的に整理しようとするものである。

「評価階層の理論」は，政策評価に関する標準的教科書として著名な，ピーター・ロッシ（P. Rossi），マーク・リプセイ（M. Lipsey），ハワード・フリーマン（H. Freeman）の『評価：システマティック・アプローチ』（Evaluation: A Systematic Approach）において示された考え方である。副題の「システマティック・アプローチ」とは，「評価階層の理論」のことであるが，意訳すれば「政府政策を体系的に記述する方法」である。

政府政策にはどのような批判が寄せられるのか。そこには以下の5点が含まれる。第1に，そもそもプログラムが「必要」なのかという点である。第2に，プログラムが適切に「設計」されているのかという点である。第3に，プログラムの「実施」は適切なのかという点である。第4に，プログラムの「効果」は適時適切に発現しているのかという点である。第5にプログラムの費用面は「効率」的なのかという点である。以上の，「必要」「設計」「実施」「効果」「効率」をめぐる5つの問いは，政府政策に対して投げかけられる基本的な批判である。

政策評価はこれらの批判に対応するかたちで発展してきた。図8-4は，これらの批判に対応するかたちで展開してきた政策評価の種類を整理するものである。また図8-4は，政策評価の全体像を俯瞰するものとして参照することもできる。

第1階層（最下層）におかれているのは「プログラムの必要性に関する評価」である。「必要性の評価」がこれに該当する。プログラムはまず何よりも解決すべき社会問題そのものを対象とする。ただし，その必要性がどの程度の深刻さであるのか，ほんとうに政府政策として解決をするべきなのかという点につ

第8章 評価

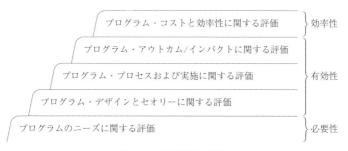

図8-4　評価階層の理論
出典：Rossi *et al.* (2004) を一部改変。

いては，十分な精査が必要である。特段解決すべき問題が見当たらなかったり，あるいは解決すべき課題があったとしても実行可能性に乏しかったりすれば，政府政策として採用することは不適当となる。また，いったん政府がはじめた政府政策は終了（termination）することが難しい（コラム⑰参照）。そこで，事業に着手する前に政策の必要性は精査されなければならないということになる。最終的な政府介入の是非をめぐる判断は，政治的におこなわれる。しかし，その前段において可能なかぎり合理的な根拠を明確にする努力が求められる。「必要性の評価」はこの役割をひきうける位置にある。

　第2階層から第4階層（中段の3つの階層）におかれているのは「プログラム・デザインおよびプログラム・セオリーに関する評価」「プログラム・プロセスおよび実施に関する評価」「プログラム・アウトカム／インパクトに関する評価」の3つである。これらは「セオリー評価」「プロセス評価」「アウトカム評価」とも呼ばれる。この3つの評価は相互に連動しており，「有効性の評価」に関係している（表8-2）。アウトカムを多面的かつ徹底的に明らかにするためには「アウトカム評価」が求められるが，政策実施に問題がある場合にはアウトカムを検証する前にサービス提供システムを綿密に点検しなければならない。「プロセス評価」の役割はこれである。また，サービス提供システムでは，政策デザインやそのロジックが適切であるのかということが前提となる。「セオリー評価」はこの政策デザインやロジックの検証に関連するものである。

　なお，第7章では，「失敗政策」には「政策デザインの失敗」と「政策実施の失敗」があると指摘していた。すなわち，「アウトカム評価」は，「政策の失

第Ⅱ部　政策過程とは何か

表8-2　プログラム評価の主要要素

主な関心	プログラムの機能的側面		
評価の種類	セオリー評価	プロセス評価	アウトカム評価
志　向　性	プログラムセオリーに基づく因果関係の設定やデザインは適切か。	プログラムプロセスはプログラムセオリーに基づき正しく実施されているのか。	プログラムは対象集団に対してどのような影響を与えているのか。

出典：筆者作成。

敗／成功」の判定に関係し，「プロセス評価」は「政策実施の失敗」に対応し，「セオリー評価」は「政策デザインの失敗」に対応している。

　第5層におかれているのは「プログラムのコストと効率性に関する評価」である。これは「効率性の評価」と呼ばれる。政府政策について最後の段階で問われるべきなのは効率性である。ここではプログラムの費用面が集中的に検証される。たとえば，「費用効果分析」「費用便益分析」などの手法は効率性を検証するためのツールに数えられるだろう。なお，効率性ばかりを先行させれば，プログラムの本来の機能が毀損されるおそれも出てくる。この意味で，図8-4では，「効率性の評価」はあくまでも最後の段階で検証されるべきものとして位置づけられている。

　「評価階層の理論」について，以下の4つの補足をくわえておこう。

　第1に，図8-4の内容は「必要性の評価」「有効性の評価」「効率性の評価」の三本柱で成り立っている。この三本柱は現代の政策評価における，代表的な3つの評価規準である。

　第2に，「評価階層の理論」は，異なる評価間の階層関係や評価の全体像についての理解を助けてくれる。「必要性」を不問に付せば「有効性」の議論は成り立たなくなる。同様に，「必要性」「有効性」が揺らいでいたままでは，十分に「効率性」の議論をすることができない。「有効性」の中に含まれる，「セオリー評価」「プロセス評価」「アウトカム評価」の間の関係についても同じように階層関係がある。すなわち，この理論は評価間関係の見取図としてみることもできる。

　第3に，行政機関の外部の視点と内部の視点との間には乖離があるという点である。行政機関の外部から政策のアカウンタビリティを確保しようとする時，

しばしば「無駄な事務事業はないか」「政策の効果は適切に発揮されているのか」という点が問われる。そのベクトルは，図8-4の上から下に向かう。しかし，行政機関の内部からの説明は，「必要性や法律に基づいている」「適切に設計・実施されている」ことが主張されがちである。そのベクトルは同図の下から上に向かうものである。ここで注目しておきたいのは，行政機関外部からの〈問責〉と行政機関内部からの〈答責〉のベクトルが一致していない点である。この「問い」と「答え」の乖離は，各主体間のディスコミュニケーションの原因ともなっている。

　第4に，これらの議論の前提になっているのが「プログラム」の概念である。しかしながら，行政活動の現場ではこのプログラム概念が十分に活用・共有されていない。プログラムの概念は政策評価論の登場によってあらためて議論されるようになったものである。公共政策学にとって政策評価論の最大の貢献は「プログラム概念の発見」にあるともいえる。それは政策実施過程におけるサービス提供システムやロジック・モデルによって表現されるものであり，従来はブラックボックスの中にあって「見失われた環」（missing link）と呼ばれていたものである（南島 2017）。

参考文献

今村都南雄（1997）『行政学の基礎理論』三嶺書房。

―――・武藤博己・沼田良・佐藤克廣・南島和久（2015）『ホーンブック基礎行政学（第3版）』北樹出版。

上山信一（1998）『「行政評価」の時代』NTT出版。

大森彌（1981）「政策」日本政治学会編『政治学の基礎概念1979』岩波書店，130～142頁。

金井利之（2010）『自治体行政学――自治基本条例・総合計画・行政改革・行政評価』第一法規。

行政管理研究センター編（2008）『詳解・政策評価ガイドブック――法律，基本方針，ガイドラインの総合解説』ぎょうせい。

佐々木亮（2010）『評価理論――評価学の基礎』多賀出版。

田辺国昭（1998）「政策評価」（森田朗編『行政学の基礎』岩波書店）。

長峰純一（2014）『費用対効果』ミネルヴァ書房。

南島和久（2017）「行政管理と政策評価の交錯――プログラムの観念とその意義」

（『公共政策研究』(17)）。

西尾勝（1990）『行政学の基礎概念』東京大学出版会。

益田直子（2010）『アメリカ行政活動検査院——統治機構における評価機能の誕生』
木鐸社。

真山達志（1999）「公共政策研究の一つの捉え方——主として行政学の立場から」
（『日本公共政策学会年報1999』(http://www.ppsa.jp/1999toc.html/)）

源由理子編（2016）『参加型評価——改善と変革のための評価の実践』晃洋書房。

三好皓一（2008）『評価論を学ぶ人のために』世界思想社。

森脇俊雅（2010）『政策過程』ミネルヴァ書房。

竜慶昭・佐々木亮（2004）『「政策評価」の理論と技法（増補改訂版）』多賀出版。

山川雄巳（1994）『政治学概論（第2版）』有斐閣。

山本清（2013）『アカウンタビリティを考える』NTT出版。

山谷清志（1997）『政策評価の理論とその展開——政府のアカウンタビリティ』晃洋
書房。

————（2005）『政策評価の実践とその課題——アカウンタビリティのジレンマ』
萌書房。

————編（2010）『公共部門の評価と管理』晃洋書房。

————（2012）『政策評価』ミネルヴァ書房。

Behn, Robert D. (2014), *The PerformanceStat Potential : A Leadership Strategy for Producing Results,* Brookings Institution Press.

Frubo, Jan-Eric and Ray C. Rist, Rolf Sandahl ed. (2002), *International Atlas of Evaluation,* Routledge.

Hatry, Harry P. ed. (1999), *Performance Measurement ; Getting Results,* Urban Institute.（上野宏・上野真紀子訳『政策評価入門』東洋経済新報社，2004年。）

Mosher, Frederic C. (1979), *The GAO : The Quest for Accountability in American Government,* Westview Press.

Newcommer, Kathryn E., Harry P. Hatry and Joseph S. Wholey (2010 ; 2015), *Handbook of Practical Program Evaluation,* Jossey-Bass.

Osborne, David and Ted Gabler (1993), *Reinventing Government,* Plume.（野村隆・高地高司訳『行政革命』日本能率協会マネジメントセンター，1994年。）

Poter, Teodore M. (1995), *Trust in Numbers : The Pursuit of Objectivity in Science and Public Life,* Priceton University Press.（藤垣裕子訳『数値と客観性：科学と社会における信頼の獲得』みすず書房，2013年。）

Rossi, P. H. and Mark W. Lipsey, Howard E. Freeman (2004), *Evaluation,* 7th ed., Sage.（大島巌・平岡公一・森俊夫・元永拓郎訳『プログラム評価の理論と

第8章　評　価

　　方法』日本評論社，2005年。）

Weiss, Carol（1997），*Evaluation : Methods for Studying Programs and Practices,*
　　2nd ed., Printice Hall.（佐々木亮監修，前川美湖・池田満監訳『入門　評価学』
　　日本評論社，2014年。）

（南島和久）

第Ⅲ部

政策をどうデザインするか

> 第Ⅲ部ではもう一度，公共政策学の原点に戻ろう。ここでいう原点とは，「そもそも解決すべき社会問題をどのように定義できるのか」「それはいかなる手段で解決しうるのか」「それは政策価値やコンテクストとどのような関係にあるのか」といった従来あまり触れられなかった，政策デザインをめぐるいくつかの議論である。

駅前の放置自転車——何が問題なのだろうか？

第⑨章
問　題
——調査と構造化——

この章のねらい

　社会問題に対して適切な政策案を構想する活動は「政策デザイン」と呼ばれる。政策デザインは，特定の価値を最大化するような政策を立案するというよりも，個別具体的で複雑な問題状況を考慮し，コンテクストにあった政策を構想するところに特徴がある。政策をデザインするには，多くの政策ツールをよく吟味し，適切なものを選んで組み合わせる必要がある。だがその前におこなうべきことは，問題についてよく検討することである。第9章では，多くの社会問題に共通してみられる特徴や性質とは何か，また問題の構造化・定式化をおこなううえで，どのような調査や分析が必要なのかを考える。

1　政策デザインとは何か

　政策デザインは，社会問題を解決するために政策の代替案を作成するという点で，政策分析と目的を共有する。また政策デザインと政策分析の手法が大きく異なるというわけでもない。しかし，経済学の専門家が政策分析をする時，ある社会問題はそのディシプリンの分析枠組みをつかって解釈され，経済学の問題として定義されるかもしれない。それに対して政策デザインでは，具体的なコンテクストをよく吟味し，どのような問題であるのかを明確にしたうえで，望ましいと考えられる価値を実現することを重視する（Bobrow and Dryzek 1987=2000）。その際，政策デザインでは，合理的な問題解決よりも，個別具体的な問題状況を考慮した，適切な代替案の作成をめざす。もちろん，政策デザインは既存のディシプリンや知見を否定するものではない。コンテクストに鑑み，もし経済学の知見が問題解決に適していれば，それを活用するのである。

　政策デザインを含め，一般にデザイン活動には，クライアントが抱えている

213

第Ⅲ部　政策をどうデザインするか

問題を掘り起こし，彼らの望みを酌み取ることが期待されている（足立 2005）。というのも，自分自身が何を望んでいるのかを十分に理解していないクライアントもいるからである。こうすれば上手くいくのではないか，もっと良い方法があるのではないか，それにはどのような手筈を整えればよいのかなどを検討していれば，それはすでにデザインをしていることになる（Simon 1996=1999）。政策デザインはコンテクストを重視するため，実に多くのことを考慮する。一般にデザインをおこなう際，デザイナーは追求される機能，使用状況，使用者の知識やスキル，使いやすさ，安全性，耐久性，コスト，形状や重さ，意匠，さらには法律や社会通念上の制約などを思い浮かべながら，それらを満たすコンセプトを構想する。特定の価値を最大化することができないのは，デザイナーが，いま述べたように実に多くの要素を考慮するからである。むしろ，コンセプトに具体的なカタチを与え，それがうまく作動するような仕掛けをデザインすることが，デザイナーにとっての課題なのである。

　たとえば，インターネットや電話などの機能を持つ従来型のスマートフォンは，画面も物理的なキーボードも小さく，使いやすいとはいいがたかった。価格，大きさ，バッテリー，重さといった諸条件を考慮すれば，2000年代初頭の技術ではそれが限界だったのかもしれない。しかし，そうした問題はスマートフォンを改善するチャンスでもあった。指先で操作できるタッチ式の大きな液晶画面が開発されたことで，操作性と視認性が高い「スマート」フォンというコンセプトが現実のものとなったのである。2007年に初代の iPhone が発表された時になってはじめて，消費者は自分たちが欲しかったものに気づかされたのである。

　だが政策デザインとなると，デザイナーたちは深刻な利害や価値の対立から逃れることはできない。しかも，政策デザインの結果が社会全体に長期間にわたって影響し続けることから，彼らは大きな責任を負うことになる。そのため第11章で述べるように，政策決定者だけでなく，政策デザイナーも厳しい環境の中でデザイン活動をおこなわなければならないのである。

2　問題の性質

悪構造の問題

　工学が扱うのは良構造の問題であることが多い。たとえば，システム工学では，①問題の明確化，②概念化・詳細化，③分析・評価，④改良・実施という手順で，問題の解決を図ることができる（岸 1995）。

　まず①望ましくない状況があった時，そこから解決すべき問題を抽出し，目的・目標を設定する。たとえば，自動車のエンジンの性能が良くなければ，エンジニアたちは燃費の問題として定義し，これを改善するのである。次に②対象（システム）について完全に把握する。エンジニアたちはエンジンの仕組みのすべてを把握しているとみてよいだろう。それゆえエンジンを試作することも，コンピューター上でそれを再現し，シミュレーションをすることもできる。さらに③諸条件を変えながらエンジンの性能をテストし，データを収集・分析し，それを客観的に評価して，問題の解決策を練る。最後に④燃費に影響する諸要因のうち，どれが操作可能な要因であるかを判定し，改善を繰り返しながら，最適解をめざすのである。

　しかし，多くの社会問題が典型であるが，悪構造の問題はそのように扱うことが難しい。まず①人によって問題認識やめざすべき目的・目標が異なる。たとえば，日本の教育の何かがおかしいと思っても，それがどのようにおかしいのか，何が原因なのかを説明するのは難しいし，教育のあるべき状況を1つに絞り込むことはできない。しかも②問題とされる対象について完全に把握することはできず，せいぜいのところ部分的な把握にとどまる。要するに，日本の教育システムがどうなっており，なぜ問題状況がうまれるかを完全に理解し，説明できる人はいないということである。くわえて③分析・評価については主観が占める比重が高いため，評価が分かれやすい。それゆえ④改善は可能であっても，最適化の概念にはなじまないのである。

　そのため悪構造の問題には，問題認識，価値観，政策手段について異なる見解を持つ，さまざまな関係者が関わることになりやすい（宮川 1994）。特に，問題解決のための知識や技術について不確実性があれば，彼らは自分の利益や

関心に基づいて問題状況やその原因を解釈するため，同じように問題を定義することが難しくなる。むしろ政治過程をつうじて，何が問題であるかをめぐって議論や説得がおこなわれ，ときに知識の活用も進むことによって，問題が定式化され，解決策が共有されることもある。とはいえ，問題が悪構造であるからこそ，こうした決定はつねに一時的なものとして扱われ，法律の条文には解釈の余地が残されており，法律はいつでも改廃できるようになっているのである。

悪構造の問題の中には，地球温暖化問題のように「厄介な（wicked）問題」と呼ばれる，非常に深刻で困難な問題もある。それは以下のような特徴を持つ（Peters 2015）。まず，何の問題であるか，簡単に述べることはできず，問題の定義は困難である。しかも，そうした問題は複数の諸要因を持ち，それらが相互に関連しあっているため，不安定になりやすく，わずかな変化が大規模な変化を招くこともある。それゆえ，問題を解決に導く解決策が見当たらず，いかなる介入であっても予期せぬ帰結をうみ出しやすい。くわえて，こうした問題には多数のアクターがかかわり，その関係は非常に複雑である。

政策的な問題が悪構造であることが多いのは，そもそもそれが①相互依存性，②動態性，③主観性・人為性という3つの特徴を持つからである（宮川 1994）。①相互依存性とは，ある政策的な問題は別の政策的な問題とつながっているということである。たとえばエネルギー問題は環境問題に，また環境問題はエネルギー問題に連動しているため，エネルギー問題だけを取り出し，それに特化して解決することはできない。しかも人間の能力の限界から，すべての相互依存関係を考慮することもできない。②動態性とは，問題とその解はつねに変動するということである。問題は，その問題を構成する諸要素や関係性が変化しただけで，全体の性質が変わることもある。3個のおはじき玉をつかって直線をあらわしたとしても，そのうちの1個の位置が少し変わるだけで三角形になってしまい，全体の特徴が変化してしまうようなものである。実際，原発問題は，東日本大震災によって，その意味内容を大きく変えてしまった。③主観性・人為性とは，問題状況やそこから明らかになる問題は概念的構成物（イメージ）であって，客観的には存在しえないということである。同じ政府の統計であっても，政府関係者は，その立場に応じて，異なった解釈をすることがあ

第9章　問　題

る。公共政策が対処しようとする問題に，正解や最適解がないのはこのためで
もある（足立 2009）。

問題の4つのカテゴリー

　「問題」というコンセプトは，コンテクストに応じて異なった意味で用いら
れる。デビッド・デリー（D. Dery）は，政策的な問題には4つカテゴリーが
あると述べている（Dery 1984）――「状況としての問題」「差異としての問題」
「解決可能な差異としての問題」「改善の機会としての問題」。ここではデリー
の整理を手がかりに，問題の意味について検討をくわえてみたい。

　第1のカテゴリーは，「状況としての問題」であり，困難な状況，望ましく
ない状況を政策的な問題と呼ぶ。ある状況を問題と呼ぶのは，次の2つの場合
である。1つは，科学的な調査と諸価値によって，人類の幸福にとって有害だ
と認識される状況を社会問題と呼ぶ場合である（Manis 1976）。この場合，政策
的な問題とは，病気と同じように，客観的な実在や経験的な現象だと解するこ
とができる。「相対的貧困」はその一例である。現代の貧困は直観的には捉え
にくく，「貧困線」というコンセプトや指標，科学的な調査によって問題状況が
明らかになる。ただ医学では，医師が専門的知識と経験を用いて診察や検査を
おこない，病状とその原因を診断し，治療方針を選択することができるのに対
して，そうした水準にある政策研究はそれほど多いわけではない。それゆえ政
策研究においても，医学に近いレベルの研究と経験の蓄積が期待されるのであ
る（佐野 2005）。

　もう1つは，「社会のさまざまな領域で生じた問題が，あるレベル以上にな
ると，（選挙民集団の判断により）公的解決を要する問題に転化することはよく
知られた事実である」といわれるように（山川 1980：78），ある状況が問題か
どうかは，人々がどのように感じたり，判断したりするかによって決まるよう
な場合である。これにはフレーミングや言説が関係することもある。たとえば，
「少子化問題」は，人口学的な現象である少子化に対して，何らかのフレーム
が設定され，それが人々の間に普及した結果だとみることもできるだろう。そ
の際，女性の社会進出は少子化の構造的な要因の1つとされたため，女性に焦
点を当てた政策がつくられた。だが，現在では男性側のかかわり方も重視され

217

第Ⅲ部　政策をどうデザインするか

るようになっているため，今後は「家族政策」としてリフレーミングされる必要があるとの指摘もある（秋吉 2017）。

第2のカテゴリーは，「差異としての問題」であり，現状とあるべき状況とのギャップを政策的な問題と呼ぶ。「状況としての問題」では，ある望ましくない状況を問題と呼ぶのに対して，「差異としての問題」では，問題解決の方向性がすでに示されているのが特徴である。デリーは，望ましい状況が政策分析をおこなう前からすでに確定しているのは，奇妙だと述べている。これには，政策分析は，何を望ましい状況だとするかの判断に影響を与えるものではない，との信念があるためであると批判している。つまり何が望ましい状況であるのかは，所与なのである。これを説明するのに，彼はラッセル・L・エイコフ（R. L. Ackoff）が用いたあるエピソード（Ackoff 1978=1983）を紹介している。

あるオフィスビルの利用者たちは，エレベーターで待たされることに，苛立っていた。そこでビルのオーナーがコンサルタントに相談したところ，彼は，①エレベーターの数を増やす，②より高速なものに取り替える，③エレベーターの制御方法を改善する，という3つの代替案を示した。しかし，そのいずれも予算との関係で却下されてしまった。そこで従業員たちが会議で対策を検討することになったのだが，採用されたのは大学で心理学を学んだ新入社員の提案であった。それは，退屈しのぎのために，エレベーターホールに鏡を取りつけ，他人（異性）を観察できるようにするという，ごくシンプルなものであった。コンサルタントの問題の定義は，エレベーターを待つ時間に関するものであったのに対して，新人社員のそれは，待ち時間の退屈さに関するものであった。何を望ましいと考えるかで問題の定義は異なるのである。

この挿話は，人が問題をギャップとして操作化し，理解することによって，問題は扱いやすくなり，解決策を提案しやすくなることを指摘している。しかし，専門家はみずからが専門的訓練を受けた問題領域に焦点を当てようとする傾向があり，しかも固有の方法である状況を操作しがちなのである（宮川1994）。政策デザイン論が，個別具体性を持つ問題状況をよく調べたうえで，問題を定義するように提案するのは，こうした理由からである。

第3のカテゴリーは，「解決可能な差異としての問題」であり，現状と望ましい状況とのギャップは，可能な解決策がある場合にかぎって，政策的な問題

と呼ぶ。たしかに解消すべきギャップがあったとしても，それを解決するための方法がわからなければ，望ましくない状況が続くだけであり，そうした問題の定義にあまり意味がない。それよりも，望ましくない状況を少しでも緩和できるような問題の定義を検討すべきである。それと同時に，問題の定義は，社会全体の価値を高めるものでなければならないし，それを解決するのにどんな手段を用いても，またいくら費用がかかってもよい，というわけでもない。たとえば，放置自転車を駅前から排除しても，放置される場所が変わるだけであれば，またある地域で自転車の利用を全面禁止にし，多くの人々が通勤通学の不便を強いられるだけであれば，単に「問題」の所在を移動させたにすぎない。社会問題は動態性があるので，望ましくない状況だけを意図的に変化させることは難しく，周辺に影響が及びやすいのである。政策デザインでは，そうした部分にも注意を払い，問題を定義する時には，たとえば将来世代を含めた社会全体の価値に十分配慮することが期待されるのである。

　第4のカテゴリーは，「改善の機会としての問題」である。より望ましい状況を実現するには，問題を定義する能力，つまり改善の機会を見出す能力が必要であり，そうした能力を持つ者だけが，問題を分析的に構成し，定義することで状況を好転させることができるのである。ピンチをチャンスに変える方法は自明ではないため，政策デザイナーには，制約諸条件をよく考慮することで調査や研究の範囲を狭めながら，全体の価値を現在よりも高めるように問題を定義することが期待される。そのためのプロセスは，問題解決のためのアイデアを探求し，創造し，それがほんとうに改善のための機会となるのかを繰り返し吟味するものになるだろう。政策過程モデルでは，手順を踏むという意味で逐次的に，そして1つの方向に移行するという意味で直進的に問題は解決されると考えられている。しかし，デザインはデッサン（素描）でもあり，デザイナーは下絵を何枚も書き直しながら，頭の中にある抽象的なイメージを具象化する作業を続ける。iPhoneを製品化する中で，デザイナーたちが従来型のスマートフォンのインターフェイスの弱点に目をつけたことで，問題状況を飛躍的に改善するチャンスがうまれたのである。単に問題の原因を除去し，差異を埋めるだけの「改善」以上のことが，デザイナーには期待されるのである。

第Ⅲ部　政策をどうデザインするか

Column ⑱　ブレグジットと政策規範

　佐野亘の『公共政策規範』（ミネルヴァ書房，2010年）は，そのタイトルからみて近寄りがたい難解な本だと思われるかもしれない。しかし，いったん腑に落ちれば公共政策に関する複雑な議論を自分で紐解けるようにもなる。同書に書かれているのは「自由主義的」「功利主義的」「本質主義的」という3つのアプローチである。ここでは第7章でも触れたイギリスのEU離脱（ブレグジット）を例にとって説明してみよう。

　まず「自由主義的アプローチ」である。イギリスのEU離脱派は「イギリスの自己決定権の回復」を主張していた。最終的にイギリス＋ジブラルタルの2016年6月23日の国民投票では，約100万票の差（残留支持が16,141,241票（約48％），離脱支持が17,410,742票（約52％））でEU離脱派が勝利を収めた。EU離脱の意思は，自己決定原則に基づき最大限尊重されるというのが「自由主義的な解釈」である。EU離脱の顛末は，この自由主義的な解釈による説明がもっとも強力であり，かつ，わかりやすい。

　つぎに「功利主義的アプローチ」を見てみよう。イギリスのEU離脱問題は，各種報道においてより功利主義的な観点からの批評が繰り返されていた。EU離脱派の主張は功利主義的な点からみれば，自国民の雇用の確保，EU拠出金についてのNHSへの転用可能性，英連邦諸国との間でのより自律的な経済発展の可能性などであった。結局のところ，この功利主義的な批評がEU離脱派の世論喚起のポイントとなった点は否定できない。

　最後に「本質主義的アプローチ」について見ておこう。EU離脱派の主張のうち，「大英帝国の復活」「移民の排除」「ドイツの帝国主義化の恐怖」は本質主義からの主張であった。ただし，こうした主張は観念的であった。イギリスはイギリスらしくあることに価値があり，EUはヨーロッパであることそのものに価値があるとするのが，これらの言説の背景にあった視点である。もっとも，EU離脱の国民世論の説明として，そもそもどこまで本質主義的な議論が支持されたのかは疑わしい。イギリスの国民投票では功利主義的な議論が強調され，この観点からEU離脱の国民世論が形成されていったと見たほうが妥当であるようにも思われる。

（K. N.）

問題と政策デザイン

　問題に関する４つのカテゴリーを検討したが，政策デザインが支持するのは，とりあえずは，最後のカテゴリーだといえるだろう。「放置自転車問題」はかつて「銀輪公害」とも呼ばれていたが，1980年代以降に対策が進められる中で，確認される放置自転車の台数は年々減少していった。この対策は，多すぎる放置自転車を撤去し，単純に減らすというものではなかった。たしかに駐車禁止区域に駐車された自転車は撤去されることもある。だが，地方自治体はみずから駐輪場の建設を進める一方で，一定の基準を満たす事業者に対して自転車駐輪場の附置義務を条例で定めて，商業施設の近くで駐輪スペースを拡大したり，一定時間内の利用であれば利用料金を無料にしたり，さらには電子マネー等で決済できるようにしたりすることで，街中をシームレスに自転車で移動できるようにしていったのである。つまり，排除の論理によって自転車の利用者に不便を強いるのではなく，自転車という交通手段と地域社会との統合を図るように問題が定式化されていったと考えられるのである。要するに政策デザイナーは「銀輪公害」という問題状況の中から，都市の交通や生活の体系を改善するための機会を見つけ，それを問題として構造化し，定式化していったのである。

　それでは，つねにそうした政策デザインが心掛けられるべきなのであろうか。ユージン・バーダック（E. Bardach）は，時間的な制約があるからといって，退屈で刺激をうまない修繕・修理だけの政策分析でよいのかと問題を投げかけ，潜在的な改善の機会を探し出すことを推奨している（Bardach 2012=2012）。またウィリアム・ダン（W. Dunn）もデリーと同じく，政策的な問題を「公的活動をつうじて具現化することのできる，実現されていない必要性，価値もしくは改善のための機会」と定義している（Dunn 2012：5）。政策分析においても，デザイン志向の問題の定義や定式化を重視しているといえるだろう。

　しかし，おそらく大切なことは，状況に応じて政策的な問題のカテゴリーを使い分けることではないだろうか。細部にまで配慮した政策デザインがいくら素晴らしいものであっても，実現には多くの時間やコストがかかることもあるため，問題を解決するタイミングを失うことがあるかもしれない。デリーやダンが改善の機会と述べているように，政策デザインは，チャンスの内容や状況

第Ⅲ部　政策をどうデザインするか

に制約されるのである。第1のカテゴリーのように，ある状況が問題とされる
のは，それが悪構造の問題であり，望ましい方向性をなかなかみつけられない
ことに起因しているのかもしれない。その場合，問題状況についてのさらなる
調査分析をおこない，問題の構造化に成功することが求められるだろう。また
現状と望ましい状況のギャップについてすでにコンセンサスがあり，対策に一
定の成果が認められれば，定式化されている問題をわざわざ変更するまでもな
いだろう。そして現状と望ましい状況のギャップを縮めるための問題の定義が
全体的な価値を高めるものではなく，適切な政策ツールが見当たらない時，デ
ザイン志向の問題の定義や構造化に対する期待がより一層高まるのである。

3　問題状況の調査

調査の必要性

　ある政策主体がある問題を解決しようとする時，その問題解決行動は，当該
問題について，政策主体が抱くイメージに規定されやすい（山川 1983；1997；
2003；宮川 1994）。たとえば，放置自転車は「迷惑駐輪」とも呼ばれることが
あるが，「迷惑」という言葉の印象から，駅前に自転車が放置されるのは，自
転車の利用者のほうに非があると考えられてしまうことがあるのではないだろ
うか。もしそうしたイメージが十分な調査や分析に基づくものではなく，実態
と乖離していれば，問題解決を図ろうとしても状況は好転せず，むしろ状況を
悪化させてしまうかもしれない。ウォルター・リップマン（W. Lippmann）が
かつて指摘したように，こんにちでは適応すべき環境があまりに大きく，複雑
で移ろいやすいため，人間は頭の中にイメージをつくって適応行動を試みるこ
とがある。しかも，頭の中にある環境イメージはメディアによって提供される
ニュースによって構成されやすいが，そこにステレオタイプ（固定観念）が紛
れ込んでいることも少なくない。不適切な問題のイメージを回避するには，信
頼できるデータを用いて，現状を確かめることからはじめるべきである（山川
1980；1997；2003）。その際，放置自転車だけに焦点を合わせるのではなく，自
転車駐輪場の利用状況を合わせてみたほうが，問題状況の把握につながるかも
しれない。もし自転車駐輪場が満車に近い状況が続いていて，なおかつ放置自

転車が多いのであれば，自転車駐輪場の大きさが適切かどうかを評価すること
になるだろう。反対に自転車駐輪場の利用者が少ないのに放置自転車が多けれ
ば，自転車駐輪場の料金体系について見直すべきなのかもしれない。このよう
に政策デザインにおいては丁寧に問題状況を調べる必要がある。

　なお問題はしばしば論争的であり，レトリックが多用され，党派的，イデオ
ロギー的な色彩を帯びることも少なくないため，問題の定義の中にそうした言
葉が紛れこまないように注意しなければならない（Bardach 2012=2012）。また
足立（2009）は，集団思考に基づく不適切な政策デザインの可能性について指
摘している。たとえば求心力のある集団では，メンバーが集団の力や道徳性を
過信しやすく，異論や反論がないとの前提に陥りやすい。その結果，十分な調
査や情報の収集をしなくなり，特定のバイアスや先入観に基づいて，利用しや
すい情報だけを処理するようになる。またある選択に対して発生するかもしれ
ないリスクについて慎重に予測することや，具体的な状況に即して，その都度
計画を作成するといった地道な努力がおろそかになりやすいとされる。

何を明らかにするのか

　問題とされる状況を記述するとは，さまざまな情報源，たとえば，既存のサ
ーベイ調査，自分自身による推論，専門家の見解などを利用して，まずはその
規模，程度，範囲などを見積もることである（Patton *et al.* 2013）。もし放置自
転車の状況調査をするには，次のような問いを準備するとよいだろう――ある
地域の放置自転車はいつ頃からあるのか，だれが自転車を放置しているのか，
放置されている自転車の台数はどれくらいか，それは増加する傾向にあるのか，
どのくらい人々がこの問題によっていかなる影響を受けるのか，放置自転車は
だれがどのように回収しているのか，一台あたりの回収費用はいくらぐらいか，
ほかの地域と比較してこの地域の状況はどのように評価されるか，別の解決策
はあるのか。

　また山川（1993）は，公共政策の場合，「問題」が多数の人々によって「受
け入れがたい状況」として感知されているのが一般的であり，その意味で社会
的客観性があるとしたうえで，その内容は，ある程度広い範囲の人々に意見を
聞くのが便宜的でありながら，基本的な手続きだと述べている。具体的には，

公共問題の専門家（政治家，官僚，学識経験者），利害関係者，一般の人々に意見を聞いたり，争点について調査し，問題の集合について分析することが提案されている。アルノシュト・ベセリー（A. Veselý）もまた，問題の定式化のための情報源として，多様なアクターの主観的な問題の定義やフレーム，各分野の専門家の判断および見解，問題についての客観的なデータや情報が有効であると述べている（Veselý 2007）。

　問題とされる状況を理解し，その性質を明らかにするための調査は，現状確認型リサーチと呼ばれることがある（伊藤 2011）。このタイプの調査には少なくとも2つの意義がある。第1の意義は，それが問題状況に影響する諸要因をみつけるための「基礎的な情報」を提供するというものである。政策研究において，問題の原因の解明が重視されるのは，そうした情報が政策主体が問題状況に介入するための糸口を提供するからである。だが因果関係を推定する前に，調査をつうじて現状がどうなっているのかを記述する必要がある。第2の意義は，人々にあまり知られていない社会問題を，政策決定者や一般の人々に知らせるというアジェンダ設定の役割を果たすというものである。日常生活の中でうまれる願望や，社会や政府に対する要求は，政策をつくり出すための出発点であり，政策型思考や制度型思考をつうじて政府の政策や制度に変換される（松下 1991）。しかし，社会が流動化・個人化するにつれて，一般の人々が日常感覚だけで問題状況を把握することは難しくなっている。また自己責任の風潮から，社会全体の問題であったとしても，個人の問題や責任として理解され，必要な対策がとられないこともある。流動化・個人化が進む現代社会であるからこそ，全体を俯瞰し日常をみつめなおすことのできるような概念やモデル，因果的な理論，統計情報が期待されるのである。

　問題とされる状況は，言葉をつかって記述されることもあるが，可能であるならば，数値や指標を用いて測定・分析されることが望ましい（Patton *et al.* 2013，Bardach 2012=2012）。確かに，問題状況を数字で表現することによって，いろいろな情報がそぎ落とされてしまうのだが，それにもかかわらず，次の3つのメリットを指摘できる。第1のメリットは，政策が，実務上，数字で表現されることが多いことと関係している。その代表が予算であり，それを算定するには，投入される資源の量や費用を見積もる必要がある。問題状況が数字で

表現されれば，かなり大まかであっても，予算の規模を推測しやすくなる。第
2のメリットは，統計学が，データの集まりを代表するような値（平均値）や
散らばり（分散，標準偏差）を用いて，状況を記述するための手法や，それに影
響を与える要因を推定するための手法を持っていることと関係している。統計
的な方法を用いて，ある地域の状況を時系列に表現したり，ほかの地域と比較
したりできれば，問題状況についての理解が進み，問題構造の解明に寄与する
はずである。第3のメリットは，問題とされる状況を指標や図表をつかってシ
ンプルに表現できれば，関係者に問題の理解や意思・態度の形成を促すことが
できるかもしれない，というものである。社会問題はそもそも複雑であり，ま
た主観的に構成されることもある。多くの人々に問題状況を説明し，何らかの
手立てを備える必要性を主張するには，根拠となるデータを準備しておくこと
が望ましいことはいうまでもない。その際，数字がものをいう場合もある。
「たくさんの放置自転車がある」というより「500台の放置自転車がある」とい
ったほうが，問題とされる状況がイメージされやすいのである。

問題構造の分析

　問題状況を調査する中で，調査している問題が悪構造であるのか，それとも
良構造であるのかを明らかにすることも必要である。それは構造化を図るため
の出発点となるからである。ロバート・ホップ（R. Hoppe）は，こうした問題
の性質について，知識（手段）についての確実性と，妥当とされる政策水準
（目標）についての受容の程度という2つの軸を用いて，4つの問題の類型を
提示している（Hoppe 2002）──①構造化された問題（目標に合意があり，手段
に確実性がある），②中程度に構造化された問題（目標に合意がなく，手段に確実性
がある），③中程度に構造化された問題（目標に合意があり，手段に不確実性があ
る），④構造化されていない問題（目標に合意がなく，手段に不確実性がある）。こ
れにしたがえば，先に述べた良構造の問題は「構造化された問題」に，また悪
構造の問題，厄介な問題は「構造化されていない問題」に分類される。なお，
政策手段については第10章で詳しく扱う。

　人々の間で妥当とされる政策水準について意見の対立があるかどうか，また
問題状況を改善するための方法がどの程度確実であるかによって，現状から望

ましい状況への変化の幅がある程度規定される。少なくとも，目標や手段の見通しがまったくない中で，無理に問題の定義をしたとしても，状況の改善にはつながらないだろう。まずは問題構造の把握が必要なのである。なお，この類型は便利であるが，注意すべきこともある。それは，どのような知識や技術を利用するかという論点については，確実性だけでなく，価値や倫理の観点から，意見の対立があるということである。戦後の日本政治では，安全保障のための手段や方法をめぐって，主にイデオロギーのレベルで国を二分する対立があった。だがこの類型ではそうした点を考慮するのが難しい。

　もう少し詳しく問題の構造について調べるのであれば，政治分析をおこなう必要がある。おそらく，具体的な調査を進めると，登場するアクターたちの動機，利益や関心，信念，そして政治的な影響力を与えるための資源が異なることに気づくはずである。もし，アクターの間で，問題やその原因，政策の目標や手段をめぐって見解に隔たりがあれば，それが政治過程をつうじて調整できる余地があるかどうか，政治的な実現可能性を検討する必要がある。もし意見をまとめることが難しいのであれば，それは政策をデザインする際の制約条件の1つとして，十分考慮されなければならないし，問題は現状を少しでも改善するように定義され，定式化される必要がある。問題状況を分析する中で，政治的な対立が大きな要素を占めていれば，それを回避するような問題の定義を検討する必要があるだろう。もう1つ重要な点は，政治過程を規定する制度を確かめることである。どのような場で政治的な決定がおこなわれるのか，そこにはだれが参加することができるのか，政策決定に対して拒否権を行使できるようなアクターがいるのかといった制度的要素が，実際に決定される政策の範囲を制約することがある（第6章参照）。

　問題のイメージをつくるには，未来の状況を予測することも必要である。もし現状が望ましい状況であっても，今後状況が悪化するおそれがあれば，速やかに対策を検討すべきである。予測の方法には，過去から現在にかけての歴史的トレンドを将来に向けて延長する「投影的予想」，何らかの理論，命題，アナロジーなどを前提に，演繹的に将来を予測する「理論的予測」，専門家や有識者の主観的判断に基づく「直観的予測」がある（宮川 1994）。予測には，対象の動きを観察し，正確な情報を組織的に収集すること，いろいろな情報を用

いて多角的に対象の動きの規則性をみつけること，そしていろいろなシナリオを考えて対処方法を検討することが大切である（山川 1980）。実際，政府は，戸籍，住民登録，市民からの通報，モニター制度，基幹統計調査，政治家や関係団体との情報交換といった情報源を持っている。これは現状の分析だけでなく，将来の予測にも有効である。

文献調査，データの収集

　問題を調査するための資料やデータは具体的にはどのように集めればよいのだろうか。まずは文献調査からはじめるのが一般的である。インターネット上には，論文，図書，雑誌記事のタイトルを検索するためのデータベースが公開されている。新聞記事のデータベースについては，大学や公立の図書館などで利用できる場合がある。新聞記事には，問題状況についての概要，当事者たちの意見，政府や地方自治体の取組みがわかりやすく紹介されることもある。しかし，それだけでなく，政府や地方自治体の政策や制度については，具体的な法律や条例，施策の概要や事業計画，予算，事業評価，担当する部署などを調べ，政策やその効果との関係を，詳しく検討するのがよい。というのも，政府は問題の発生や深刻化・長期化に対して何らかの責任を負っているからである（足立 2009）。よく調べてみると，政府の政策や制度が事態を悪化させ，問題の解決を難しくしている場合があるかもしれない。このほかに国会や地方議会の会議録は，政治家が考える問題点，それに対する政府や自治体の見解を，また各種審議会の議事録は，政策に影響を与えると思われる，代表的な利害関係者や各分野の専門家と彼らの具体的な見解を知る手がかりとなる。さらに政府が公開している各種統計の中には，政府統計のポータルサイトである「e-Stat」（https://www.e-stat.go.jp/）で入手できるものがある。各中央省庁が作成する『白書』にも，現状分析のほか関連する統計資料や法令等が掲載されている。

　もし放置自転車にかんする実地調査をするのであれば，鉄道事業者，駅の利用者，自転車の利用者，近隣の住民，バスやタクシーなどの事業者，近隣の商店施設の経営者などの利害関係者を確認し，放置自転車をどのような問題だとみているのか，なぜそうした見方をするのか，どのような解決を希望しているのかを調べることになるだろう。文献調査だけでなく，インタビュー調査やア

第Ⅲ部　政策をどうデザインするか

ンケート調査も有効である。放置自転車についての専門家の見解を調べるには，論文検索のデータベースで「放置自転車」と入力してみてもよいだろう。土木，建築学，都市計画，法律学，環境といったいろいろな分野の専門雑誌に，この問題を扱った論文が収められており，法律学や社会工学だけでなく，経済学や心理学の手法を使った分析まであることがわかる。大学の学部名が研究のアプローチを示しているとすれば，その数だけ，放置自転車についての研究方法があるといえる。

　また政府による放置自転車についての統計資料も公開されており現状を知る手がかりとなる。内閣府『駅周辺における放置自転車の実態調査の集計結果』(2012年3月)には，放置自転車についての調査結果が掲載されている。そこでまず確認すべきことは，何をどのような方法で調査したかという点である。調査では「放置自転車」とそうではない自転車とを区別しなければならない。特に「放置自転車」のような鍵となる概念がどのように定義され，どのような調査方法によって何が明らかにされ，何が明らかにされていないのかを確認するのがよい。内閣府の調査では「自転車駐輪場以外の場所に置かれている自転車であって，当該自転車の利用者が当該自転車を離れて直ちに移動することが出来ない状態にあるもの」が放置自転車だとされる。また調査の対象となるのは，1駅における放置台数が100台以上の駅で，概ね500メートル内の区域である。この報告書には，自転車の放置台数のほかに，自転車等駐輪場（収容能力），レンタサイクルおよび撤去自転車等の保管場所の設置状況，自転車等の撤去・返還・処分・リサイクルの状況，自転車等駐輪対策条例の制定状況が掲載されている。

　このように既存の統計資料を用いて，問題状況についてある程度知ることもできるのである。それでも情報が不足するようであれば，すでに述べたようにみずから調査をし，データの作成をおこなうのである。

4　問題構造と定式化

悪構造の問題への対処

　問題を定式化するとは，構造化されていない争点や問題を，構造化され，明

第**9**章　問　題

確化された問題へと変換することである。政策的な問題の性質が明確に宣言さ
れれば，人々は容易にその内容を理解しやすくなる。問題を定式化する手法に
は，あとで概観するように，「問題のモデリング」「問題の構造化」「問題の明
確化」などがある（Veselý 2007）。

　繰り返し述べてきたように，政策的な問題は悪構造であることが多い。良構
造の問題では，意思決定者は1人または少数であり，追求しようとする価値や
目標が明確で一元化されており，関係者の間で合意もしやすい。政策の代替案
の数もあまり多くはなく，限定的である。そのため良構造の問題では，そもそ
もどのような問題であるのかを検討するよりも，最適解をえることのほうが重
視される。それに対して悪構造の問題はそうした条件を満たさないため，調査
や分析をつうじて問題の構造化を図る必要がある。興味深いことに，問題の構
造化に成功すれば，問題の定式化が進み，政策案が浮かびあがってくるのであ
る（宮川 1978；1994）。つまり最初に考えられていた問題の定義は，問題状況の
分析や政策ツールの検討をつうじて，修正され，再定義されることもある。ク
ライアントなどから伝えられる問題の定義には十分注意し，額面どおりに受け
取らないほうがよいとの指摘もある（Bardach 2012=2012；Patton, *et al.* 2013）。

　悪構造の問題に取り組んだケースにつぎのようなものがある（宮川 1978）。
アメリカのある州の病院でベッド数（病床数）の不足が問題となった。調査が
おこなわれた結果，全体でみれば需要が供給を上回っているものの，空きベッ
ド数が多い病院もあることがわかった。そこでどのような病院で空きベッド数
が多いのかを調べてみたところ，ベッド数にくらべて駐車場のスペースが小さ
い病院で，問題状況が発生していることがわかった。このことから，空きベッ
ドが多すぎるという問題に対して，駐車場の大きさ（病院の施設）が問題を構
成する要素の1つとなっていると推測できるのである。

　この仮説が正しければ，問題を解決するための解は，当然「駐車場のスペー
スとベッド数のバランスをとること」というものになる。おそらくベッド数が
供給過剰となる要因はいろいろあるはずである。ブレイン・ストーミングや
KJ 法をつかって，問題状況を構成する要素を図式化すれば，いろいろな問題
の要素があることに気づくだろう。この分析者は「駐車場のスペースを増やす
ことがベッド不足の問題を緩和できるのではないか」というアイデアをどこか

229

第Ⅲ部　政策をどうデザインするか

で思いつき，それをデータで確かめたのであろう（同上：12）。ただし，この解が最適である保障はなく，別の解が存在している可能性もあるが，もしこの解に満足できれば，そこで調査は終了する。だが，もしその州内のある1カ所の病院に対して，空きベッド数が多いという問題状況を調査していれば，「患者に対する応対が悪いから，入院者数が増えない」というかたちで問題が構造化されていたかもしれない。つまり，ここで用いられたのが州全体の病院のデータであり，統計的な分析ができたために，駐車場のスペースとベッド数の関係を確かめることができたのである。使用するデータによっても，問題の捉え方は違ってくるのである。

　ところで，駐車場のスペースとベッド数に相関関係があったとしても，ただちに因果関係があるとまではいえない（久米 2013）。原因（X）のことを独立変数，説明変数と呼び，また結果（Y）のことを従属変数，被説明変数と呼ぶ。問題状況がどのような原因によって規定されているのかを判断するには，まずは変数（X）が変化すれば，変数（Y）も変化するという共変（相関）関係があることを確かめる。駐車場のスペースとベッド数については，この点は確認されていると思われる。次にXという現象が，時間的にYよりも先に出現していること（時間的な前後関係）を確かめる。たとえば入院する人が減ったから駐車場のスペースを小さくしたといった事実がないかを確認する必要がある。また駐車場のスペースが小さいと，なぜ入院患者が減るのか，そのメカニズムを解明するとなおよい。よく考えてみると，入院を要する患者がみずから自動車を運転して来院するとは考えにくい。だが駐車場は入院患者の家族が利用していることが明らかになれば，その説明はつく。そうした問題の構造から，「患者の家族が自動車を使わなくても見舞いができるようにする」といった問題の定式化も可能になる。最後に，疑似相関ではないことを確かめるのに，変数（X）と変数（Y）のどちらにも影響を及ぼすような変数（Z）（交絡変数）がないことを検討する。人口が減少している地域では入院患者数だけでなく通院者数も減り，駐車場の利用者数も減るので，駐車場をほかの何かに転用したために，スペースが小さくなっただけなのかもしれない。因果関係を確かめるには，これらのチェックが欠かせないのである。

第9章 問 題

問題の定式化の手法

　問題を定式化するには，すでに述べたように「問題のモデリング」「問題の構造化」「問題の明確化」といった手法がある（Veselý 2007）。「問題のモデリング」は，もっとも伝統的な手法であり，数学的な方法をつかって，複雑な問題状況を構造化するものである。病院のベッド数に関するケースは，こうした分析に向いていると思われる。

　「問題の構造化」は，政策争点における主観性，多次元性，あいまいさを十分に重んじる分析である。分析過程では，さまざまなアクターの間で競合する問題の定義，争点のさまざまな側面や次元を解明することで状況を整理し，問題の範囲を明らかにしようとするものである。たとえば，大学のカリキュラムを変更するのであれば，学生や教員の意見を集めて，そこから問題を抽出するのではないだろうか。

　ダンによれば，問題の構造化の手順は次のようなものになる（Dunn 2012）。問題状況が発生すれば，まず分析者は利害関係者に対する調査をはじめる。彼らは問題をさまざまなフレームや言説をもちいて表現しており，分析者はそうした声を集めるのである。分析者は，そうした諸問題から構成される1つの問題，つまりメタ問題と向き合う。メタ問題は，経済の問題，政治の問題，モラルの問題のように，基本的で一般的な用語をつかって定義できる。もしある問題が経済の問題として定義されるのであれば，財やサービス，需要と供給といった用語を使って問題が表現されることになる。どのような概念を使うのかは，世界観やイデオロギーを選ぶことと同じであり，これが問題のイメージとして，その解決の方向性を規定することになる。このように実質的な問題をより詳細かつ明確にすることで，問題の定式化が図られる。

　この説明は政治システム論における「縮減」の機能に似たところがある（Easton 1965=1980）。政治システムには政府に対する要求が過剰に入力されがちであるので，政治システムはその負荷を減らそうとする。たとえば，少子高齢化，農産物の消費量の減少，地場産業の衰退，ホテル・サービス業の衰退などに対するさまざまな要求に，個別に政府が応えていくと，多くの政策資源を消費してしまう。しかし，これらを「観光の問題」と定義すれば，政府は効率的に問題に対処することが可能になる。また岸（1995）によれば，問題構造の

231

第Ⅲ部　政策をどうデザインするか

Column ⑲　高等教育と政策論

　日本の高等教育は戦後の「エリート段階」から「マス段階」を経て，現在は「ユニバーサル段階」にあるという。これは著名な教育学者，M.トロウ（Martin Trow）の「トロウモデル」による説明である。

　1950年代まで，日本の大学は実質的に「エリート」のためのものであった。これが，1960年代以降の高度経済成長期には「大衆化」した。その背景には，大卒者の人材需要，高水準の18歳人口，そして大学進学者数の拡大があった。

　1990年代は大学をめぐる社会環境は大きく転換した。18歳人口は1992（平成4）年の205万人でピークを迎えた。その後，18歳人口は2018（平成28）年の119万人へと半減する。同年，18歳人口の半減にもかかわらず大学進学者数は約54万人から約61万人となる。すなわち18歳人口は減りながらも，「大学全入時代」を迎えたのである。この間，大学はその数も学部の種類も増え続けた。

　こうした環境変化に対して政府政策はどのように対応したのか。1991（平成3）年，文部省は大学設置基準の大綱化をおこなった。また，18歳人口の減少をふまえ，大学院重点化や生涯学習の強化をうちだした。その背景には，大学は国際競争力の源泉であるとみなされ，大学間の競争性が喚起されたことなどがある。素直に考えれば，18歳人口が半減したのであるから，大学の数を抑制しなければならなかった。しかし，そうはならなかった。

　大学はどのように「評価」しうるのだろうか。大学では，学生による授業評価がおこなわれている。また，教員は論文・著作数，あるいは競争的資金への応募・採択状況，社会貢献の件数などをポイント化した業績評価を受けている。これらに基づき大学本部は自己点検・自己評価をおこない，第三者機関の認証評価を受けている。国公立大学の場合にはこれに中期目標・中期計画に基づく評価がおこなわれている。問題はそれらの評価で本当に大学が，学生にとっても教員にとってもよいものとなり，活性化できるのか，であろう。そのためには，「問題の定義」や「文脈」に立ち戻る必要がある。　　　　　　（K. N.）

把握には認知心理学でいうスキーマの活性化が欠かせないという。「4本足がある」「しっぽを振る」「ワンと鳴く」といった言葉から，犬を推理できるのは，その人が犬についての生得的な知識のコレクションをもつためである。表明されたさまざまな意見から問題をイメージし，それをあるコンセプトをつかって表現できれば，多くの人々の間で，問題を共有しやすくなり，共通の解決策を導きやすくなるのである。

「問題の明確化」は，問題に正確な定義を与えるような手法である（Bardach 2012=2012）。問題は「世界の何かがおかしい」という疑問から出発する。その際，「多すぎる」「少なすぎる」といった過不足に注目して問題を定義するのがよいとされる。たとえば「駅前には放置自転車が多すぎる」というように，まずある状況をおかしいと表現する。次に問題についてのレトリックやイデオロギー的な表現を避け，「多すぎる」や「少なすぎる」といった表現を，なるべく定量化する。そして問題の解決策や因果関係を含まないように注意しながら，問題の定義の作業を繰り返すことで，問題のありかを探り続けるのである。「放置自転車の台数が多すぎる」という問題よりも，「自転車駐輪場のスペースが少なすぎる」，あるいは「交通公共機関が十分に整備されていない」ことのほうが問題だとすれば，放置自転車はその派生的な結果にすぎない，ということになる。

何が問題となるのか

ある状況が問題であるかどうかを判定し，政府がその問題に関与することを正当化するための基準のようなものはあるのだろうか。経済学では，ある問題状況が市場の失敗に起因すれば，政府による政策的な介入が正当化されうる。治安や防衛といった非排除性，非競合性という特徴を持つ財は，市場をつうじた供給が難しく，公共財と呼ばれる。公共財の供給は古くから統治者の役割とされてきたように，それが過小供給となっていれば，問題とされることがある。

また，社会（公共）問題は社会の構成員にとって共通する問題であり，歴史や文化によって規定される（足立 2003）。個々人や個々の団体では対応が困難な問題や，当事者にその処理をすべて委ねることが必ずしも適切ではない問題については，包括的な社会単位における集合的な検討やその構成員を拘束するような取り決めが求められる。それが何であるかは，時代や地域によって異なっており，現代では，労働問題，大量廃棄物問題，原子力，遺伝子操作，地球温暖化，ジェンダー，グローバリズムなどが新しい争点として登場している。ただし，これらの問題は近代化した多くの社会で共通してみられるとはいえ，政府がどのように対応するかは，各国の社会的，政治的コンテクストによって異なることがある。

第Ⅲ部　政策をどうデザインするか

　行政学によれば，政府が問題に対応するために新しい政策を立案するのは，新しい課題環境が発生した場合か，政策目標の達成水準に対する評価基準が変わって，政府が達成水準を向上させる必要を認めた場合だとされる（西尾 2001）。政策水準には，充足値基準，期待値水準のほかに，限界値基準がある。後者は政府にとっての最低限度の目標値であって，これを下回ると行政機関は存在理由を問われるため，政策の転換を試みて，問題の解決に取り組もうとするとされる（コラム⑪を参照）。

　結局のところ，何が問題になり，それがどう定義されるかは，社会過程，特にさまざまなアクターの間で繰り広げられる政治に左右される（足立 2003；Knill, Tosun 2012；Birkland 2016）。一般に問題には「問いかけて答えさせる題。解答を要する問い」といった意味がある（『広辞苑』第6版，岩波書店，2008）。算数の問題はその典型であろうが，問題は自明であり，解き方さえ知っていればだれでも，正解を求めることができる。この定義は第6章でみた完全合理性モデルと親和性がある。だがほとんどの社会問題はこうした性質を持ってはいない。むしろ社会問題の意味に近いのは，「研究・議論して解決すべき事柄」（同上）のほうである。研究や議論が欠かせないのは，問題そのものが自明ではなく，技術的に課題があり，解決策も不明で，現状や望ましい状況をめぐって認識や見解の違いがあるためである。

　政策研究において，スティーヴン・トゥールミン（S. Toulmin）の「議論の技法」が取り上げられるのは決して偶然ではない（足立 1984；松田 2012）。何が社会問題なのか，それをどのように解決するかを決めていくには，根拠や主張，理由付けを示しながら，人々を説得し，意見の違いを乗り超えていく必要がある。問題の意味に「争論の材料となる事件。面倒な事件」「人々の注目を集めている（集めてしかるべき）こと」（『広辞苑』・前掲）が含まれるのは，そうした見解や認識の違いが争点化され，一般の人々にも広く認識されることがあるからであり，それが好ましい場合もあるためである。政策が政治過程の産物だというのは，以上のような理解に基づくのである。

参考文献

秋吉貴雄（2017）『入門　公共政策学』中公新書。

————伊藤修一郎・北山俊哉（2015）『公共政策学の基礎（新版）』有斐閣。

足立幸男（1984）『議論の論理——民主主義と議論』木鐸社。

————（2003）「ディシプリンとしての公共政策学——その成立可能性と研究領域」足立幸男・森脇俊雅編著『公共政策学』ミネルヴァ書房，1～15頁。

————（2005）「構想力としての政策デザイン」（足立幸男編著『政策学的思考とは何か——公共政策学原論の試み』勁草書房，53～86頁。

————（2009）『公共政策学とは何か』ミネルヴァ書房。

伊藤修一郎（2011）『政策リサーチ入門——仮説検証による問題解決の技法』東京大学出版会。

岸光男（1995）『システム工学（機械システム入門シリーズ）』共立出版。

久米郁男（2013）『原因を推論する——政治分析方法論のすゝめ』有斐閣。

佐野亘「範型としての問題解決型思考——政策的思考と法的・政治的思考との違いは何か」足立幸男編著『政策学的思考とは何か——公共政策学原論の試み』勁草書房，87～128頁。

西尾勝（2001）『行政学（新版）』有斐閣。

松田憲忠（2012）「トゥールミンの『議論の技法——トゥールミン・モデル』」（岩崎正洋編著『政策過程の理論分析』三和書籍，149～165頁）。

松下圭一（1991）『政策型思考と政治』東京大学出版会。

宮川公男（1994）『政策科学の基礎』東洋経済新報社。

————（1978）「管理工学の現代的課題——悪構造の問題へのアプローチ」（『一橋論叢』79巻6号，1～16頁）。

山川雄巳（1980）『政策過程論』蒼林社。

————（1983）「政策研究の課題と方法」日本政治学会編『政策科学と政治学』3～32頁。

————（1993）『政策とリーダーシップ』関西大学出版部。

————（1997）「政策科学の現状と未来」（『政策科学』5巻1号，1～19頁）。

————（2003）「民主主義のもとでの政策デザイン」足立幸男・森脇俊雅編著『公共政策学』ミネルヴァ書房，95～113頁。

Ackoff, Russell L. (1978), *The Art of Problem Solving : Accompanied by Ackoff fables*, Wiley.（川端武士・辻新六訳『問題解決のアート』建帛社，1983年。）

Bardach, Eugene (2012), *A Practical Guide for Policy Analysis : The Eightfold Path to More Effective Problem Solving*, 4th ed., CQ Press.（白石賢司・鍋島学・南津和弘訳『政策立案の技法』東洋経済新聞社，2012年。）

Bobrow, Davis B., and John S. Dryzek (1987), *Policy Analysis by Design* (*Pitt Series in Policy and Institutional Studies*), University of Pittsburgh Press.

第Ⅲ部　政策をどうデザインするか

（重森臣広訳『デザイン思考の政策分析』昭和堂，2000年。）

Birkland, Thomas A. (2016), *An Introduction to the Policy Process: Theories, Concepts, and Models of Public Policy Making*, 4th ed., Routledge.

Dery, David (1984), *Problem Definition in Policy Analysis*, University Press of Kansas.

Dunn, William N. (2012), *Public Policy Analysis*, 5th ed., Pearson Education.

Easton, David (1965), *A Systems Analysis of Political Life*, John Wiley. (片岡寛光監訳『政治生活の体系分析（上）』早稲田大学出版部，1980年。)

Hoppe, Robert (2002), "Cultures of public policy problems," *Journal of Comparative Policy Analysis: Research and Practice*, 4(3): 305-326.

Knill, Christoph, and Jale Tosun (2012), *Public Policy: A New Introduction*, Palgrave Macmillan.

Manis, Jerome G. (1976), *Analyzing Social Problems*, Praeger.

Patton, Carl V., David Sawicki, Jennifer Clark (2013), *Basic Methods of Policy Analysis and Planning*, 3rd ed., Pearson.

Peters, B. Guy (2015), *Advanced Introduction to Public Policy*, Edward Elgar Publishing Limited.

Simon, Herbert A. (1996), *The Sciences of the Artificial*, 3rd ed., MIT Press. (稲葉元吉・吉原英樹訳『システムの科学（第3版）』パーソナルメディア，1999年。)

Veselý, Arnošt (2007), "Problem Delimitation in Public Policy Analysis," *Central European Journal of Public Policy*, 1(1): 80-101.

（石橋章市朗）

第10章
手　段
── 政策のツールボックス ──

─ この章のねらい ─

　第9章では，適切な公共政策を立案するうえで必要な，調査や情報収集，また問題設定のあり方について説明した。本章では，そうした調査や分析に基づいて明らかとなった社会問題を解決する手段として，どのようなものがありうるか考えてみたい。

　第Ⅰ部で述べたとおり，社会問題を解決する主体は政府であるとは限らない。だが本章では，ひとまず政府（いわゆる「行政」）を念頭に置きながら，従来どのような政策手段が利用されてきたのか，また近年，どのような政策手段が注目されているのか説明する。そのうえで，政府以外の主体による問題解決にも触れることにしたい。

1　さまざまな手段

　政府として解決すべき問題が特定され，その解決に向けた具体的な政策目標が設定されれば，あとはそれを実現するための手段について考えればよいことになる。政府は，現状を少しでも理想の状況に近づける（あるいは最低限の許容レベルに持っていく）ことが求められるわけだが，その方法はさまざまである。以下では，大きく次の3つにわけて説明する。

- ・人々の行動を変える。
- ・サービスを提供する。
- ・社会的解決を促進する。

　いうまでもなく，多くの社会問題は，人々の（しばしば不適切な）行動の集積

によって生じている。犯罪や環境問題はもちろんのこと，格差や貧困，少子化や過疎化といった問題も，そのような観点から捉えることが可能だろう。したがって，まず考えられるのは，そうした行動を減らすなり変えるなりすることである（あるいは社会的に好ましい行動を増やすことである）。以下で説明するように，人々の行動を変えるにはさまざまな方法がある。たとえば，法律である行為を規制したり，ある行為に対して補助金を与えたり，といったことが考えられる。

　しかし，他方で，政府は，必ずしも人々の行動を変えずに，何らかのサービスを提供することで，問題を解決しようとすることもある。詳しくは第2節以下で説明するが，たとえば道路の渋滞を改善するために，人々がなるべく自動車を利用しないようにするのではなく（つまり人々の行動を変えるのではなく），道路を拡張したり増やしたりする（つまりサービス提供をおこなう）ことも可能である。つまり，「人々の行動を変えること」と「サービスを提供すること」は，しばしば互換可能な関係にある。したがって，人々の行動を変えようとしてもうまくいかない場合に，別の方法として，サービス提供を考えることも可能である。もちろん逆に，サービスの提供ではうまくいかない場合には，人々の行動を変えることが検討されてもよいだろう。たとえば，寝たきりの高齢者に対して介護サービスを提供するのではなく，そもそも高齢者が寝たきりにならないように日ごろから足腰を鍛えてもらう（その結果介護サービスを提供しないですむようにする），ということも考えられる。

　なお，以上は，政府が問題を解決するための手段だが，それだけでなく，政府は，市場やコミュニティ，NPOなどによる問題解決を促進することで，間接的に問題解決に寄与することもできる。多くの社会問題は，市場やコミュニティ，また近年では特にNPOなどによって解決されている。政府は，さまざまな方法により，こうした「社会的解決」を促したり，支援したりすることができる。

　以下，それぞれについて詳しくみていくことにしよう。

2　人々の行動を変える

　適切な政策手段としてどのようなものがあるかを考えるために，ここではま
ず，前章でも触れた迷惑駐輪・放置自転車の問題を具体的な手がかりとしてみ
たい。

　ある主要駅の周辺の路上に多くの自転車がとめられ，駅を利用する歩行者や
近隣の住民，駅前の商店街の人々が困っているとしよう。前章でも述べられて
いたように，実際に多くの駅でこうした問題が発生し，その解決のために，さ
まざまな取組みがなされている。政府は，このような問題をどのような方法に
よって解決すべきだろうか。さまざまな方法がありうるが，まず「人々の行動
を変える」方法からみていこう。

直接的規制

　「迷惑駐輪問題を解決するにはどうしたらよいか」と聞かれて，おそらく多
くの人が最初に思い浮かべる（また実際に多くの場所で実施されている）のは，駅
周辺の路上駐輪を禁止することだろう。一定の区域を指定し，そこでの駐輪は
禁止し，それでもなお駐輪している自転車があれば撤去し，所有者に「罰」を
与える，というものである。こうした手法は一般に直接的規制あるいは規制的
手法と呼ばれ，さまざまな場面で利用されている。たとえば，自動車の速度規
制や指定された地域内での歩きタバコの禁止，有毒物質の環境への放出の規制，
風致地区内における樹木の伐採禁止，などである。くわえて，規制的手法には，
ある行為を禁止するものだけでなく，ある行為を義務づけるタイプのものもあ
る。自動車に乗る際のシートベルトの着用や工場における安全装置の取り付け，
家庭ゴミを出す際の分別，などである。

　以上のような規制的手法は，一般に道徳的に好ましいと思われている行為を
義務づける一方で，好ましくないと思われている行為を禁止するものであるこ
とが多く，たいていの人にとってわかりやすく，受け入れやすい。多くの社会
問題は，人々の不適切な行為（あるいは不作為）によって生じるものであり，そ
れゆえ，こうした手法は支持されやすく，実際，多くの社会問題がこのような

第Ⅲ部　政策をどうデザインするか

手法によって解決されている。

規制的手法の問題点

　しかしながら，他方で，こうした規制的手法を実施しようとすると，しばしば，かなりの手間とコストがかかり，必ずしもつねに適切とはかぎらない。当然のことながら，規制的手法が効果的に機能するには，規制に違反する行為を発見し，適切に「罰」を与える必要がある。ところが，多くの場合，そうしたルール違反行為をみつけだし摘発するには多大なコストが必要なうえ，「罰する」こと自体にもコストがかかる。実際，駅周辺の駐輪の禁止はほとんどの地域でおこなわれているが，そのコストは決して小さなものではない。

　たとえば千葉市では，放置自転車の撤去や保管のために毎年 1 億円以上が支出されており，撤去した自転車 1 台あたりの費用は3000円以上となっている。放置された自転車をトラックに載せ（ときに自転車と電柱をつなぐチェーンを切断し），保管場所まで運び，それらの自転車が盗難されないように管理人を常駐させ，さらに雨に濡れないように保管しようとすれば，相当のコストが必要になることが想像されよう。また，いうまでもなく駐輪禁止区域が広いほど対応の手間とコストは大きくなるうえ，しばしば指摘されるように，ある範囲を駐輪禁止区域に指定すると，その少し外側に駐輪がなされ，そうするとさらに指定区域を広げて……，という悪循環に陥りやすい。

　くわえて，ルール違反の行為をみつけること自体も難しいことがある。駐輪禁止区域にとめられている自転車を発見するのは容易だが，たとえば，ゴミの不法投棄のようなケースでは，そもそも発見されにくい場所（藪の中など）に投棄されることが少なくない。そのうえそのようなルール違反行為をおこなった者をみつけだすこともきわめて難しい。監視カメラなどを使えばある程度費用を抑えることは可能だが，そうすると今度はプライバシーの問題が生じてしまうのである。

　また当然のことながら，こうした費用の問題は，禁止タイプの規制だけでなく義務づけタイプの規制についても当てはまる。たとえば，新たに建物を建てる際には建築基準法を順守しなければならないことになっており，それゆえ政府は，新たに建築される建物について，きちんと建築基準法が順守されている

240

第10章 手　段

か否かをチェックする必要がある。ところが実際にはそうしたチェックを厳密・正確におこなうことは難しく，かなりの数の違法建築が存在すると推測されている。

経済的インセンティブ

　それでは，単にある行為を禁止したり義務づけたりするのではなく，別の方法でより効果的に（あるいはより安上がりに）人々の行動を変えることはできないだろうか。そこで次に取り上げるのは経済的インセンティブである。

　たとえば，毎月5000円支払うと駅前の路上に駐輪できる，というような方法が考えられる。あるいは，自転車の保有に対して課税することで市内に存在する自転車の台数そのものを減らしてしまう，という方法も考えられないわけではない。実際，自転車ではないが，ロンドンでは，市内に流入する自動車の台数を減らすべく，特定の時間帯に自動車がロンドン市内の特定区域に入る場合，「渋滞税」（congestion charge）を支払わなければならないことになっている。これにより渋滞を減らせるだけでなく，それによってえられた収入を渋滞の改善のためにも使うことができる。

　なお，当然のことながら，経済的な負担を負わせることである行為を抑制するだけでなく，逆に経済的便益を与えることによってある行為を奨励することも可能である。たとえば駅前の路上に駐輪せずに，駅から少し離れた駐輪場にとめると駅前の商店街で使える割引券がもらえる，というような手法である。ほかにもたとえば太陽光発電設備の設置に対する補助金など，多くの補助金はこのような発想に基づくものである。なお，こうしたインセンティブの仕組みとして，金銭的なものだけでなく，より間接的なものが用いられることもある。たとえば現在，厚生労働省は，悪質なブラック企業の名前を公表しているが，これは間接的に企業に損害をもたらすことを利用してブラック企業を減らす試みであるといえる。

経済的インセンティブの利点

　こうした手法はいわば「アメとムチ」のようなものであり，公共政策にかぎらず，日常生活を含めて，多くの場面で活用されている（親が子どもに家事を手

第Ⅲ部　政策をどうデザインするか

伝わせるために小遣いを与えるなど）。なお，こうした手法は，うえにみた規制的手法とほとんど同じようにみえるかもしれないが，経済的インセンティブの場合，道徳的に好ましくないから禁止する（あるいは好ましいから義務づける）というのではなく，お金さえ払えばある行為をおこなってもよい，あるいはお金が欲しければある行為をおこなえばよいとされており，市民の側に選択が委ねられていることがポイントである。それゆえ，窃盗や殺人のように無条件に禁止すべき行為（あるいは建築基準法のように絶対に順守すべき行為）には，こうした方法は使えないことに注意する必要がある。

　それではなぜ，単純に義務づけたり禁止したりするのではなく，わざわざ課金したり補助金を与えたりといった「遠回りな」手法を用いることがあるのだろうか。第1に指摘できるのは，うえに述べたように，禁止や義務づけにくらべて人々の自由や権利を制限する度合いが低いことである。第12章でも触れるが，社会問題を解決するためであっても，できるだけ人々の自由や権利を制限しないですめばそれに越したことはない。また，自由や権利を制限しない手法のほうが，人々の反発を招きにくく実施が容易であるとも考えられる（cf. Bemelmans-Videc, *et al.* 1998）。

　また第2に，ここで詳しく説明することはできないが，一般に，規制的手法よりも経済的インセンティブを活用したほうが，社会全体としてより低いコストで目標を達成することができる。たとえば，工場から排出されるCO_2の量を減らしたい場合，すべての工場に対してCO_2除去装置の取りつけを義務づけたり，工場から排出されるCO_2の量を制限したりするよりも，CO_2の排出について1単位あたりX円といったかたちで課徴金を課すほうが，より効率的にCO_2排出量を減らすことができる（cf. 石 1999）。

規制・インセンティブの困難

　ただし，経済的インセンティブにはこのような利点があるものの，規制的手法と同じ困難を抱えている。「アメとムチ」を機能させるには，対象となる人々の行為を監視し，正確に評価する必要があるからである。当然のことながら，よいことをしているのに「アメ」をあげなかったり，悪いことをしたのに「アメ」がもらえたりするようでは，人々の行動を適切に変えることはできな

い。そして現実には残念ながら少なからずの人々が，チャンスがあればルールを破り，抜け道を探して「ムチ」を避け「アメ」を貰おうとする。簡単にいえば「ズルをする」わけである。たとえば，放置自転車の撤去が，特定の決まった曜日しか実施されないことがわかると，多くの人はその曜日をはずして自転車をとめるだろう。あるいは，監視カメラのあるところではゴミの不法投棄は減るが，ないところではかえって増えてしまうかもしれない。人々が利己的に行動するかぎり，こうした事態が発生することは避けられない。もちろん，こうした行動を防ごうとすれば，たとえば自転車の撤去をランダムにおこなうとか，撤去の回数を増やすとか，監視カメラを増やすとかすればよいのだが，そのための追加的コストが必要になるうえ，さらなる別の「ごまかし」を誘発し，「いたちごっご」に終わる可能性もある。

　くわえて，こうした「アメとムチ」に基づく手法は，人々の行動をさらに利己的な方向へと歪める可能性があることも指摘されている。たとえば，ブルーノ・フライ（B. Frey）は，子どもに小遣いを与えて家事を手伝わせるケースを例にとり，こうした「アメ」の利用は，その子の自発性を弱めてしまい，小遣いなしでは手伝いをしない子どもにしてしまうと指摘している。そしていったんこのような動機づけを身につけた子どもは，たとえば皿洗いだけでなく，庭の草刈や買い物といったほかの手伝いについても，あるいは，学校の勉強についても，小遣いがなければやらないようになってしまう危険がある。また，それをみていた弟や妹も小遣いなしには手伝いをしなくなってしまうというのである（Frey 1997）。

　むろん以上は子どもの家事手伝いの話にすぎないが，こうしたことは実際の公共政策の現場でも生じうる。たとえば，多くの自治体で，家庭ごみの量を減らすためにゴミ袋を有料化しているが，こうした政策によって人々の行動を変えることは，結果的に，お金さえ払えばいくらゴミを出してもよい，また，お金を払う必要がないのであればいくらゴミを出してもよい，という意識を形成しやすい。また，いったんゴミ袋を有料化しても，その金額に慣れてしまうと再びゴミの量が増加することも少なくない。その結果さらにゴミ袋の価格を上げるが，それにまた慣れてしまい……という悪循環に陥りやすいのである。

第Ⅲ部　政策をどうデザインするか

心理学的手法①——市民的徳の涵養

とはいうものの，以上のような問題があるからといって，規制的手法や経済的インセンティブがすべて役に立たない，というわけでは決してない。むしろ通常は効果的であり，さほど大きな問題は生じない。ただ，つねにうまくいくかといえば，そうではなく，むしろ規制やインセンティブ以外の手法のほうが効果的だったり，安上がりだったりすることもある。

では，規制やインセンティブ以外にどのような方法があるだろうか。もっともよく用いられているのは，情報提供や教育，意識啓発といったものである。むろん，こうした手法が効果を発揮するには時間がかかるうえ，そもそも効果があるか否かもはっきりしないことが多い。だが現実にはしばしば用いられているし，必ずしも効果がないともいいがたい。たとえば，行政や NPO による啓発活動のおかげもあって，近年マイバックやマイ箸を持ち歩く人は少なくない。また，省エネやゴミの削減も，必ずしも経済的インセンティブだけによって進んでいるわけではなさそうである。

ただ，こうした従来型の意識啓発や啓蒙教育活動は，まったく効果がないとはいえないものの，すぐに劇的な効果をあげることは期待しがたい。実際，迷惑駐輪についてもさまざまな意識啓発活動がおこなわれているが，必ずしも十分な効果をあげていないようである。

ラディカル経済学の代表的論者であるサミュエル・ボウルズ（S. Bowles）は，数多くの実験やデータをもとに，人々の利己心に訴えるインセンティブ・メカニズムの危険を指摘し，市民の徳を涵養することの重要性を説いているが（Bowles 2016=2017），では，どのようにしてそのような徳を市民に身につけてもらうことができるのかは，いまなお難しい問題である。たしかに，だれもが市民的な徳を身につけることができるならば，迷惑駐輪問題もすぐに解決すると考えられるが，なかなかそうはいかないのが現実である。

これに対して近年注目されているのは，心理学やマーケティングの理論，行動経済学などの知見を活用し，とりわけ人々の感情や情緒，あるいは無意識の領域に働きかけることで人々の行動を変容させるような政策手法である。

第 **10** 章 手 段

　── *Column* ⑳　ゲーミフィケーション ─────────────

　社会問題を解決する手法の1つとして，ゲーミフィケーションという手法が
注目されている。社会問題の解決に結びつく行動を，一種のゲームとしておこ
なうことができるようにすることで，より多くの人の参加と活動をひきだす方
法である。日本では，東日本大震災後に開発された節電ゲームが有名である。
このゲームは，自宅の電力メーターの数値を公式サイトに入力することで，節
電量が「戦闘力」としてポイント化され，それによってユーザー同士で競争す
ることができる，というものである。節電という地味で地道な取組みをゲーム
にしてしまうことで，人々の好奇心を誘うとともに競争心に訴えることができ，
社会的に望ましい行動を増大させることが期待されている。こうした手法は社
会問題の解決だけでなく，ビジネスや教育の現場でも活用されつつあるが，た
だし，中毒性のあるゲームデザインがなされると，それ自体が社会問題をひき
おこす危険もある。また，行動の目的が競争に勝つことに転換されてしまうた
め，本来の目的が忘れられてしまうおそれもある。　　　　　　　（W. S.）

心理学的手法②──同調圧力の利用

　まず，人々の感情に働きかけるタイプの手法として，たとえば「同調圧力」
を利用する方法がある。だれもが経験的に知っているように，すでに多くの自
転車がとめられている場所にはさらに多くの自転車がとめられることになりや
すい。しかしながら，多くの人は，まったく自転車がとめられていない場所に
あえて自転車をとめようという気にはなりにくい。ゴミの不法投棄や歩きタバ
コなどにも同じことがいえるだろう。こうした現象が生じるのは，「みんなや
っているのだから自分もやっていいだろう」とか「だれもしてないのだったら
自分もできないな」といった，同調的な意識が働いているからだと考えられる。
こうした人々の感情的特性をうまく利用することができれば，規制や経済的イ
ンセンティブを用いることなく，人々の行動を変えることができるかもしれな
い。

　リチャード・セイラー（R. Thaler）とキャス・サンスティーン（C. Sunstein）
は，行動経済学の議論をふまえ，こうした手法を「ナッジ」と呼び，政府によ
る強制的な干渉がなくとも人々の行動を適切な方向に誘導できるものとして評
価し，さまざまな事例を紹介している。

第Ⅲ部　政策をどうデザインするか

　たとえば，彼らによると，アメリカのテキサス州では，多くの住民が「テキサスを汚すな」というステッカーを自動車に貼ることで，ゴミのポイ捨てが減ったという。多くの自動車にステッカーが貼られた結果，ステッカーを見た住民は，自分以外の他の多くの住民がポイ捨てすべきでないと考えていると認識するようになり，そのこと自体が効果を持ったと考えられるという。また同様に，納税者に対して，脱税は厳しく罰せられるという情報や，納税の手続のわかりやすい説明などを伝えるよりも，ほとんどの市民は脱税をせず正直に納税しているという情報を伝えたほうが，より効果的に脱税を防ぐことができた，というケースも紹介している（Thaler and Sunstein 2008=2009）。

心理学的手法③──ストーリーの利用

　さらに，このような同調圧力を利用した方法以外にも，たとえば，人々に一種のストーリーを提示することで行動を変えることも考えられる。やや特殊な事例だが，ジャーナリストのティナ・ローゼンバーグ（T. Rosenberg）は，アメリカのある高校の事例を紹介している。ローゼンバーグによると，その高校では，生徒の喫煙が問題となっており，さまざまな対策（教育したり罰を与えたり）をとってきたが，その効果には限界があったという。そこで，この高校の校長が知り合いのマーケティングの専門家に，よい方策を考えてくれるよう頼んだところ，喫煙する生徒たちにこれまでとは別のストーリーを提示することで，彼らの喫煙を大幅に減らすことができたという。具体的には，喫煙の健康に対する悪影響を強調するような従来型の教育をやめ，むしろ，タバコ会社の戦略に高校生が巧みに乗せられていることを伝えたという。そもそも喫煙する高校生の多くは，学校や教師，親といった権威に反抗する気持ちから喫煙している。こうした反抗心をいわば逆手にとって，その対象をタバコ会社に振り向けるようにしたわけである。実際，この試みにより，その高校では生徒みずからタバコをやめるキャンペーンをはじめ，大幅に喫煙を減らすことができたという（Rosenberg 2011=2012）。

心理学的手法④──羞恥心の利用

　こうした事例は枚挙にいとまがないが，最後にもうひとつだけ紹介しておこ

第**10**章　手　段

う。レイモンド・フィスマン（F. Raymond）とエドワード・ミゲル（E. Miguel）によると，1994年にコロンビアの首都ボゴタ市の市長に就任したアンタナス・モックス（A. Mockus）市長（もともと数学と哲学の教授）は，市内の犯罪を減らすために，交通違反のような軽微な犯罪から減らすことにしたという（軽微な犯罪の増加は重大な犯罪の増加に結びつきやすいことが知られている）。ただ，その方法がきわめてユニークなもので，市内の主要な交差点に「ピエロ」を配置したという。彼らの「任務」は，交差点で信号無視をしたり，道路を無理に横断したりする歩行者を，おもしろおかしく（やや誇張して）マネすることである。マネされた歩行者は，周囲の歩行者や自動車のドライバーに注目され笑われることになるが，こうした取組みの結果，驚くべきことに交通違反が激減したという。もちろん，その理由はピエロだけにあるわけではないだろうし，どこの国や地域でも同じように効果があるとはかぎらないが，だとしても，わざわざ警察官が違反者を摘発し，罰金を課したりするよりも，ずっと安上がりで効果的かもしれない（Fisman and Miguel 2010=2014）。

　以上は，人々の感情（同調圧力，反抗心，羞恥心など）に訴えかけることで，その行動を変えようとするものであった。じつは，先にみた意識啓発や教育といった手法も，従来のような「お説教型」のものではなく，いま述べたような人々の感情や情緒に効果的に働きかけるものであれば功を奏する可能性がある。たとえば，放置自転車については，単に「迷惑なのでここに自転車をとめないでください」と書いたポスターを貼るのではなく，近所の小学生の描いたポスターを貼ったり，大きな「目」の絵を描いた看板を置いたりしたところ駐輪が減ったという話がある。あるいは，歩道に自転車をとめると歩行者が迷惑するということを伝えるだけでなく，実際に迷惑駐輪によって発生した事故（松葉杖の人が転んで大怪我をしたなど）について詳しい情報を歩道上に掲示したりすると，意外と効果があるかもしれない。もちろん，実際には各地でさまざまな試みがなされており，大きな可能性があるものと思われる。

心理学的手法⑤──無意識への働きかけ

　他方で，以上のように人々の感情や情緒に働きかけるのではなく，より無意識に近いレベルに働きかけることで，人々の行動を変える方法もある。たとえ

ば，走行中の自動車の速度をおさえるために，車道の両脇に引かれている白い線を少し内側に引く，という方法がある。これにより多くのドライバーは道路が狭いように感じて速度をおとすのである。これは一種の目の錯覚を利用した方法だが，ほかにも，駅のホームに青いライトを設置したところ自殺者の数が減った，また駅周辺に青色街灯を設置したところ犯罪が減少した，という報告もある。さらに，無意識に働きかけるとまではいえないが，男子トイレの便器に小さなハエの絵を描いておく，というような方法もある。多くの男性はその絵を目標にして用を足すため，結果的にトイレの汚れが減る，というわけである。

　こうした方法は，無意識の領域（あるいは無意識に近い領域）に存在する，人類に共通する生物学的な特質を利用している点に特徴がある。たとえば，近年研究が進んでいるように，人間は，色やかたち，匂いや明るさ，音や温度などから，それと意識されないまま多大な影響を受けている。「赤い服を着るとモテる」というような話は多くの人が一度は耳にしたことがあると思われるが，タルマ・ローベル（T. Lobel）によると，マーケティングやデザインの分野では，これらの要素を可能なかぎり利用しながら，人々の行動を変えようとしているという（Lobel 2014=2015）。公共政策における興味深い例としては，メキシコのイダルガ州の州都パチューカが有名である。パチューカでは，市役所がアーティスト集団に依頼し，約2万平方メートルの地域にある約200軒の家の壁をカラフルな虹色に塗り直したところ，その地域での犯罪が大幅に減ったという。むろん実際には，その「色」だけが理由ではないにせよ，こうした要因は人々の行動に対して意外に大きな影響を与える可能性がある。

　なお，以上紹介してきたような心理学的手法に基づく政策は，人によっては，そもそも「公共政策」とは呼べないと感じられるかもしれない。というのも，これまで一般に公共政策は法律や条例と結びつけて考えられてきたうえに，特に日本では公務員の多くはいまなお法学部出身であるからである。政策は，公務員が法律や条例をつくって形成するもの，と思い込んでいる人にとっては，以上のような「ソフトな」手法はむしろ企業活動に類似したものと考えられるかもしれない。しかしながら近年，さまざまな場面で行政と企業が協働することが増え，マーケティング的な発想が行政にも取り入れられつつある（cf. 稲

継・山田 2011)。また行動経済学や心理学の知見が政策関係者の間に浸透しつつあり，こうした手法も注目されるようになっている。それゆえ，本書ではこうした手法も公共政策の重要な1つの手段として位置づけ，考察の対象とすることにしたい。

心理学的手法の長所と短所

では，以上のような心理学的手法は，先に見た規制的手法や経済的インセンティブと比較して，どのように評価できるだろうか。本来は，次章でみるように，さまざまな要因を考慮しなければどの方法が適切であるかは判断しづらいのだが，一般的にはつぎのようにいえるだろう。

まず，長所としては，多くの場合，監視などのコストが不要であるため規制的手法や経済的インセンティブにくらべてコストが低くおさえられること，また自由や権利に対する制限の度合いが低く，また市民はそもそも自分の行動が「操作」されていることに気づきにくいため，反発を受けにくいことがあげられる。

これに対して，短所としては以下の3点をあげることができよう。第1に，因果関係が不明確で，効果が予測しづらく，やってみないとわからないことが指摘できる。実際，ある場所で効果のあった心理学的手法が，別の場所・ケースではあまり効果がないことがありうる。第2に，こうした手法は，一般市民には効果が期待できるものの，企業などには必ずしも効果がないことも指摘できる。企業などの組織は，一般に，個人とは異なり，感情や無意識によって行動が規定されるわけではなく，利潤の追求などの組織目的に基づいて行動するためである。第3に，こうした手法によって人々の行動を変えることそれ自体への倫理的・道徳的な批判もなされている。そもそも，本人にすら気がつかれないように都合よく人々の行動を変えてしまうのは倫理的に好ましくないかもしれない（那須 2016）。また，多くの市民が自分の行動を変えられていることに気がつかないため，そうした手法を使ってまで人々の行動を変えるべきか否かを議論する機会すら失われてしまうと考えられる。

たとえば現在，日本では，深夜の公園に集まって大声で話す若者たちを「撃退」すべく，公園内に蚊の鳴くような高音（モスキート音と呼ばれる）を出す機

第Ⅲ部　政策をどうデザインするか

械を設置し，効果をあげているケースがある。高齢者には聞こえない音域の高音であるため若者だけがその音を嫌って公園から出るということなのだが，こうした「解決策」がほんとうに好ましいといえるかはたしかに議論の余地がありそうである。というのも，このようなやり方で「撃退」するだけでは，公園に集まっている若者たちがみずからの行為について反省するチャンスは失われてしまうし，そもそもなぜ彼らは公園に集まっているのか（たとえばその地域では若者同士が交流する場や機会が極端に少ないのかもしれない）について地域全体で考えたり，そもそも公園をその地域においてどのようなものとして位置づけるかについて住民同士が議論したりする機会が失われてしまうからである。

物理的対応

最後に，物理的に人々の行動を変えてしまう方法があることも指摘しておこう。具体的にはたとえば，自転車がとめられないように柵を設けたり，自転車がとめにくいように植木鉢を並べたり，というようなことである。この種の方法は実は非常によく用いられており，とりわけ都市計画などの分野では一般的な手法である。実際，ホームレスや酔っぱらいの人が寝ることができないように公園のベンチに手すりのようなものを取り付けたり，携帯電話が使えないように電波がつながらないようにしたり，というような方法が採用されている。

こうした方法は，うえにみた心理学的手法と同様，監視や処罰などの費用が不要であるため，規制やインセンティブにくらべて，多くの場合，安上がりである。また，やり方によるが，法律などによって人々の行動を規制するのにくらべて，市民からの反発も受けにくい。そのうえ，心理学的手法にくらべて効果が確実で予測しやすい。実際，駐輪できないように柵を設けてしまえば，よほどのことがないかぎり，柵を壊してまで自転車をとめる人はいないだろう。また，子どもや外国人，目がみえない人など，文字が読めない人の行動を変えるには，物理的手法がもっとも効果的かもしれない。

ただし，この種の方法には，いくつかの欠点もある。第1に，心理学的手法と同様の倫理的・道徳的問題がありうる。実際，横になれないベンチなどは，きちんとした議論のないまま，一種の社会的排除の仕組みとして導入されている可能性があり，しばしば問題となっている。また第2に，クリストファー・

フッド（C. Hood）によると，物理的対応は，状況に応じた柔軟な対応を困難にする危険がある（Hood 1986=2000）。たとえば，公園内への自動車の乗り入れを禁止するために，公園の入口に歩行者しか通れない柵を設けた結果，その柵が邪魔になって救急車や消防車が入れない，とか，地震や津波，大規模火災といった特殊な状況で一般車両が入れなくて困るといった事態が生じうる。柵は設けず入口に人を置き，車両の乗り入れを禁止しつつ，状況に応じて（裁量的に）車両の出入りを管理することができるのであれば，こうした問題は生じないわけである。

3　サービスの提供

サービスへの注目

　以上，人々の行動を変えることで問題を解決する手法を紹介してきた。だが，政府は，このような方法ではなく，さまざまなサービスを提供することによって問題を解決することがある。あるいは，サービスを提供することで人々の行動を変え，それによって問題を解決することがある。なお，ここでいう「サービス」は，市民にとって「役に立つ」ものを提供するすべての活動を指す。したがって，医療や介護，教育のような第3次産業にかかわるものだけでなく，道路や橋，文化ホールや体育館といったいわゆる「ハコモノ」も含んでいる。

　このように「サービス」を捉えたうえで，再び駅前の迷惑駐輪問題を例に取って考えてみよう。たとえば，市役所は，駐輪を規制したり，経済的インセンティブの仕組みを導入するだけでなく，駅の近くに駐輪場をつくったり，公共交通機関を充実したりすることもできる。あるいは，パリや日本の一部の自治体でおこなわれているように，無料レンタル自転車サービスを提供することで，通勤・通学のために駅前にとめられている自転車を減らせる可能性もある。あるいは，発想を根本的に転換して，自転車が乗り入れられない地下道やペデストリアン・デッキ（高架広場・通路）を設置することで，歩行者は，駐輪された自転車を気にせず駅を利用できるようになり，問題は解決されるかもしれない（前章でも述べられていたとおり，これこそが「問題の定義」であるともいえる）。

第Ⅲ部　政策をどうデザインするか

サービス提供の長所と短所

　一般に，政府によるサービスの提供は，市場でサービスが購入できない人への支援として（例：保育所），あるいは公共財として（例：橋や道路），あるいは権利を実現するものとして（例：義務教育）理解されている。むろん，こうした理解は誤りではないものの，サービス提供を問題解決手法の1つとして捉えることにより，適切な政策のあり方について，より広い視野から議論することが可能になると考えられる。一般に，規制はサービス提供とはまったく別のタイプの政策として捉えられているが，実際にはしばしば，駐輪問題の例でみたように，互換可能な選択肢なのである。

　それでは，規制などによって人々の行動を変更することによって問題を解決することと，サービスの提供によって問題を解決することの，いずれがより好ましいといえるだろうか。むろんケース・バイ・ケースではあるが，多くの場合，サービス提供のほうがより多くの支出が必要になりやすい（ただし社会全体が負う費用はどちらが大きいともいいがたい）。たとえば，橋や道路のようないわゆる「ハコモノ」によるサービス提供であれば，土地の取得や工事のために莫大な費用がかかるし，教育や福祉のような「ソフト」なサービス提供については，多くの人を雇う必要があり，人件費がかさむことになる。これに対して，たとえば規制の場合，規制違反の摘発などにコストがかかるとはいえ，監視などに力を入れなければ，ハコモノをつくる必要はなく，公務員もそれほど雇う必要がない。実のところ，日本では，従来，社会問題の解決について規制に頼ることが多く，サービス提供は，公共事業を除けば，比較的少なく抑えられてきた。その結果，日本の公務員の数は少なく，比較的小さな政府にとどまっていたと指摘されることもある。

　ただし，サービスの提供も，やり方によっては低いコストで問題が解決できることもある。たとえば，ペットボトルなどのポイ捨ては，一般に，迷惑駐輪と同様に罰金などによって減らすべきと考えられやすい。だが松下啓一が指摘するように，実際には，ポイ捨てする人をいちいち捕まえて罰金をとるよりも，自動販売機から駅の間に複数のゴミ箱を設置したほうが，より効果的かつ安上がりに，ポイ捨てを減らせるかもしれない（松下 2002）。

252

第10章 手 段

4 社会的解決の支援

　以上の方法はいずれも政府が直接に社会問題を解決するものであった。しかしながら，社会問題の解決は政府によってのみなされているわけではない。現実には，多くの社会問題が，家族や友人，NPOやボランティア，あるいは地域コミュニティなど，政府以外の主体によって解決されている。また，社会問題の解決とは意識されないまま，市場をつうじて問題が解決されることもある。ここでは，こうした解決のことを「社会的解決」と呼び，それを政府がどのように支援したり促進したりすることができるか考えてみることにしたい。

市場による解決の創設・支援
　政府はもともと市場が存在していなかったところに，人為的に市場をつくり出すことができる。あるいは，市場の拡大を支援することができる。そして，それによって社会問題を解決できることがある。
　たとえば，先の迷惑駐輪の例でいえば，条例によって駐輪を禁止したり，市役所みずから駐輪場を設置したりするのではなく，行政の支援により民間の駐輪業者を増やすことも可能である。たとえば，駐輪場建設のために市役所の敷地の一部を民間事業者に格安で提供するとか，歩道の一部を駐輪場として使えるように歩道の利用に関する規制を緩和するといった方法である。同様に，民泊の推進や，民間保育施設に対する支援など，需要があるにもかかわらず，さまざまな理由により市場が成立しなかったり，成立しても不十分な規模にとどまっていたりする場合に，政府が市場を後押しすることは，社会問題の解決につながるとともに，新たな雇用をうみだし，さらなる経済成長をもたらす可能性もある。また，政府が所有するさまざまな施設（たとえば廃校になった小学校や使われていない学校の校庭など）についても，近年積極的に利用が進められつつあるが，これらも，ケースによっては，もともと市場がなかったところに市場を創出する試みとして理解できるだろう。
　こうした市場の創出や育成を実現するには，いくつかの方法がある。ここではさしあたり3つの方法を紹介しておこう。

253

第Ⅲ部　政策をどうデザインするか

　第1に，いわゆる「規制緩和」や「規制撤廃」が考えられる。何らかの規制によって民間企業が活動できなかったり，新規事業者が参入できなかったりすることが少なくないからである。ただ，当然のことながら，規制が存在することにはそれなりの理由があるため，むやみに規制をなくせばよいというわけではない。たとえば「レモン市場」のようなケースでは規制が存在したほうがかえって市場が維持されやすい。また「幼稚産業」を保護・育成するためにあえて規制を設けて，競争が過度にならないようにすることも考えられないわけではない。

　第2に，社会的企業・起業の支援も考えられる。近年，たとえば病児保育サービスを提供する企業が増えつつあるが，こうした公共的な問題の解決のための起業を，政府の支援により増やすことができるのであれば間接的に社会問題の解決を後押しすることができるだろう。ただし，企業に対するさまざまな利益の付与（補助金や低利融資など）は，よく知られているとおり，腐敗の温床になりやすいうえ，非効率な企業や業界を無理に延命するおそれがあることに注意する必要がある。

　第3に，一般に市場の存在しないモノやサービスについて，市場あるいは市場に類似した仕組みをつくり出すことも可能である。温暖化ガスの排出権取引がその典型だが，こうした手法は実はさまざまな場面で利用可能である。とりわけ環境問題は，所有権が存在しないために生じることが多く，適切な所有権の設定が市場による問題解決につながることがある。

　さらに，一般的には市場が存在しない分野でも，市場に類似した仕組みをつくり出すことによって問題を解決できることがある。たとえば，近年，経済学では，マーケットデザインに関する研究が盛んだが，これは，需要と供給をいかにしてマッチングするかについての研究である。一般に需要と供給は市場での取引をつうじてマッチングされるが，提供される財やサービスの性質によっては金銭を用いることが難しく，通常の市場システムが利用できない。このような場合に，どうすれば効率的なマッチングが実現できるかについての理論的検討と実験による検証がおこなわれているのである。実際に日本でも実現されている例として臨床研修医のマッチングが有名である。現在，研修を希望する医学部生と研修を受け入れる病院が，お互いにもっとも満足がいくようなマッ

第 **10** 章 手 段

─ *Column* ㉑　費用便益分析 ─

　問題を解決するために提案されたさまざまな政策手段の中から，もっともすぐれたものを選びだすにはどうすればよいだろうか。その1つの方法が費用便益分析である。ある手段を選択したことによってもたらされるメリットとデメリットをすべて金銭換算することができれば（つまり金額で表示できれば），すべての選択肢を1つのモノサシで比較することができ，もっともすぐれた手段を見つけだすのも簡単になる。たとえば，市内の渋滞問題を解決するべく，新たな地下鉄の路線を開設する案と，市内に流入する自動車に渋滞税をかける案の2つについて，それぞれどれくらいの費用が必要か，またどれくらいの便益が生じるかをすべて金額で評価できれば，どちらを選べばよいか簡単に答えが出せそうである。ただし，難しいのは，数多くのメリットやデメリットをどうやって金額に換算すればよいか，ということである。たとえば，そもそも「渋滞の緩和」をどのように金額で評価すればよいだろうか。また地下鉄工事によって騒音が発生する場合，それをどのように金額で評価すればよいだろうか。くわえて，渋滞税を徴収するのにどれくらいの費用がかかるか，あらかじめ正確に予測するのも難しそうである。

　多くの経済学者が，より合理的な換算方法を求めて研究をおこなってきた。しかし，そもそも，すべてのメリット・デメリットを金額であらわすことができるのか（また正確な将来予測は可能か）という点については論争がある。特に，人々の安全や健康にかかわるもの，また環境にかかわるものについては，金銭評価に対する抵抗感が強い。また換算手法にはさまざまなものがあり，どの手法を用いるのが適切かも決着がついているわけではない。とはいえ，ひとつの有用な分析手法であることは間違いなく，実際に，高速道路の建設などの公共事業などで用いられている。また，この手法を用いて，たとえば森林の価値を金銭評価する，といったこともなされている。　　　　　　　　　（W. S.）

チングを実現するための手法が確立されており，実際にそれに基づいて割り振りがなされている。こうしたマッチングの手法はほかにも，臓器移植，公立学校の選択制，電波オークションなど，さまざまな分野で実際に応用されつつある（坂井 2013）。政府はこうした仕組みを整えることで，もともと市場のなかった領域で，市場と同程度に効率的なマッチングの仕組みを実現できる可能性がある。

第Ⅲ部　政策をどうデザインするか

市場以外の社会的解決の支援

　以上は，市場が適切に機能することを支援したり，市場ないし市場に類似したものを創設したりすることによって社会的な問題を解決する手法であった。だが，多くの社会問題は必ずしも政府と市場だけによって解決されるわけではなく，社会の中のさまざまな主体によって解決されている。というより，実際にはほとんどの問題は通常の社会生活の中で解決されているとすらいえる。そして政府は，そうした社会内部での解決を促進・支援することができる。

　たとえば，迷惑駐輪に関して，駅を運営している鉄道会社，駅前の商店街，多くの学生が駅を利用している地元の大学の3者が集まって協議する場を市役所が設定する，といったことが考えられる。もちろん集まったからといってすぐに解決に結びつくとはかぎらないが，こうした話し合いを続けることによって関係者間で問題が共有され，意識が変わるとともに，さまざまなアイデアがうまれることで少しずつ改善に向かっていく可能性がある。市役所はみずから直接に解決に乗り出すわけではないが，その支援や後押しをすることができるのである。もちろん，市役所が乗り出さなくとも3者が自発的に集まることも可能だが，現実にはだれも積極的に声をあげないまま問題が放置されてしまうことも少なくない。こうした状況で政府が声をかけ，協議の「場」を設定することで事態が動き出すこともあるのである。

業界団体の自主規制

　さらにまた，業界団体による自主規制なども社会的解決と捉えることができる。たとえば，家電製品の安全基準や映画のワイセツ映像・暴力映像の自主規制，食品の認証制度などがこれにあたる。一見すると，これらは政府による規制とよく似ており，また近年は自主規制がそのまま政府による規制に「とりこまれる」ケースもあるが，本来はまったく別のものである（cf. 村上 2016）。たしかに，企業や業界団体みずからが，消費者からの信頼をえるべく，積極的に情報公開をおこなったり，チェック機能を果たしたりできるならば（もちろんそれらが十分に信頼できることが前提だが），政府による監視や干渉はずっと少なくてすむだろう。

256

ボランタリーセクターによる解決

　くわえて，NPO やボランティアといった，市民の自発的活動を支援することで間接的に社会問題の解決を促進することも考えられる。よく知られているとおり，欧米だけでなく日本においても数多くの NPO がすでに存在しており，政府や市場によって解決できない問題を解決している。NPO は政府とくらべてその場の状況にあわせて柔軟に対応できるうえ，活動コストも低くおさえることができる。また営利目的の企業にくらべて，利益をあげる必要がないため，コストをおさえられる可能性がある。さらに，第2章でも触れたように，とりわけ環境や福祉，災害対応など，個別性が高く，一律の対応が取りにくい分野において大きな役割を果たすことが期待されている。特に日本では，阪神淡路大震災における NPO の活躍が広く知られるようになって以来，その社会的役割が認識され，政府による支援もおこなわれるようになった。たとえば，2012年には認定 NPO に対する寄付の税額控除が認められるようになり，2016年には「休眠預金活用法」が成立し，金融機関の休眠預金が各種公益団体への助成や融資に活用されることになっている。

　ただしもちろん，NPO やボランティアにも短所がないわけではなく，あらゆる社会問題の解決を NPO やボランティアに委ねればよい，というわけではない。たとえばレスター・M・サラモン（L. M. Salamon）によれば，NPO は，①不十分なサービス，②サービスのかたより，③パターナリズム，④専門性の低さ，といった問題を抱えやすい（Salamon 1995=2007）。NPO は，しばしば資金や人手の不足，また能力や知識の不足によって十分なサービスを提供できないことがある。また自分たちのミッションを重視するため，結果的にサービスの内容や対象がかたよってしまうこともある。さらに最悪の場合には，自分たちの有する価値観をサービス受給者に押しつけるような事態もないわけではない。たとえば「ひきこもり」の若者とその家族を支援する（と称する）団体の中には過度に暴力的な介入をおこなうものがあり，問題となっている。

地縁・血縁による共助

　社会的解決の方法としてはさらに，地域コミュニティや家族・親戚などによる助け合い（いわゆる地縁・血縁）を支援することも考えられる。第2章でも触

第Ⅲ部　政策をどうデザインするか

れたように，一般に近代化は地域や家族を解体し，政府や市場，NPO などに
その機能を委ねるようになると考えられている。逆にいえば，地域や家族の解
体が社会問題をうみ，その解決のためにこそ市場や政府，NPO が必要とされ
るということである。とはいうものの，実際には，いまなお地縁・血縁のよう
な昔ながらの人間関係によって解決されている問題もないわけではない。とり
わけ防災や防犯，地域の自然や文化の保護，教育やケアの提供といった領域で
は，昔ながらの人間関係が解決に寄与することが少なくなく，そうした活動を
政府が支援することも考えられる。ただし，こうした活動に対する支援は，結
果的に，いわゆるムラ的な人間関係を強化してしまったり，市場サービスを抑
圧してしまったりするおそれもある。

　以上のように，NPO にせよ，地縁・血縁のような昔ながらの人間関係にせ
よ，あらゆる問題を解決する万能薬ではありえない。また，こうした活動は基
本的には市民の自発性に基づくものであり，政府は干渉・介入すべきではない
とする意見もありえよう。ただ，その一方で，一般に想像されている以上に大
きな役割を果たしている可能性がある。

5　どの手段を選択すべきか

　以上，政府が選択しうるさまざまな手段について紹介してきた。これまでの
記述から明らかなとおり，ケースによって何が適切な手段かは異なるが，基本
的には，コストを考慮しつつ，より効果の高い手段を選択することが求められ
る。ただし，以下に述べるようにそれ以外の要因にも注意を払う必要がある。

　第 1 に，そもそも適切な手段を選択するために必要な（広い意味での）「資
源」を有するか否かが重要である。たとえば，ある手段を選択すると，長期的
には費用を低くおさえることができるものの，初期費用が非常に大きいような
場合，単年度予算を前提としている政府にとってはそうした手段は選択しづら
いかもしれない。また，特殊な知識や人員といった，金銭ではすぐに手に入れ
にくい資源が必要なこともありえよう。次章でも述べるように，自分たちで用
意できる「資源」の範囲内で，適切な手段を選ばざるをえないということであ
る。

第 **10** 章　手　段

　第2に，手段の選択は目標を達成する活動に過ぎず，したがって価値判断とは無縁のようにみえるかもしれないが，実際には手段が価値性を帯びることもあり，その結果，目標実現にとって最適な手段であっても採用されないことがありうる。たとえば，先に触れたとおり，監視カメラを数多く設置することは犯罪抑制に効果的かつ安上がりかもしれないが，プライバシーの問題があり，仮に効果的であっても好ましくないと考えられるかもしれない。なお，こうした価値判断の問題については第12章であらためて考えることにしたい。

　第3に，仮に適切な手段であっても，強い反対がある場合，採用することは難しい。たとえば，かつて，迷惑駐輪問題に関して，豊島区が池袋駅をはじめとする区内に駅を有する鉄道会社（JR 東日本，西武，東武，都交通局，営団地下鉄）に対して，放置自転車等対策税を課すことにより，放置自転車の撤去費用をまかなうとともに，鉄道会社による駐輪場の整備が期待されたことがあった。だが，この条例は区議会で可決されたものの，鉄道会社からの反発が強く，結局廃止されてしまったのである。

　第4に，次章でも触れるように，すでに採用されている手段が存在する状況において，まったく新しい手段を採用することは実際には難しく，従来から存在する手段の拡張や修正によって対応がなされることが少なくない。新たな対策を考えるよりも，たとえば予算を少し増やすほうが，効果も予測しやすいうえに周囲からの反対も出にくい。また，新しい手段を採用することは，行政の縦割りなど，制度的状況によって難しいこともありえよう。

参考文献

石弘光（1999）『環境税とは何か』岩波書店。

稲継裕昭・山田賢一（2011）『行政ビジネス』東洋経済新報社。

坂井豊貴（2013）『マーケットデザイン――最先端の実用的な経済学』筑摩書房。

那須耕介（2016）「リバタリアン・パターナリズムとその10年」（『社会システム研究』19号，1～35頁）。

松下啓一（2002）『自治体政策づくりの道具箱』学陽書房。

村上裕一（2016）『技術基準と官僚制――変容する規制空間の中で』岩波書店。

Bemelmans-Videc, Marie-Louise, Ray C. Rist and Evert Vedung eds. (1998),

第Ⅲ部　政策をどうデザインするか

Carrots, Sticks and Sermons: Policy Instruments and Their Evaluation, Transaction.

Bowles, Samuel (2016), *The Moral Economy: Why Good Incentives Are No Substitute for Good Citizen*, Yale University Press. (植村博恭・磯谷明徳・遠山弘徳訳『モラル・エコノミー：インセンティブか善き市民か』NTT 出版, 2017年。)

Frey, Bruno S. (1998), *Not Just for the Money: An Economic Theory of Personal Motivation*, Edward Elgar.

Fisman, Raymond and Edward Miguel (2010), *Economic Gangsters: Corruption, Violence, and the Poverty of Nations*, Princeton University Press. (田村勝省訳『悪い奴ほど合理的――腐敗・暴力・貧困の経済学』NTT 出版, 2014年。)

Hood, Christopher (1986), *Administrative Analysis: An Introduction to Rules, Enforcement and Organizations*, Harvester. (森田朗訳『行政活動の理論』岩波書店, 2000年。)

Lobel, Thalma (2014), *Sensation: The New Science of Physical Intelligence*, Atria Books. (池村千秋訳『赤を身につけるとなぜもてるのか？』文藝春秋, 2015年。)

Rosenberg, Tina (2011), *Join the Club: How Peer Pressure Can Transform the World*, W. W. Norton. (小坂恵理訳『クール革命――貧困・教育・独裁を解決する「ソーシャル・キュア」』早川書房, 2012年。)

Salamon, Lester M. (1995), *Partners in Public Service: Government-Nonprofit Relations in the Modern Welfare State*, The Johns Hopkins University Press. (江上哲監訳, 大野哲明・森康博・上田健作・吉村純一訳『NPO と公共サービス――政府と民間のパートナーシップ』ミネルヴァ書房, 2007年。)

Thaler, Richard H. and Cass R. Sunstein (2008), *Nudge: Improving Decisions about Health, Wealth and Happiness*, Yale University Press. (遠藤真美訳『実践 行動経済学』日経 BP 社, 2009年。)

(佐野　亘)

第11章
文　脈
——状況への配慮——

この章のねらい

　これまでみてきたとおり，適切な公共政策をデザインするには，十分な調査
をおこなったうえで政策課題を特定し，そのうえで，その課題を解決するため
の手段を適切に選択することが必要である。本章ではさらに，政策をデザイン
する際に考慮しておくべきさまざまな「周辺的な条件や環境」，すなわち「コ
ンテクスト」について考えてみたい。なお，ここでいう「周辺的な条件や環
境」には以下の3つが含まれる。

① 　ある政策が実施される現場の状況や，政策が対象とする人々

② 　政策をデザインするデザイナーの側の条件

③ 　政策の社会的・歴史的位置づけ

1　コンテクストとは何か

政策手段にとってのコンテクスト

　そもそもコンテクストとは何だろうか。日本語では「文脈」とか「脈絡」と
訳されるが，一般的には「ある言葉が何を意味するかはそのコンテクストをみ
なければわからない」というように使われる言葉である。たとえば，英語で
right という語が出てきた時に，それが「権利」を意味するのか「右」を意味
するのか，あるいは「正義」を意味するのかは，その語の前後関係（＝コンテ
クスト）をみなければわからない。同様に，政策デザインにおけるコンテクス
トの重要性がいわれる際に念頭に置かれているのは，たとえば，ある政策が実
施された際にどのように機能するかは，実施される場の状況や条件，環境など
によるため，その政策の「中身」だけみてもわからない，ということである。

　実際，よく知られているとおり，同じ内容の政策であっても，実施される国

第Ⅲ部　政策をどうデザインするか

や地域，タイミングなどによって，また，政策が対象とする人々によって，まったく異なった結果をもたらすことがある。たとえば駅前の迷惑駐輪対策についても，ある駅では非常に効果的だった手法が別の駅ではほとんど効果がみられない，とか，通勤中のサラリーマンには効果があったが通学中の高校生には効果がない，ということがありうるのである。政策をデザインする際には第1に，このような意味においてコンテクストに配慮する必要がある。

政策デザイナーにとってのコンテクスト

第2に，以上にくわえて，本章では，政策をデザインする側（政策デザイナー）にとっての条件や状況，環境といったものも，コンテクストとして理解しておくことにしたい。これは，政策手段に関するコンテクストというより，政策をデザインする主体にとっての，あるいは政策をデザインするという行為そのものにとっての，コンテクストを意味するものである。

いうまでもなく現実の政策デザインはさまざまな制約条件（ときに好条件）のもとでおこなわれる。たとえば，適切なデザインをおこなうための十分な予算や時間がないこともあるし，強硬に反対する人が存在するため政策デザイナーが考える理想の政策は実現しそうにない，ということもある。こうした政策デザイナーにとっての条件や環境も，政策をデザインする際に配慮すべきコンテクストとして捉えておくことにしよう。

政策内容に関するコンテクスト

さらに第3に，政策を社会的・歴史的にどのように位置づけるか，という観点からもコンテクストを理解しておきたい。というのも，実際に公共政策がデザインされる際には，その政策の社会的位置づけや意味づけ，あるいは，他の政策との整合性，さらには歴史的意義などをめぐって議論がなされ，そうした観点も考慮しながらデザインされることが少なくないからである。

詳しくはのちに述べるが，たとえば，ある自治体が「バリアフリー社会の実現」を特に重視している場合，迷惑駐輪対策もこうしたビジョンとの関連で捉えられることになる可能性が高い。それに対して，「環境先進都市」をめざしている自治体では，同じ駐輪対策でもそうした理念を念頭に置きながらデザイ

ンされるのが望ましいだろう。そしてその結果，提案される政策は前者のバリアフリー重視の自治体で採用されたものとは異なったものになるかもしれない。むろん前者と後者で矛盾するとはかぎらないが，同様の目的を有した政策であっても，それがいかなるコンテクストに置かれるかで，デザインの方向性や強調点が異なってくる可能性があるのである。

　以上，3つの観点から政策デザインにおけるコンテクストについて簡単に紹介した。あらためて確認しておくと，本章では，1つ目の意味でのコンテクストを「政策手段にとってのコンテクスト」，2つ目を「政策デザイナーにとってのコンテクスト」，3つ目を「政策内容に関するコンテクスト」と呼ぶことにしたい。なお，当然のことながら，これら3つのコンテクストは実際には区別しがたいこともある。同じ要因が，1つ目の意味でコンテクストになることもあれば，2つ目，3つ目の意味でコンテクストになることもある。以下では，3つのコンテクストについてそれぞれ説明するとともに，それに対してどのように対応・配慮すればよいのか考えてみたい。

2　政策手段にとってのコンテクスト

　上述のとおり，まったく同じ内容の政策を実施しても，政策対象者や，政策が実施されるタイミングや状況，場所などが違うと，その効果は大きく異なることがある。たとえば，同じ内容の法律を制定したとしても，それが実施される国の経済状況や文化，あるいは年齢構成や職業構成などによって，その効果は違ったものになる可能性が高い（たとえば法律を遵守する人の割合が大きく異なるかもしれない）。あるいは，迷惑駐輪対策を例にとれば，駅周辺の環境や公共交通機関の充実度，また駅利用者の人数や年齢構成，さらに場合によっては，その地域の人口密度や地形（坂の多さなど）なども，その効果に影響を与えるかもしれない。

　さらにもう1点つけくわえておくと，水道や電気，道路や橋のような，だれもが必要とする基本的サービスについてはともかく，それ以外のサービスについては特に状況や対象の多様性に配慮する必要がある。たとえば，福祉や環境保護といった分野においては，まったく同じサービスを提供しても，その効果

第Ⅲ部　政策をどうデザインするか

は地域や対象によって大きく異なりやすく，そのため状況に応じたきめ細かな対応が求められることが多い。

具体的状況の見落とし

　したがって，政策をデザインする際には，その政策が実際に実施されることになる現場の条件や要因をできるだけ幅広く考慮しておく必要がある。むろん政策の分野や内容によって配慮すべき事柄はさまざまであり，また配慮できる範囲にも限度がある。しかしだからといって，個々の現場やケースの事情を無視し，どこでもつねに同じような政策を実施するならば，結局は失敗してしまうことが多い。

　実のところ，政策が失敗する原因の1つは，このような現場の具体的状況の見落しにある。しばしば，ある国や地域で成功した政策を別の国や地域でも導入すべきと主張されるが（「教訓導出」（lesson drawing）や「政策移転」（policy transfer）などと呼ばれる），実際にはそれほど容易なことではない。たとえば，北欧の福祉政策やドイツの環境政策を日本も見習うべきである，といったことがよくいわれるが，そうした事例を参考にする必要があるのは確かだとしても，そっくりそのまま導入すればよいわけでは必ずしもない。

　同様に，過去に成功した政策に着目し，それと同様の政策の導入が主張されることも少なくないが，そうした提案も慎重に吟味する必要がある。たとえばケインズ主義的な景気浮揚政策は，グローバル化が現在ほど進行していなかった時期には一定の効果があったかもしれないが，現在ではそれほど効果的でなくなっている可能性がある。同様に，オリンピックや万博のような大型イベントの景気浮揚効果も，現在では，かつてほど大きくないかもしれない。

対象に潜む失敗

　くわえて，政策が働きかける主体についても考慮する必要がある。公共政策は多くの場合，具体的に働きかける対象を有している。前章でみたとおり，通常，公共政策は，ある特定の行為を禁止したり，一定のサービスを提供したりすることで直接的・間接的に人々の生活や行動とかかわっている。このような意味での「政策の対象」は，不特定多数の市民や企業であることもあれば，あ

264

る特定の地域に居住する特定の人々（例：貧困な母子家庭の子ども）であること
もある。そして前者のように，広く一般的な対象に働きかける場合には，その
多様性が問題になりやすい。ある政策を実施した際に，デザイナーの期待どお
りに反応する主体もいれば，そうでない主体も存在しうるからである。ところ
が一般的にこのような対象の多様性が予想されるにもかかわらず，実際にはあ
る特定の人間像を前提として政策がデザインされることが少なくない。

　たとえば，「利己的な経済人」や「大企業に勤めるサラリーマン」，あるいは
「父・母・子ふたり」の核家族を前提にする，といったことである。のちに詳
しく述べるように，こうした特定の人間像を前提にした政策は，実際の対象が
多様であればあるほど失敗する可能性が高くなる。その一方で，働きかける対
象を限定するほど対象の多様度は小さくなるものの，細かく場合分けをおこな
い，それぞれに適した内容にしようとすれば，そのための手間や費用も大きく
なる。

状況の不確実性

　さらにもう 1 点，状況や対象の多様性だけでなく，状況の「不確実性」につ
いても考慮する必要がある。というのも，現実には，どのような条件や状況が
政策デザインをおこなううえで配慮すべきコンテクストなのかを事前にすべて
見通しておくことはほとんど不可能だからである。実際には，あとになって
「じつは X の要因が重要であった」ということが判明することが少なくない。
また，仮にいま現在の状況について正確に把握できたとしても，そうした状況
も将来は変化してしまうかもしれないうえ，そうした変化をあらかじめ正確に
予測しておくことも困難である。たとえば，ある政策をデザインするうえで人
口が重要な要素であるとわかっていたとしても，10年後，20年後の人口を予測
することは難しいうえに，20年後には人口以外の要因が重要になっている可能
性もあるということである。

科学と政策の違い

　つまり，やや誇張していえば，政策の適切さはその「中身」だけをみても判
断できず，一般的・普遍的につねに適切な政策というものは存在しない，とい

うことである。かつて丸山眞男は『「文明論之概略」を読む』の中で，福沢諭吉が「コンディショナル・グッド」という言葉を頻繁に使い，「この世の中に絶対的な善などはない，またそれを求めるべきではない」と考えていたことを指摘し，強い共感を示したが（丸山 1986：234），こうした視点は意外に見落とされがちである。

　もちろん数多くの類似事例が存在すれば，ある程度は一般的な傾向やパターンをみいだすことができるだろうし，そうした一般的な法則を探ることは当然に重要である。ただ，公共政策をデザインするにあたってもっとも重要なことは，目の前にある具体的な問題を実際に解決することにある。それゆえ，政策デザインをおこなう場合，まずもって，目の前の問題が一般的な知見に基づいて解決しうるものであるのか否かを慎重に見極める必要がある。

　これは，政策デザインが，問題解決という特殊な目的を持った活動であることによるものであり，一般的な法則性をみいだすことを目的とする「科学」とは決定的に異なった点である。のちに述べるように，いまなお，ある特定の理論モデルに基づいて演繹的に適切な政策のあり方を導き出そうとする議論が少なくないが，そうして導き出された解決策がほんとうに問題解決に寄与するかどうかはまさにコンテクスト次第であるといえる。

　ただし，以上で述べてきたことはある意味で常識的なことであり，だれもが日常的に感じていることでもある。公共政策にかぎらず，企業やスポーツチームの活動，あるいは個人の日常的な行動についても，個別の事情や条件をまったく無視して一般論に基づいて行動するのは必ずしも好ましくない。だが現実には，多くの公共政策が，コンテクストへの配慮を適切におこなわなかった結果，失敗しているのである。実際，他の国や地域，主体やケースでうまくいった政策をそのまま模倣したり，非現実的な理想状況を前提にして政策を立案したり，といった事例は枚挙にいとまがない。

普遍的に正しい政策か

　くわえて，多くの研究者たちは，いまなお，ある特定の理論に基づいて一般的・普遍的に妥当する適切な政策があると想定して議論している。たとえば，ジョン・ロールズ（J. Rawls）をはじめとする規範理論研究者たちは，普遍的

な正義の理念に基づいて，あらゆる社会で適用されるべき「正しい政策」があるかのように議論をおこなうことが多い。あるいはまた，多くの近代経済学の研究者たちは，政府による規制やサービス提供をできるだけ減らし，市場を拡大することで，より効率的な社会が実現すると主張しているが，よく知られているとおり，市場は必要な条件がそろってはじめて期待どおりに機能しうるものであり，そうした条件が満たされないまま政府活動を縮小し，市場を拡大してもうまくいくとはかぎらない。

　実際，多くの開発途上国で市場経済が導入されたものの適切に機能せず，かえって深刻な問題が生じている。同様に，一部の福祉研究者たちは，日本でも北欧型の手厚い福祉サービスを政府が提供すべきであると主張しているが，そうした政策がほんとうに日本でも実現可能なのか，また想定どおりに機能するかは，実は容易に判断しがたい。たとえば，レギュラシオン学派のロベール・ボワイエ（R. Boyer）は，北欧型の福祉政策は，国民同士の互恵的なつながりが強く，プラグマティックな妥協的問題解決に慣れている北欧諸国においてこそ可能であり，そうした条件のない国には導入は難しいかもしれないと指摘している（ボワイエ 2016）。

　もちろん，経済学者にせよ福祉研究者にせよ，また規範理論研究者にせよ，多くの論者は，こうした批判がなされることは承知しており，反論がなされるに違いない。ここでその当否について論じることはできないが，いずれにせよ，多くの研究者が，コンテクストへの配慮をおこなわないまま，一般的・普遍的な「正解」があるかのように特定の政策を主張していることは確かである。

　しかしながら，そうした主張はまさに「机上の空論」として慎重に受け止める必要がある。いかなる理論も，一定の前提条件が満たされないかぎり妥当しないはずであるにもかかわらず，そうした条件そのものが問い直されることは意外に少ない。研究としてはともかく，理論を現実の政策に適用する際には，条件が満たされているか否かを十分に吟味する必要がある。

普遍性と個別性のバランス

　とはいうものの，先に述べたとおり，コンテクストが重要であることは広く認められているにもかかわらず，コンテクストを無視した失敗が絶えないこと

第Ⅲ部　政策をどうデザインするか

にはそれなりの理由があると考えられる。たとえば,「他の地域でうまくいった」というと関係者を説得しやすい,とか,わかりやすい単純なストーリーを鵜呑みにして非現実的な理想状況を前提にしてしまった,ということがあるかもしれない。あるいは,一般論としてはコンテクストに配慮することの必要性を認識していたとしても,実際にある政策を立案しようとすると,具体的に何をどのように考慮してよいかわからず,結果的に一般的な議論に基づいて政策をデザインしてしまう,ということもありうるだろう。本章でコンテクストへの配慮をあらためて強調するのは,こうした「落とし穴」に陥らないためでもある。

　ただし,その一方で,コンテクストを重視しすぎ,問題の個別性ばかりに目を向けることにも問題がないわけではない。というのも,あらゆる政策課題が一回きりの個別的な事象であるとすれば,一般的な知見はまったく意味を持たないことになってしまうからである。たしかに他の事例で成功した解決策を安易に目の前の事例に当てはめることには慎重であるべきだし,政策の「移植」はそれほど容易なことではない。だが,その一方で,あまりに個別性を強調すると,その時々の「勘」や「決断」といった要素が重視されやすくなる。だが,当然のことながら,多くのケースに共通した一定の傾向や法則も存在しうる。

　実際,近年は,公共政策においても,ランダム化比較試験などの手法を用いて,より普遍的で確実性の高いエビデンスを積み重ねることで,より効果的な政策をデザインしようとする動きが強まっている(有本ほか 2016)。とりわけ教育政策や開発支援政策などでは多くの実験がおこなわれ,それらの知見が実際の政策デザインに活用されている。もちろん,そうした実験で,ほんとうに意味のある一般的な知見がえられるのか,またそうした一般的な知見だけで適切な政策がデザインできるのかをめぐっては議論が分かれているが,いずれにせよ,政策をデザインするにあたっては,このような一般性と個別性の間でバランスをとりつつ解決策をみいだすことが求められるといえるだろう。

　それでは,具体的に,どのようにしてバランスをとりながら政策をデザインすればよいのだろうか。コンテクストの多様性や不確実性に対しては,これまでのところ,以下の3つの対処法が提案されてきた。1つ目は「場合分け」,2つ目は「裁量の付与」,3つ目は「分権」である。以下,それぞれ簡単に説

明しよう。

コンテクストへの対処法①――場合分け

1つ目の「場合分け」は，政策をデザインする際にあらかじめどのような状況や条件，対象がありうるかを列挙し，それぞれのタイプにあわせて内容を決めることである。とりわけ，複数の地域やケース，対象を扱う政策では，こうした配慮が必要である。たとえば駅前の迷惑駐輪対策を促進するべく，国から自治体に対して補助金を出す仕組みをつくる場合，すべての自治体や駅に適用される一律のルールをつくるのではなく，自治体や駅のタイプごとに補助金の額や要件，内容等についてきめ細かく「場合分け」しておく，といったことが考えられる。このような方法は成功すればまさに一般性と個別性のバランスをとった政策デザインを可能にするが，ただし，やり方によっては中途半端なものにもなりかねない。また，以下に述べるように，状況や対象の多様性があまりにも大きいと，非常に多くの「場合分け」が必要になるうえ，政策の実施費用も大きくなりそうである。

コンテクストへの対処法②――裁量の付与

2つ目の「裁量の付与」は，状況にあわせて柔軟に内容を変えられるように現場の裁量の余地を残しておくことである。うえにみた「場合分け」の方法は，状況が多様で複雑，かつ不確実性が高いほど細かな分類が必要となり，困難に陥りやすい。法哲学者のキャス・サンスティーン（C. Sunstein）は，状況が多様で複雑であるほど，決定の段階で，予想されるあらゆるパターンを想定し，それぞれについて適切な内容を考えておくのは困難であり，決定者に大きな負担がかかると指摘する。そして，このような場合には，決定されたルールの解釈について裁量の余地を残しておき，現場で状況に応じて柔軟に対応できるようにしておくことが必要であるという。ただし，サンスティーンは同時に，このような方法は現場で判断するスタッフに負担をかけることを意味するし，その判断の適切さをチェックすることが必要になると述べている（Sunstein 1999=2012）。

たしかに，現場の状況が多様で複雑だからといって，実質的な中身について

第Ⅲ部　政策をどうデザインするか

Column ㉒　非理想理論

　規範理論研究の分野では近年，非理想理論に関する議論が注目を集めている。従来，規範理論研究においては，正義にかなった理想の社会のあり方を探求することに重点が置かれてきた。完全な理想条件がそろっている前提で，どのような社会が望ましいかが論じられてきたのである。たとえば，すべての人が正義にかなったルールにきちんと従ううえに，正義を実現するための十分な資源が存在する，といったことである。ところがこうした議論に対しては，結局のところ「机上の空論」であり，実際の社会問題に対する処方箋を考えるうえでは必ずしも有用でないという批判がなされるようになってきた。たとえば，多くの市民が法律にしたがっていないような状況のもとでは，政府は，盗聴のような必ずしも道徳的に好ましいとはいえない手段を使って犯罪を取り締まることも許されるのではないだろうか。あるいは，正義の観点からは経済的自由よりも政治的自由のほうが重要であるとしても，現実には，特に発展途上国においては，政治的自由よりも経済的自由を先に実現したほうが，結果的により速やかに理想の状態に近づけるのではないだろうか。

　こうした批判や疑問が提出されるようになったことから，理想的な条件がそろっていない場合に何をすべきか具体的に考えるための規範理論，すなわち非理想理論の必要性が唱えられるようになったのである。いわば「コンテクストに配慮した規範理論」が登場しつつあるといえる。　　　　　　　（W. S.）

は現場のスタッフに丸投げする，ということであれば，その政策の成否は現場の判断力に委ねられることになってしまう（この場合には政策実施者の能力の高低がコンテクストの１つになるともいえる）。政策デザインにおいて現場の裁量の余地をどの程度残しておくか，というのは１つの重要なポイントだが，ここでもやはりバランスが重要になるといえるだろう。

コンテクストへの対処法③──分権

　以上に対して，３つ目の「分権」は，権限を「下に向けて」委譲することによってそれぞれの地域や対象ごとに多様な政策展開を可能にするものであり，これまでみてきた２つの方法にくらべれば比較的，手間と費用がおさえられる可能性がある。当然のことながら，迷惑駐輪のような問題については国レベルで政策をデザインするよりも，都道府県や市町村，あるいはさらに小さな単位

のほうが，地域ごとの特性をふまえた独自の政策をデザインできそうである。

　ただし，先に少し触れたように，迷惑駐輪のような地域固有の問題であっても，他の地域との関連性や，他の政策との整合性が重要になることもある。また，駅前の迷惑駐輪のような問題の場合，行政単位を超えて関係者が広がることも少なくないため，とにかく小さな単位で決めればよい，というわけでは必ずしもない。

3　政策デザイナーにとってのコンテクスト

政策デザイナー

　以上，政策手段に関するコンテクストについて説明してきた。つぎに，政策をデザインする人，すなわち「政策デザイナー」にとってのコンテクストについてみておきたい。

　もちろん，ひとことで政策デザイナーといっても，その実態はさまざまである。特に日本では，政府政策の多くは実質的に官僚によってデザインされているといえる。しかし，海外では，シンクタンクやNPO，業界団体や労働組合といった民間の組織が一種のアドバイザーとしてデザインを手伝っていることもある。また，アメリカなどでは，議員みずからが秘書の力も借りながら法案作成をおこなっていることはよく知られているとおりである。さらに，日本も含めて多くの先進国で，多かれ少なかれ，なんらかのかたちで専門家集団が政策デザインにかかわることが多くなっている。

　本章では，こうした政策のデザインにかかわるさまざまな主体をひとまとめにして，「政策デザイナー」と呼ぶことにしたい。政策デザイナーは，立場によって置かれている状況はさまざまだが，適切な政策目標を設定し，その目標を実現するための適切な政策手段を立案するべく日々努力している。足立幸男が指摘するように，政策デザイナーの多くは白紙に絵を描くように政策をデザインできるわけではなく，実現可能性の範囲内でデザインをおこなわざるをえない。端的にいえば，コンテクストによって「できること」の範囲が異なってくるのである（足立 2005）。

立場による制約

政策デザインにおいてこうした制約条件が存在する理由は3つある。

第1に，先に述べたとおり，多くの場合，政策内容はその時々の政治的な力関係によって左右されやすいことによる。そもそも政策デザイナーは，たいていの場合，自分自身で政策を決定できるわけではない。たとえば，官僚として政策デザインにかかわっている場合，あるいは外部の専門家としてかかわっている場合，政治家ではない以上，一種の「補助者」ないし「助言者」としての立場に甘んじざるをえない。また，政治家がデザインに直接関与している場合であっても，たいていは自由自在にみずからが理想とする政策案を思い描き，実現できるわけではない。

もちろん，ときに強い影響力を発揮できることはありうるし，その場合には腕をふるう余地が大きくなるだろう。ただ現実には，せっかく提案したアイデアが無視されたり歪められたりしてしまうことも少なくない。あるいは，強硬に反対する主体が存在することによって，実現が阻まれることも少なくないのである。

しかしむろん，だからといって，だれもが賛成しそうな「落とし所」を探るだけであれば，デザイナーとしての倫理が問われることになるし，そもそもデザイナーなど必要ないだろう。したがって現実には，政治的に実現可能で，かつ現状を少しでも改善できるような提案ができるか否かが重要になってくる。なお，のちに述べるように，こうした政治的要因はときに制約条件ではなく好条件として機能することもある。運良く，強力な政治的支持が見込まれるなどの理由により，できることの範囲が広がることもあるのである。それゆえ，デザイナーにとってはそうしたチャンスを逃さないための準備はもちろんのこと，そのための「センス」や「アンテナ」も求められるといえるだろう。

資源による制約

第2に，政策デザインをおこなううえでの「資源」の問題がある。デザインをおこなうための予算や人員，あるいは，より広く捉えれば，デザイナー自身の知識や能力も含まれうる。また時間的に余裕がないことも，一種の資源制約と捉えられるだろう。さらには，うえにみた政治的要因とも関連するが，人的

ネットワークやコネクションといったものも重要な資源である。

　これらの資源は当然に豊富に存在するほどデザイナーにとって好ましいが，理想の条件が用意されることはまれである以上，不十分な状況でもそれなりの結果を出すことが求められる。たとえば，資金がかぎられているのであれば，そのかわりに人的ネットワークを活用するなど，不十分な資源を前提として，うまく「やりくり」しながらデザインすることが必要となる。かつて，文化人類学者のクロード・レヴィ＝ストロース（C. Lévi-Strauss）は，多くの「野生」の部族において，たまたま手元にある不要品や道具から，役に立つものをたくみにつくりあげるような文化・慣習が存在することを発見し，それを「ブリコラージュ」と呼んだが，政策デザイナーは，まさにそうした「ブリコラージュ」的な仕事の仕方を身につける必要がある（Lévi-Strauss 2017=1976）。

社会条件による制約

　第3に，うえにみた「政策手段にとってのコンテクスト」とも重なるが，さまざまな社会条件により採用できる選択肢が限定されることも考えられる。たとえば，昔からの制度や慣行が存在し，多くの人がそれに基づいて行動している場合，それを変更するのはきわめて難しいことがある。とりわけ経路依存性とか制度的補完性と呼ばれるものが存在する場合，たとえばキーボードの配列やパソコンの OS にみられるように，より適切なものが存在することがわかっていても容易に変更できないことがある。そして多くの場合，政策デザイナーは，こうした要因をまったく無視して政策をデザインすることは不可能である。さらにまた，政策デザイナーは「あちらが立てばこちらが立たず」という状況に置かれることも少なくない。

　たとえば，世界的にベストセラーとなったダニ・ロドリック（D. Rodrik）の『グローバリゼーション・パラドクス』によれば，現代世界においては，いずれの国家もグローバル化と民主主義と国家主権の3つを同時に実現することができず，必ずこのうちの1つを犠牲にせざるをえないという（Rodrik 2011=2014）。もしこの主張が正しいとすれば，政策デザイナーはこのような社会経済条件を前提にして政策をデザインしなければならないことになるだろう。

第Ⅲ部　政策をどうデザインするか

制約条件の変更可能性

　以上，3つの観点から，デザイナーにとってのコンテクストをみてきたが，ただし実際には，当初は制約条件だったものが，なんらかの理由で制約条件でなくなることもありうる。たとえば，時間の経過とともに状況が変化し（景気の改善など），当初はできないと考えられていたことができるようになるかもしれない。あるいは，ちょっとした知恵と工夫で実現できるようになるかもしれない。また，「できること」の範囲を拡大するべく，まずもってコンテクストそのものに働きかけるところからはじめる，ということも考えられよう。

　たとえば，迷惑駐輪問題において，実際に迷惑駐輪している人々がそれを「悪い」と思っていないような状況では，どんな対策をおこなっても十分な効果が期待できないかもしれない。つまり，「駅前に駐輪することを悪いと思っていない人々が多数存在する」という事実が，デザインに際しての制約条件になっているわけである。このような場合には，先に，自転車利用者に対して，迷惑駐輪がいかに多くの人にとって迷惑になっているのかを伝え，認識や意識をあらためてもらったほうがよいかもしれない。

　それゆえ，政策デザイナーが政策をデザインするにあたってコンテクストに配慮する際には，どこまでが変えられる条件で，どこからが変えられない条件なのかを見極める必要がある。当然のことながら，自然条件や地理的条件のようなものは変更がきわめて難しい。たとえば，坂が多いため高齢者の移動が難しい，といった条件は容易に変更しがたい。ただし，こうした条件も，技術の発展によって緩和される可能性があることも考慮しておかなければならないだろう（高齢者の移動を補助するロボットの普及など）。

　とはいえ，むろん，技術の発展を予測することも非常に困難である。また，変更不可能ではないが，そのためには非常にコストがかかる，あるいは時間がかかる，ということも考えられる。このような場合には，変更不可能なコンテクストとして位置づけざるをえないかもしれないが，場合によっては時間をかければ変更可能な条件として捉えられることもありえよう。ともあれ，このようなかたちで，さまざまな制約条件について，それぞれの変更可能性についてあらかじめチェックしておくことは，政策をデザインするにあたってきわめて重要なことである。

第 11 章　文　脈

好条件としてのコンテクスト

なお，コンテクストは必ずしも制約条件だけを意味するわけではなく，とき
に好条件であることもある。第 5 章で紹介された「政策の窓」や「ゴミ缶モデ
ル」の議論に示されるように，偶然の条件が重なり，政策を実現するうえで絶
好のチャンスがもたらされることがある。たとえば，ある自治体である問題を
解決しようとしていたところ，たまたまマスコミにその問題が取り上げられ，
その結果，国からの補助金が期待できるようになったため，思い切った政策が
実現できた，というようなことである。当然のことながら，こうした好条件が
到来しても，デザイナーの側にあらかじめ十分な準備がないと，チャンスを逃
すことになりかねない。また，好条件が存在するというだけの理由で政策を推
進すると，たとえば補助金を獲得すること自体が目的となってしまい，結局は
失敗してしまうこともありうる。

政策デザイナーの能力とモラル

最後に，以上をふまえたうえで，政策デザイナーに求められる能力とモラル
についても触れておこう。うえに述べたように，「政策デザイナーにとっての
コンテクスト」は変えられない固定的なものではなく，デザイナー自身の努力
によってもある程度は変えられるものである。そして，政策デザイナー自身が，
みずから決定する権限を有していないとしても，どこまでどの方向で努力する
かは，実はデザイナー自身の判断に委ねられていることが少なくない。それゆ
え，デザイナー自身の判断がデザインの中身に反映される危険（ないし誘惑）
が存在する。実際，政策デザイナーが一種の「政策起業家」として活躍するこ
とはしばしばあるし，そうした活動がすべて不適切なわけでもない。

また，政策デザインを価値中立的な単なるテクニックとして捉え，デザイナ
ー自身の主観的判断を完全に排除することを求めるのもあまり現実的でないよ
うに思われる。むしろ医師や弁護士などのように，できるかぎりクライアント
の要望を聞いたうえで，その思いや希望を深く理解しながら専門家としての判
断をおこなう，というのが 1 つの理想でありえよう。置かれている立場にもよ
るが，多くの場合，政策デザイナーは，一種の専門家としての責任を負うとい
うことである。ただ，医師や弁護士にくらべて，政策デザイナーは否応なく複

第Ⅲ部　政策をどうデザインするか

雑な利害関係や権力関係，すなわち「政治」に巻き込まれることになりやすい。したがって，デザイナーにとっては，そうした政治との距離の取り方，かかわり方も重要になってくる。つまるところ，政策デザインも広い意味での政治活動の一種であること，したがって純粋な「技術者」ではないことをデザイナーはよくわきまえておく必要がある。

4　政策内容に関するコンテクスト

　以上，公共政策をデザインするにあたって，「政策手段にとってのコンテクスト」および「デザイナーにとってのコンテクスト」に配慮すべき理由，また，配慮の仕方について説明してきた。最後に，ある政策が社会的・歴史的にどのように位置づけられるのかという視点から「政策内容に関するコンテクスト」について考えてみたい。というのも，先に述べたように，公共政策はしばしばマクロな視点から位置づけられたり，解釈されたりするうえ，そうした意味づけや解釈のあり方が政策の内容やその評価に影響を与えることがあるからである。以下，「社会的な状況」「歴史的な潮流」「他事例の当てはめ」「世界観に基づく解釈」という4つの観点から詳しく説明しよう。

社会的な状況

　第1に，個々の政策は通常，それを取り巻くマクロな社会ビジョンや政策体系の中に位置づけられる。それゆえ，実際には，ある特定の政策について議論がなされる際，その具体的目標と実現手段だけが問題にされるとはかぎらない。迷惑駐輪対策のような，政策の目標も対象も限定的な政策ですら，他のさまざまな政策や，それを取り巻く社会状況の中に位置づけられることが多い。

　たとえば，迷惑駐輪対策といっても，単に迷惑駐輪が減ればよいというわけでは必ずしもなく，先に述べたとおり「バリアフリー社会の実現」や「環境負荷の小さなまちづくり」，あるいは「高齢化社会における都市交通網のあり方」といった，さまざまなコンテクストの中に埋め込まれ，そのコンテクストを前提にしてデザインされたり評価されたりすることが多いのである。逆に，そうしたコンテクストを無視して単なる駐輪対策として政策をデザインしてしまう

と，思いがけないところで別の問題をひきおこす可能性がある。たとえば，迷惑駐輪は減ったが車イスを使う人にとってはかえって不便になってしまった，とか，結果的に自家用車の使用が増えてしまった，というようなことである。

歴史的な潮流

第2に，以上の点とも関連するが，政策はしばしば歴史的流れや社会全体のトレンドとの関連で捉えられる。たとえば，日本はこれからますます少子高齢化が進行し，人口が減少していくため，今後はかつてのような経済発展は見込めず，それに応じて人々のライフスタイルや都市のあり方も変わってくることを前提に政策をデザインする，といったことである。実際，私たちは，たとえば戦前の日本を振り返って，あの時のあの政策こそ日本が戦争に突入する転換点だった，とか，日本の近代化にとってあの政策は非常に重要な意味を持った，というように，歴史的な流れの中に政策を位置づけ，それをもとに政策を解釈したり評価したりすることが少なくない。

このように政策を歴史的なコンテクストに位置づける見方は，近代主義・マルクス主義のような発展主義的な社会経済理論に基づいてなされることもあれば，人類の文明や進化の歴史に関するグランド・セオリーに基づいてなされることもある。あるいはまた，こうした一般的・理論的観点からの位置づけではなく，それぞれの国や地域に固有の歴史の流れの中に位置づけられることもある。

たとえば，フランスにおける学校でのブルカ着用の禁止について，フランス革命以降の政教分離と公教育の歴史の流れの中で理解する，といったようなことである（cf. 小田中 2005）。こうした歴史的な位置づけは，多くの場合，過去の政策を振り返って評価する際におこなわれるが，ときに，将来に向けて政策をデザインする際にもなされることがある。うえにみたマクロな社会ビジョンとの関連と同様，どのような歴史を前提にするかで政策デザインの方向性は大きく違ってくる可能性がある。

他事例の当てはめ

第3に，政策をデザインする際に，よく似た別のケースを参考にすることも

第Ⅲ部　政策をどうデザインするか

「政策内容に関するコンテクストへの配慮」と呼べることがある。たとえば，「歴史に学ぶ」ことが重要だとよくいわれるが，そのポイントは実は単に過去の事例を「模倣する」ことにあるのではなく，現在の問題状況を過去の状況に重ね合わせることで，そのコンテクストを明らかにできる点にあると考えられる。

　たとえば日本の現状について，末期の古代ローマ帝国やワイマール期のドイツに重ね合わせ，そこから教訓をひきだすような議論がなされるが，これも一種のコンテクストの設定として捉えられる。当然のことながら古代ローマ帝国にせよワイマール期ドイツにせよ，現代の日本とは多くの点でまったく異なるが，ある重要な点でよく似た状況にあると考えることができるのであれば，その共通点・類似点こそがまさに配慮すべきコンテクストとして捉えられるわけである。たとえば，末期の古代ローマ帝国については経済格差の拡大や少子高齢化が，またワイマール期ドイツについては不況とポピュリズムの組み合わせが，そのようなコンテクストとして捉えられているのである。

　むろん安易な「重ね合わせ」は危険だが，特に外交政策などにおいては，1つの研究分野として，歴史的事例から現代への示唆を読み取る試みがなされている（Neustadt and May 1986=1996；May 1973=2004）。また，必ずしも体系的・学術的に議論されているわけではないものの，近年，自然災害や経済不況などに対する政府の対応の仕方について，過去の試みが参照されるようになっている。

　たとえば関東大震災に対する当時の政府の対応や，江戸期の大地震における村や藩の対応を研究することで，現在の日本の大震災への対応に関してヒントをえようとするような議論である（御厨 2016）。こうした議論はジャーナリスティックなものとして扱われがちで，学問的に議論されることは少ないが，適切におこなわれれば政策デザインにおいても重要な意味をもつと考えられる。ちなみに，日本では近年，御厨貴や伊藤隆によるオーラル・ヒストリー研究に対する関心が高まっているが，その背景には過去の経験から学ぶことの重要性が意識されていると考えられる（政策研究院政策情報プロジェクト 1998）。

　さらにまた，過去の事例にかぎらず，一見するとまったく別のケースだが，実はある点でよく似ており，そこでの問題解決の取組みが参考になることもあ

る。たとえば，まったく異なる分野の政策や，公共政策とは別の分野のよく似た事例を研究することで，現在問題になっているケースとの類似点を見出し，そこから大きなヒントをえる，ということである。たとえば，やや特殊な例ではあるが，地域問題を解決するための住民参加のあり方を考えるうえで，製造業の現場でおこなわれてきた QC（quality control）活動を参考にする，というようなことである（星野 1992）。こうした試みは，目の前の問題を理解する際に，あえて異なる問題を重ね合わせることで，配慮すべきコンテクストを浮かび上がらせる方法として理解することができよう。

世界観に基づく解釈

第4に，公共政策は，なんらかの道徳的信念や世界観に基づいて意味づけられたり解釈されたりすることも少なくない。たとえば，一部の環境保護論者たちは，温暖化ガスなどの排出権取引は，自然や人命を金銭で「買い取る」ものであり，そうしたことは道徳的に許されないと主張している。それに対して多くの経済学者たちは，条件さえ整っていれば排出権取引こそがもっとも効率的な排出抑制策であると指摘してきた。

こうした主張の食い違いが生じるのは，もちろんそれぞれが異なった価値を重視しているからだが，ここでのポイントは，どのような価値観・世界観からその政策を捉えるかということ自体が，政策デザインのコンテクストとして機能しているということである。

たとえば，迷惑駐輪対策について，「バリアフリー社会の実現」という観点からデザインがなされる場合，その背後には，バリアフリーに関する道徳的信念が存在するだけでなく，（やや大げさだが）人類の進化と発展に関する一種の歴史観・世界観が存在することがある。たとえば，人類はこれまで人間の能力を最大限発揮できるように進化・発展してきたし，今後もそのように発展すべき，といったものである。

以上のように，政策は単に法律や事業，予算やハコモノなどのかたちをとった客観的なモノとして存在するだけでなく，社会構成主義者たちが論じているように，政策にかかわる人々の関心や世界観・歴史観あるいは道徳観などに基づいて解釈されたり位置づけられたりするものでもある。当然に，その解釈や

279

第Ⅲ部　政策をどうデザインするか

位置づけは人によって異なるため，何をもって，ある政策のコンテクストとするかも違ってくる（cf. Pollitt 2013）。心理学や社会学などで指摘されているように，そもそも私たちは，現実をそのまま認識しているわけではなく，一定の解釈枠組みに添って把握している。そうした枠組みはしばしば「無意識の前提」になっているため，ふだんは意識されないことが多いが，だれもが有するものである。それは，先に述べたように，マルクス主義や近代経済学，あるいは近代化論や社会システム論のような体系的・理論的なものであることもあれば，素朴な世界観のようなものであることもある。もちろん宗教的なものであることもありえよう。

異なる世界観の間で

したがって，だれもがよく知るように，異なった解釈枠組みの持ち主同士の間では議論が噛み合わないことになりやすい。やや極端な例だが，たとえば，主流派の近代経済学者と，ポスト構造主義を標榜する文化人類学者の間では，個々の政策の持つ意味はもちろんのこと，自分たちが置かれている状況についての認識そのものがまったく異なっていると考えられる。それは，異なった価値基準を重視するために個々の政策の評価が異なる，というにとどまらず，社会を動かすメカニズムや歴史の流れについての認識，さらには世界を認識するためのカテゴリーや概念そのものが異なっている，ということである。

実は，公共政策をめぐる議論がしばしば紛糾し，建設的な議論がなかなか成立しない大きな理由の1つはここにある。たとえば，将来予測に関して意見が異なっているだけであれば，それほど厄介な議論にはならないはずである。また利害が異なるだけであればwin-winの関係を実現する取引が可能かもしれない。だが，価値観・道徳観を含む世界観や歴史観のレベルで対立がある場合，建設的な議論をおこなうことはきわめて難しい。しばしば，こうした世界観レベルの対立があるにもかかわらず，意図的に，手段をめぐる技術的な問題として解決が図られることがあるが，そのようにして無理に決定・実施された政策は結局失敗することになりやすい。大げさにいえば，迷惑駐輪対策についてすら世界観のレベルで対立することがありうるのである。

というのも，そもそも，先に触れたとおり，現代社会はきわめて多元的であ

り，多様な世界観や歴史観が存在するとともに，学問上の理論も多種多様なものが存在するからである。こうした状況のもと，関係者の間で政策内容に関するコンテクストを共有することはしばしば難しく，そうしたさまざまな世界観・歴史観のうちどれが正しいかも一概に判断しがたい。

たとえば，フランスにおけるブルカ着用禁止について，イスラム教徒に対する差別として捉える人もいれば，政教分離原則の適用に過ぎないと捉える人も存在するが，これは見方ないし立場によって異なり，いずれが正しいともいいがたいかもしれない。また，学問的にも，たとえば，近代経済学とポスト構造主義のいずれが正しいかを決定することもほとんど不可能である（そもそもどのように決定すればよいかも不明である）。しかも，どのような世界観に基づいて政策を捉えているか，ということは，しばしば暗黙の前提になってしまっているため，踏みこんだ議論もおこないにくい。

5　政策デザイナーの解釈枠組み

それゆえ，政策デザイナーは，政策をデザインする際には，自分がどのような解釈枠組み（世界観，歴史観，道徳観，将来ビジョン，社会理論など）に基づいてコンテクストを捉えようとしているのか自覚するとともに，より多くの人々が納得するようなコンテクストの設定をおこなう必要がある。唯一の正しい理論に基づいて，唯一の正しいコンテクストを設定しようとするのではなく，できるだけ多くの人に納得してもらえるような意味づけが可能となるようにコンテクストを設定する必要がある。あるいは少なくとも，自分とは異なる解釈枠組みの持ち主に対して，どのように自分の解釈枠組みを理解してもらうか，あるいは，自分とは異なる解釈枠組みの持ち主とどのようにして折り合いをつけるか，ということを考える必要がある。もちろん，コンテクストの設定にあたっては，学問上の諸理論を参照することをつうじて，より適切なコンテクストを探求することは重要だが，その一方で，唯一の正しい理論に基づく唯一の正しいコンテクストが存在すると想定するのは多くの場合不適切である。また，先に述べた2つのコンテクスト，すなわち「政策手段にとってのコンテクスト」および「デザイナーにとってのコンテクスト」も，突き詰めていえば，このよ

第Ⅲ部　政策をどうデザインするか

うな解釈枠組みの中で理解・把握されることに注意する必要がある。

参考文献

足立幸男（2005）「構想力としての政策デザイン――政策学的思考の核心は何か」足
　　立幸男編著『政策学的思考とは何か』勁草書房，53～86頁。

有本建男・佐藤靖・松尾敬子（2016）『科学的助言――21世紀の科学技術と政策形成』
　　東京大学出版会。

小田中直樹（2005）『フランス７つの謎』文藝春秋。

星野敏（1992）「参加型農村計画手法と TQC 手法・考え方の応用可能性」（『農村計
　　画学会誌』，vol. 11, no. 1, 50～59頁）。

丸山真男（1986）『「文明論之概略」を読む（上）』岩波書店。

御厨貴編著（2016）『大震災復興過程の政策比較分析』ミネルヴァ書房。

ボワイエ，ロベール（山田鋭夫監修，横田宏樹訳）（2016）『作られた不平等――日本，
　　中国，アメリカ，そしてヨーロッパ』藤原書店。

Lévi-Strauss, Claude（2017）, *La Pensée Sauvage,* Forgotten Books.（大橋保夫訳
　　『野生の思考』みすず書房，1976年。）

May, Ernest R.（1973）, *Lessons of the Past : The Use and Misuse of History in
　　American Foreign Policy,* Oxford University Press.（進藤榮一訳『歴史の教訓
　　――アメリカ外交はどう作られたのか』岩波書店，2004年。）

Neustadt, Richard E. and Ernest R. May（1986）, *Thinking in Time : The Use of
　　History for Decision Makers,* Free Press.（白井久和・滝田賢治・斎藤元秀・阿
　　部松盛訳『ハーバード流歴史活用法――政策決定の成功と失敗』三嶺書房，1996
　　年。）

Pollitt, Christopher ed.（2013）, *Context in Public Policy and Management,* Edward
　　Elgar.

Rodrik, Dani（2011）, *The Globalization Paradox : Democracy and the Future of
　　the World Economy,* Oxford University Press.（柴山桂太・大川良文訳『グロ
　　ーバリゼーション・パラドクス――世界経済の未来を決める三つの道』白水社，
　　2013年。）

Sunstein, Cass R. and Edna Ullmann-Margalit（1999）, "Second-Order Decisions,"
　　Ethics, vol. 110 : 5-31.（松尾陽訳「第二階の決定」那須耕介編・監訳『熟議が
　　壊れるとき――民主政と憲法解釈の統治理論』勁草書房，2012年。）

（佐野　亘）

第12章
価　値
―――政策の規範―――

― この章のねらい ―

　本章では，公共政策によって実現すべき「公共的な価値」について説明する。
ここで「公共的な価値」とは，単なる個人の好き嫌いを超えた社会的に重要と
考えられるもの，を指す。したがって，「親友からの贈り物」のように，贈り
物を受け取った当人にとっては大事であるとしても，社会的には大事といえな
いものは除外される。公共政策はそもそも社会全体にとって重要な価値を実現
するための手段にほかならない。つまり，公共的な価値は，何よりもまず公共
政策の目的や目標にあたるものである。くわえて，政策手段の選択にあたって
も価値に注意を払う必要があることが少なくない。

1　政策デザインにおける価値の重要性

何が「問題」なのか？

　そもそも公共政策が必要とされるのは，社会の中でなんらかの問題が生じて
いるからである。したがって問題がなければ何もする必要はないのだが，ただ
し，いかなる問題を公共政策によって解決すべきと考えるかについては，人に
よって意見が異なりやすい。

　たとえば，ある人は自分の住んでいる町に図書館がないことを問題にしてい
るが，別の人は問題と感じていないかもしれない。また，ある人は日本におけ
る自殺者の増加を問題にしているが，別の人は「それはあくまで個人的な問題
であって，公共政策によって解決すべき問題ではない」と主張するかもしれな
い。

　このように「問題」の捉え方について，人々の間でギャップやズレが生じる
のは，公共政策によってどのような価値を実現すべきと考えるかについて多様

283

第Ⅲ部　政策をどうデザインするか

な異なった考え方が存在するからである。たとえば，ある人は，だれにでも使える図書館が数多く存在し，だれもが気軽に本を読んだり，資料を調べたりできることによって，社会全体の文化度が上昇することに価値をみいだすからこそ，自分の町に図書館がないことを問題にしているのかもしれない。しかし別の人は，同様に図書館がないことを問題と感じているものの，その理由は，となりの町には立派な図書館があるのに，自分の町にないのは不公平だと考えるからかもしれない。逆に，図書館がなくても構わないと主張する人は，単に本を読むことに興味がないのかもしれないし，あるいは本は自分で買って読めばよいと考えているのかもしれない。

　また，多くの人は1つの価値だけを大事にしているわけではなく，たいてい複数の価値を大事だと考えている。たとえば，図書館もたしかに大切だが，それよりも先に子どもの貧困を解決すべきであると考える人は，複数の価値を重視しながらも，それらの間に優先順位をつけているわけである。さらにまた，複数の価値の間には，単に優劣の関係があるだけでなく，目的と手段の関係が存在することもある。たとえば，ある人は経済成長を重視しているが，それは実は人々の幸福を増すための最適な手段だと考えているからかもしれない。のちに述べるように，経済成長も1つの重要な価値でありうるが，人によっては，それはあくまで幸福という価値を実現するための手段として価値が認められているにすぎないのかもしれない。

なぜ価値について考えるのか

　このように，「公共政策が必要とされる背景には公共的な価値が存在する」といっても，その価値の中身は人によって異なるうえに，価値そのものも複数存在し，しかも，それら諸価値の関係はさまざまである。以下では，こうした複雑な価値と公共政策の関係について，できるだけわかりやすく説明するが，その前に，そもそもなぜこのようなややこしい価値の問題について考える必要があるのか，もう少し説明しておこう。

　公共政策が必要であると感じたり考えたりする際には，その背後に，なんらかの価値観が存在するはずだ，と述べた。だが実際には，中には，単に自分自身の利益や好みに基づいてある政策を実現したいと考える人もいるかもしれな

第12章 価 値

Column ㉓　児童虐待と政策の断片化

　厚生労働省によれば児童虐待相談件数は右肩上がりである。具体的な公表数値は1990年の1101件が，2018年には103,260件（速報値）となっている。厚生労働省によればその原因は，「身体的虐待」「ネグレクト」「性的虐待」「心理的虐待」のうち，「心理的虐待」が大きく増加していることや，2015年7月1日より運用が開始された「児童相談所全国共通ダイヤル（189）」などにより通告が増加したことなどが考えられるという。

　児童虐待への対応については主に「母子医療」「児童相談」「精神保健」の3つのアプローチがあるが，歴史的経緯や行政の縦割からこれらが専門分化してしまっていることや，現場レベルで政策が断片化してしまっていることなどが大きな課題となっている。

　まず，「母子医療」である。ここでのケアの対象として念頭に置かれるのは，ハイリスク妊産婦，低出生体重児，疾病新生児，医療的ケアを継続する必要のある子どもなどである。ここでの問題は，「母子医療」が産科や新生児科の看護師個人の熱意に依存したアプローチが中心となってしまっている点にある。また，養育者のマルトリートメントやメンタルケアなどの問題にアクセスしうる他分野―脳科学や精神科との連携が課題となる。

　つぎに，「児童相談」である。全国の児童相談所においては満18歳までの児童を対象とした相談事業がおこなわれている。児童相談所は，全国の都道府県，政令指定都市，児童相談所設置市（横須賀市，金沢市）が設置し，医師，児童心理司，児童福祉司などの専門職が配置されている（上記の189番は児童相談所が受け皿である）。児童相談のアプローチ上の問題は個々の事案の多様性であり，標準化が困難であることである。また，通告件数が増加しているにもかかわらず人員の増強がおこなわれていない点も課題となっている。

　最後に，「精神保健」である。精神保健は医療系のアプローチであるが，とりわけ鬱との関係での科学的知見＝エビデンスを蓄積している点に特徴がある。医療情報は高度なプライバシーとして保護されるべきであるが，上記の諸機関との連携がここでも課題となる。　　　　　　　　　　　　　　　　　（K. N.）

　たとえば，友人との付き合いは，人間らしい生活を送るうえで重要な一部であって，単なる娯楽とは異なるから支援すべき，とか，日常的に友人との付き合いが頻繁な人ほど健康寿命が長く病気になりにくいため，本人にとっても政府財政にとっても好ましいから支援すべき，といった具合である（前者では

287

第Ⅲ部　政策をどうデザインするか

「人間らしい生活」が，後者では健康な生活や財政状況の改善が価値とされている）。現実には，必要と不必要の間に線を引くことは一般に考えられている以上に難しく，また意見もわかれやすい。またある人々があるサービスを必要としているからといって，それを必ず公共政策によって提供すべきともかぎらない。それゆえ，価値にまつわるめんどうな議論をせずとも，何が必要な政策であるか見極められると考えるとすれば，それはかなり素朴な「思い込み」であるといってよいだろう。

政府政策と価値

　最後に，公共政策をデザインする際に価値について考える必要がある理由に関して，特に政府政策に限定して注意すべき点を述べておきたい。第Ⅰ部でも述べたとおり，公共政策の担い手は必ずしも政府であるとはかぎらない。特に近年では，NPOや地域コミュニティなどが担うことも少なくない。ただ，ここで指摘しておきたいのは，政府が公共政策をデザインする際には，特に価値の問題に敏感でなければならない，ということである。その理由は，第1に，政府は他の主体とはくらべものにならない強い力を有しており，その活動の正当性についてはより慎重に判断すべきであること，第2に，政府の決定は基本的に多数決に基づくものであるからこそ，少数派に対してていねいに説明する必要があること，第3に，以上の点とも関連するが，政府政策はより公平性を重視しなければならないこと，による。以下，順に説明しよう。

政府権力の特権性

　第1に，政府が他の主体とはくらべものにならない強い力を有しているという点についてである。あらためていうまでもなく，現代社会において，物理的な強制力を用いることが許されているのは基本的には政府のみである。政府はこのような強い力を有するからこそ，社会問題の解決に大きな役割を果たすことができる。だからこそ，その行使には慎重であるべきだし，また，その正当性についてよく吟味する必要がある。具体的には，ある政策によって実現される価値は，強制力を用いることによって生じる「負の価値」を超えるほどのものであるのかを判断する必要がある。

第**12**章　価　値

　たとえば，景気を改善するために消費を増やす必要があるとしても，だから
といって法律で貯金や貯蓄を禁じて，収入のすべてを消費に回すことを義務づ
ける，というのは明らかに「行き過ぎ」だろう。多くの人は，もし仮にこの方
策が景気回復に大きな効果があるとしても，人々の自由を強く制限する点で好
ましくないと判断するのではないだろうか。

少数派への配慮

　第2に，そもそも多数決は少数派に対する強制を正当化する手続きだが，だ
からといって「少数派は黙って従え」，ということにはならない。むしろ民主
主義だからこそ，多数派は少数派に対してていねいに理由を説明する必要があ
り，その点からも政府は価値について敏感になる必要がある。もちろん，説明
したからといって少数派は納得するとはかぎらないが，そうであるとしても，
少数派に対してその決定を強制することになる以上，可能なかぎり説明責任を
果たす必要がある。単なる多数派の好みの押しつけではなく，あくまで社会全
体にとっての公共的な価値を実現するためのものであること，また，そのデメ
リット（負の価値）についても十分に考慮したことを説明する必要があるので
ある。

　これに対して，たとえばNPOは，政府のような強制力は使えず，したがっ
て基本的に関係者の合意に基づいて活動している。このため，そもそもこのよ
うな強制に由来する説明責任を負っていないといえる。

政府政策と公平性

　第3に，政府政策は特に公平性を重視する必要がある。これはもちろん
NPOなどについてもある程度いえることであり，たとえば災害被災者を支援
するNPOがあからさまに外国人を差別し，外国人に対してのみ支援物資を渡
さない，というようなことがあれば当然に問題になるだろう。だが，たとえば，
あるNPOが，ある地域でのみ活動し，別の地域では活動しないというような
ことはむしろ一般的であり，それが不公平であると非難されることは通常ない。
これに対して政府は，たとえば市役所であれば，基本的に市内全体をカバーし
て活動する必要があり，できるだけ市民全員を公平に扱う必要がある。

289

第Ⅲ部　政策をどうデザインするか

たとえば，被災者支援であれば，できるだけ市内のどの地域に対しても同じ
ようなサービスを提供する必要がある。もちろんこれは，全員にまったく同じ
サービスを提供する，という意味ではない。東日本大震災の際にも問題になっ
たが，避難所にいる人たちに対して，高齢者も子どももおとなもすべて同じよ
うにおにぎり一個を渡さなければいけない，ということではない。たとえば，
育ち盛りの子どもには多めに配るとか，おとなは少しガマンするとかいろいろ
な配り方がありうる。また，ある地域ではおにぎりを配るが別の地域ではパン
を配る，ということもありえよう。だが，いずれにせよ，できるだけ公平にサー
ビスを提供することが求められるのは否定できない。

こうした意味で，政府政策については，それが公平性の価値を損なっていな
いか，損なっているとすればそれでもなお実現すべき重要な価値があるのかを
よく検討する必要がある。

2　公共的な価値

以上，公共政策のデザインにおいて，なぜ価値について考える必要があるの
か簡単に説明した。では，実際に政策をデザインする際，どのような価値を考
慮すべきだろうか。先に述べたように，公共政策によって実現すべき価値はあ
くまで公共的な価値であって，私的な価値ではない。そして私的な価値には，
純粋な趣味・嗜好に近いものもあれば，宗教的な価値なども含まれるが，公共
的な価値との線引きは実は必ずしも容易でない。

本章では，公共政策をデザインする際に注意を向けておくべき価値として，
「個人の尊厳」「公共の利益」「本質的価値」の3つを取り上げる。まずはこれ
らの価値の内容について説明し，そのうえで，これらの価値同士の相克をどの
ように解決していくのか考えてみることにしたい。

個人の尊厳

公共の価値を実現すべきといっておきながら，「個人」から話をはじめるの
は，ややわかりにくいかもしれない。だが，近代以降，もっとも重要な価値の
源泉は「個人」である。個人を超えた共同体などに価値を認めるか否かについ

ては議論があるが，個人にまったく価値を認めないことはいまや考えにくい。ややくだけた表現だが，政府が存在するのはまずもって「一人一人を大切にする」ためである。そして，なぜ大切にしなければいけないかといえば，すべての人に尊厳が内在しているからにほかならない。だれであれ，他人を傷つけたり，奴隷にしたり，不公平に扱ったりすることが許されないのは，すべての人間に尊厳が備わっているからにほかならない。権利や人権が問題となるのは，あくまでそのうえでのことである。つまり，実際に一人一人の尊厳を大切にするためにこそ，さまざまな権利が設定され，制度的にそれが保護されてきたわけである。

　具体的には，たとえば，人々の行動の自由を認め，理不尽な規制や制限を廃止するとともに，身の安全を守り，他人から理不尽な暴力を受けたり，所有物を勝手に奪われたりしないようにする必要があるだろう。また災害や貧困によって人間らしい生活ができなくなり，ひどい状況のまま放置されることのないようにする必要があるだろう。くわえて，すべての人が同じ尊厳を有している以上，すべての人を公平に扱う必要がありそうである。したがって，自由や平等，公平性，最低限の生活の維持といった諸価値は，あくまで同じ「根っこ」からうまれてきた「兄弟」のようなものであり，以下に述べるように，ときに対立することがあるとしても，根本的な発想は共通していることに注意する必要がある。

　とりわけ自由と平等については，相互に矛盾する点が強調されやすいが，まったく異なる価値であるわけではなく，あくまで個人の尊厳の保護という大きな目標の2つの側面と考えるべきである。同様に，「大きな政府」か「小さな政府」かということもよく問題にされるが，この問題も，価値対立の問題というよりも，突きつめていえば，どちらのほうがより人々の尊厳を守ることができるか，という手段の問題として捉えたほうがよい。

「個人の尊厳」をめぐる議論

　こうして個々人の尊厳を保護するために，さまざまな権利が設定され，政府の活動が要請（ときに抑制）されるわけだが，当然のことながら，個々の具体的なケースについて考えていくと，さまざまな難しい問題が生じてくる。たと

第Ⅲ部　政策をどうデザインするか

── Column ㉔　ケイパビリティ ──

　公共の利益について，GDP や所得のように金銭に注目する議論と，主観的な幸福度に注目する議論があると述べたが，さらに，両者を乗り越える試みとしてケイパビリティ（潜在能力）に関する議論がある。ケイパビリティは，アマルティア・セン（A. Sen）やマーサ・ヌスバウム（M. Nussbaum）が唱えたもので，人々が実際に何ができるかに着目した概念である。彼らによれば，同じ金額やモノを持っていても，それで実際に何ができるかは，各人の置かれている状況や各人の有する知識や能力によって大きく異なると考えられる。たとえば，同じように毎月20万円稼いでいたとしても，都会に住む若者と田舎に住む高齢者とでは，実際に何ができるかは大きく異なる可能性が高い，ということである。幸福に注目する論者は，同じように20万円の収入があっても人によって幸福度に違いがあることを強調したが，ケイパビリティの議論は，その人が実際に何ができるかという「可能性の範囲」に注目したことに特徴がある。注目すべき点は，ケイパビリティは幸福とは異なり客観的に把握・測定できるものでありながら，しかも GDP や所得にくらべて各人の実質的な状態をより正確に把握できることである。

　こうしたことから特に途上国に対する開発支援の分野で，ケイパビリティの概念を活用した政策評価指標の作成が進んでいる。その１つが HDI（人間開発指数）であり，GDP だけでなく，平均余命や教育水準，女性の社会参加率，貧困度などを総合的に評価する指標となっている。同様に，日本を含む OECD 諸国でも，「幸福の客観的評価」とか「クオリティ・オブ・ライフ」という表現で，いくつかの重要指標を設定し，その状況を数字で示す試みがなされている。たとえば，持ち家率や犯罪率，大気や水などの環境の質，失業率，住居の広さなどを指標化し，点数化したものが提案されている。また，日本でも，特に厚生労働省や文部科学省，また各種審議会において，ケイパビリティの考え方が認められつつある。

（W. S.）

えば，そもそも何をどうすれば尊厳を守ったことになるのかは，実は非常に難しい問題である。

　たとえば，人間らしい生活を保障するといっても，具体的にどこまですればよいかは，人によって大きく意見が異なるだろう。特に，大きな費用が必要になる場合は議論が分かれやすい。また，「本人の責任で困窮している場合には支援する必要はない，なぜなら，がんばって困窮状態に陥らないように努力し

た人のことを考えると不公平だから」と考える人もいるだろう。あるいはまた，ある人の表現の自由を保護した結果，別の人に対するヘイトスピーチやハラスメントが生じた，というようなこともありうるだろう。つまり，ある人の尊厳を守ろうとすると別の人の尊厳を傷つけてしまうこともありうるのである。もちろん，こうした難しい問題の多くは，裁判所によって解決されたり調整されたりするが，だからといって，のちに述べるように裁判ですべての問題が解決されるわけではない。

　以上のように，ひとことで個人の尊厳といってもその内容はかなりあいまいなうえ，その調整をどうするかという難しい問題が存在する。だが，このことは，公共政策をデザインする際に個人の尊厳について考慮する必要がないことを意味するものでは決してない。公共政策をデザインする際には，その政策が個人の尊厳の保護に寄与するか否か，まただれかの尊厳を傷つけるおそれはないか，よく考えてみる必要がある。

　なお，現在，残念なことに，権利や人権という言葉は，一種の特権や既得権のようなものとして理解されることが少なくない（もちろん実際にそのようなケースがあることを否定するわけではない）。だが本来，権利や人権は，一部の人のために存在する特殊な価値であるわけではなく，すべての人の尊厳を保護するための手段にすぎない。それゆえもし仮にある権利が実際には個人の尊厳の保護に役立っていないのであればその権利は廃止されるべきだし，逆に，既存の権利では尊厳を守れないのであれば，守れるように権利を拡大したり，新たな権利を創設したりする必要がある（LGBTの権利やハラスメントの禁止を想起されたい）。

　くわえて，個人の尊厳を保護するための支援やサービスは，「慈悲に基づく恩恵」（気の毒なので助けてあげるというような）ではないこともあらためて強調しておきたい。たとえば，福祉サービスの提供は一種の慈善活動のようなものとして捉えられることがある。だが，たしかに歴史的にはそのような背景が存在するものの，現在，公共政策として実施されているさまざまな福祉サービスはそのような発想に基づくものではない。警察が犯罪を防ぐのを慈善活動とは呼ばないように，貧困な人に支援をおこなうのも慈善活動ではなく，あくまで個人の尊厳を保護するためのものである。

第Ⅲ部　政策をどうデザインするか

公共の利益

以上のように，公共政策が考慮すべき価値として個人の尊厳が存在すること
に疑いはない。だが，公共政策はこのように一人一人に着目するという面だけ
でなく，社会全体として好ましい状態を実現するという面も有している。すな
わち，「公共の利益」（public interest）とか「公共の福祉」（public welfare），あ
るいは「公共善」や「共通善」（common good），「富」（wealth）と呼ばれる価
値も存在すると考えられる。もちろんこのような「全体としての好ましさ」も，
つまるところ「個人の尊厳」に根ざしていると考えることもできる。つまり一
人一人が大事であるからこそ，それを足し合わせた全体も大事である，という
ように理解することができる。ただし，実際には，こうした「全体としての好
ましさ」が主張される際には，多くの場合，単に個々人の尊厳を保護するとい
う以上の意味を持っている。

たとえば，公共政策によって経済成長を促進し，それによって社会を豊かに
すべきであると主張される際，そこで重要とされている「社会の豊かさ」とい
う価値は，必ずしも個人の尊厳に直接結びつくものとして捉えられているわけ
ではない。もちろん結びつけて捉えることも可能であり，たとえば社会全体が
豊かであることによって人々の尊厳を保護することができると考えることもで
きるが，そうした個人の尊厳とは別に「豊かさ」という独自の価値があると考
えることもできないわけではない。

そこで，こうした「全体としての好ましさ」を，本章では「公共の利益」と
呼ぶことにしたい。「利益」という言葉は金銭や経済的価値を連想させやすい
が，ここでいう「公共の利益」は特にそうしたものに限定されるわけではない。
のちに述べるように，たとえば「社会全体の幸福」のようなものを考えても構
わない。いずれにせよポイントは，公共政策をデザインする際には，個人の尊
厳とは別に，社会全体としての好ましさに対しても注意を払う必要がありそう
だ，ということである。

「公共の利益」の経済的理解

では，「公共の利益」を実現すべきであるとして，その内容は具体的にどの
ようなものだろうか。おそらく多くの人が最初に思いつくのは，経済成長や

GDP，国民所得といったものだろう。実際，経済成長によって GDP や国民所得が増大し，その結果すべての国民が豊かになることこそがすなわち「公共の利益」であると考える人は少なくないものと思われる。あるいは，貿易黒字を増やして国内にお金を溜め込むことが「公共の利益」であるとか，より効率的に多くのモノを生産することこそが「公共の利益」であるとする見方もありえよう。

　これらの考え方の異同についてはここでは論じないが，こうした考え方の背景にあるのは，公共の利益を構成する要素は，つまるところモノやサービスあるいは，モノやサービスを購入するための金銭である，という発想である。また，多くの場合，暗黙のうちに，これらのものを増やすことができれば人々はより幸せになれる，と想定されている。たくさんのモノやサービスが存在すれば，選択肢が増え，自分の好みにあったモノやサービスを手に入れるチャンスが増えるうえ，提供されるモノやサービスの質も向上するだろう。また，選択肢が増えれば，それだけ「できること」が増え，より多くの自由が手に入れられそうである。したがって政府は個々人の尊厳を大切にするだけでなく，「公共の利益」として経済成長を追求すべき，というわけである。

「公共の利益」としての幸福

　以上の議論は当然のことのように思われるかもしれないが，実は必ずしもすべての論者がこのような考え方に賛成しているわけではない。実際にはたとえば，たくさんのモノやサービスが購入できるようになっても，多くの人は幸せを感じないかもしれない。あるいは，多少所得が増えたところで，あまりにも仕事が忙しければ，日々の生活はあまり幸せではないかもしれない。逆にたとえば，多くの人が仕事の量を減らして自宅で家族とゆっくり過ごすようになれば，その結果 GDP は減少したとしても，より幸せに過ごせる人が増えるかもしれない。

　このような観点から，「公共の利益」として追求すべき価値は，モノやサービス，あるいは金銭のような「間接的なもの」ではなく，人々の幸福そのものである，と考える人もいる。金銭にしろ，モノやサービスにしろ，つまるところ，幸福になるための手段にすぎず，だとすれば，はじめから人々の幸福の増

295

第Ⅲ部　政策をどうデザインするか

大をめざせばよいのではないか，というわけである。

とはいうものの，では，どうすれば社会全体の幸福を増やすことができるのだろうか。また，「幸福を増やす」といっても，そもそも社会全体の幸福の度合いを測ることなどできるのだろうか。金銭やモノやサービスの量は数字で客観的に示すことができるが，幸福のようなあいまいな，しかも人によって異なるものを数字で測ることなどできるのだろうか。もし仮に数字で測れないとすれば，公共政策が追求すべき価値としてはあまり適切とはいえないのではないだろうか。

これに対して，近年，経済学や心理学において人々の幸福度に関する研究が急速に進んでおり，それに応じて，公共政策が追求すべき1つの重要な価値として幸福が注目されている。

幸福をめぐる諸研究

まず，経済学や心理学における幸福に関する研究は，あくまで主観的な幸福度（どの程度本人が幸福と感じているか）を測定するものであって，そもそも人間にとって幸福とは何かという哲学的・道徳的問いに関する研究のことではない。幸福とは何かという難しい議論は避けて，人々が実際にどの程度幸福と感じているかを把握し，どのような要因によってその度合が増減するかを探求するものである（小塩 2014）。調査方法はさまざまだが，多くの場合本人に自分がどの程度幸福であるかについて10点満点（あるいは5点満点）で点数をつけてもらう，といったシンプルなものである。

容易に予想されるように，人々の幸福度に影響を与える要因の多くは私的なもの（収入，雇用，家族や友人との関係，健康状態，信仰など）だが，中には公共政策にかかわるものもある。たとえば，地方分権が進んでいる地域に住んでいる人のほうが，そうでない地域に住んでいる人よりも幸福度が高い（Frey 1998），とか，経済格差の大きな地域に住んでいる人ほど幸福度が低い（貧しい人だけでなく豊かな人も含めて）といったことが知られている。また一定程度以上経済が発展しても幸福度は増えないこともよく知られている（個々人の所得についても同様の指摘がある）。

こうした背景もあって，近年，公共政策が追求すべき価値として，お金やモ

第 **12** 章　価　値

―― *Column* ㉕　デザイナーベイビー ――

　近年，遺伝子操作の技術が飛躍的に向上し，クリスパーと呼ばれる技術を用いれば，細胞のゲノムをピンポイントで自由自在に編集することができるようになっている。かつての遺伝子操作技術にくらべて，安価かつスピーディで，しかも正確な改変が可能になったのである。こうした技術の進展にともなって，受精卵に手を加えることによって「好ましい子ども」，すなわち「デザイナーベイビー」をつくりだすことができるといわれている。実際，動植物ではすでにおこなわれており，たとえば肉量の多い魚や牛などがつくられている。

　実は，こうしたことがいわれるようになった背景には，遺伝子の影響が想像以上に大きいことがわかってきたことがある。たとえば，いわゆる遺伝病だけでなく，生活習慣病といわれてきたさまざまな病気，また精神疾患や知的能力・運動能力，さらには性格や好みといったものにも相当程度の遺伝子の影響があると指摘されている（もちろん完全に決定されるわけではないが）。そこで，受精卵のゲノムを編集することで，病気にかかる可能性を減らし，かつ，さまざまな点で能力が高く，しかも前向きな明るい子どもをつくれるのであれば，そうしたいという声が出てきたのである。しかし，技術的に可能だからといって，ほんとうにこのようなことをしてよいものだろうか。

　人間の受精卵に対する操作は，現在，多くの国で当面禁止することになっているが，そもそもこうしたことを政府が規制すべきなのか，また規制すべきとしたらそれはどのような根拠に基づくのか，がいままさに問題となっている。特に，本章で述べた 3 つの価値の観点からは，どのようなことがいえるだろうか。ある論者は，うまれてくる本人の同意をえていない以上，たとえ病気を防ぐ目的であっても権利侵害であって，許されないと論じている。また別の論者は，こうした技術は，人間の根源的な「被贈与性」（与えられたものとしての生）を傷つけるものであるから認められない，と主張している（マイケル・サンデル（林芳紀ほか訳）『完全な人間を目指さなくてもよい理由』ナカニシヤ出版，2010年）。もちろん中には，こうした技術は，本人のみならず社会全体に大きな便益をもたらすうえ，だれも傷つけないのだから許されるべきであると主張する者もある。今後，科学技術の進展にともない，こうした倫理的問題が増えてくることが予想される。　　　　　　　　　　　　　　　　　（W. S.）

ノではなく幸福が注目されている。たとえば，ブータンが2005年から GDP で
はなく GNH（国民総幸福：gloss national happiness）を国家目標としていること
はよく知られているとおりだが（日本 GNH 学会 2013），欧米や日本でも2010年
ごろから注目されはじめ，公共政策への応用が真剣に議論されている。ここで
詳しく紹介することはできないが，これ以降，フランスやイギリス，カナダや
イタリア，また日本などでも，経済発展にかわる政策目標として幸福を掲げる
ことが検討されてきた。

　ただし，こうした議論がなされる一方で，そうした主観的なものを公共政策
によって追求してよいのか，という疑問の声もないわけではない。たとえば，
結婚して子どもを持つ人のほうが（平均的には）幸福度が高いことが知られて
いるが，だからといって社会全体の幸福度を高めるために結婚と出産を奨励す
る，というのはあまりにも「おせっかい」に過ぎるように思われよう。むしろ
公共政策が追求すべきは，金銭やモノやサービスといった客観的条件や手段に
とどめておくべきであり，そうした条件や手段をどう使うかは各人に任すべき，
という議論もありうる。

本質的価値

　以上，「個人の尊厳」と「公共の利益」という2つの価値についてごく簡単
に紹介した。よく知られているとおり，これらの価値はしばしば相互に衝突す
るため，どのように両者を調整するかが大きな問題とされてきた。こうした価
値の衝突の問題はのちに扱うが，その前にこれら2つの価値には還元しがたい，
もう1つの公共的な価値について説明しておきたい。それは「本質的価値」あ
るいは「内在的価値」と呼べるものだが，具体的には，文化や芸術あるいは自
然といったもの，あるいは人間としての成長や発展にかかわるもの，あるいは
コミュニティそのもの，である。

　たとえば，一部の人々は，国宝などの文化財を保護する理由は，そのモノ自
体に文化的価値が内在するからであって，それが観光客を呼び込んだり経済発
展をもたらしたりするからではないと考えている。同様に，オリンピックや国
体などのスポーツ大会における表彰も，人間としての能力の限界に挑み，人類
にとって未知の領域に踏みこんでいることを讃えるためのものであり，単にテ

レビの視聴率に貢献しているからではない，と考える人も多いだろう。そして，一部の論者は，こうした学問や文化，芸術，スポーツなどの価値は，うえでみたような公共の利益や個人の尊厳に還元することは難しいと主張する。結果的に公共の利益の実現や個人の尊厳の保護につながることがあるとしても，それはあくまで結果論に過ぎないというわけである。

　同様に，人の生き方に関しても，ある特定の生き方や活動に内在的な，重要な価値が存在するとする考え方もある。たとえば，ハンナ・アレント（H. Arendt）は，古代ギリシアの民主政治を念頭に置きながら，政治に参加することそれ自体に大きな価値があり，共同体の運命をめぐって公的な世界にかかわり，他者と議論を続けることは，人間としてすぐれた活動であることを強調した（アレント 1994）。あるいは，一部のエコロジストたちは，ネイティブアメリカンなどの「言い伝え」を参照しつつ，人間も自然の一部である以上，自然に逆らわず大地とともに生きるべきと主張してきた。あるいはかつて，一部のマルクス主義者たちは，疎外も搾取も存在しない愛情に満ちた調和的な共同体のもとで生きることこそが人間としてめざされるべき理想の生き方であると主張した。さらにうえにみたような，芸術や文化，スポーツといった活動も，人間らしい生き方を実現するうえで重要な要素と考えられていることが多い。

　以上のような諸価値，すなわち文化や芸術，スポーツ，あるいは「人間らしい立派な生き方」といったものは，どちらかというと私的な価値（個人的な趣味）に近く，公共政策によって実現すべき公共的な価値とはいえない，とする議論もある。実のところ，スポーツにはまったく関心のない人も少なくないだろうし，先に述べたように，本は読まないので図書館は必要ない，と考える人もいるだろう。またもちろん，どのような生き方がすぐれた生き方であるかは，人それぞれであって，公共政策とは関係ないと感じる人も多いに違いない。

本質的価値の政策展開

　こうした疑問はいちいちもっともだが，その一方で実際に実施されているさまざまな政策をみてみると，以上のような価値の実現を目的としていると考えられるものが少なくない。たとえば，図書館をはじめとして，美術館，博物館，コンサートホール，歴史資料館など，さまざまな芸術・文化施設が税金によっ

第Ⅲ部　政策をどうデザインするか

て建設・運営されているし，スポーツ振興のためのイベントや施設（スタジアムやアリーナ，武道場など）も同様に数多く存在する。また，日本の政府はこれまで有形・無形文化財の保護，人間国宝の指定，日本芸術院・日本学士院の設置，国定公園の指定，国民体育大会，各種のスポーツ表彰制度（国民栄誉賞など）など，さまざまな政策によって，文化や芸術，スポーツ活動を振興してきた。くわえて，たとえば農業の保護や，衰退する地方の活性化が叫ばれる際には，それによって貴重な日本文化を保護・維持する，という理由づけがなされることも多い。たとえば，美しい棚田の風景を守らなければいけない，とか，村で数百年続いている祭りを維持しなければならない，というのである。

　また，「人間らしい立派な生き方」についても，たとえば「Xのような行為，あるいは状況は人間らしさを損なう」という言い方で，間接的にそうした価値が前提にされていることがある。たとえば，「土日も休めず長時間働き，ろくに家族や友人と過ごす時間が取れないような状況は非人間的である」とか「大学は単に仕事につくための実用的な知識を身につけるところではなく，教養を身につけ，真理の探求という崇高な活動に携わるところでなければならない」といわれる際には，「家族や友人と過ごすこと」や「真理の探求」といった行為が人間らしい生活を営むうえで重要な要素であると想定されている（もちろんその前提として「人間らしい生活」に価値があると想定されている）。そして，こうした価値は，単に私的な価値（個人的な趣味や好み）ではなく，公共政策によって推進されるべき公共的な価値であると考えられているのである。実のところ，ワーク・ライフ・バランスを求める声や，大学教育の実用化に対する反発は，こうした価値観を前提にしていることが少なくない。

「本質的価値」を取り巻く議論

　とはいえ，当然のことながら，何が保護すべき文化や芸術なのか，また，どのような生き方や活動を価値あるものと考えるのかについては，議論がわかれやすい。たとえば，アニメやTVゲームといったサブカルチャーは，公共政策によって保護すべき「文化」と呼べるだろうか。あるいは政府は，能や狂言，文楽や歌舞伎のような，いわゆる伝統文化だけを保護の対象とすべきだろうか。

　また，生き方についても，どのような行為や活動を奨励するのか，あるいは

第**12**章 価 値

規制するのか議論がわかれるだろう。たとえば，麻薬の使用や売買春，賭博，重複婚などが禁止されているのは，人として好ましくない（人間らしさを損なう）と考えられているからだが，中には売買春も重複婚も本人同士の同意があれば構わない，とか，麻薬や賭博も周囲の人に危害をくわえなければ問題ない，と考える人もいるだろう。

3 諸価値の衝突と調整

諸価値の衝突

以上，公共政策によって実現すべき価値として「個人の尊厳」「公共の利益」「本質的価値」の3つを紹介し，それぞれについて簡単に説明した。むろん，これら3つの価値には当てはまらない公共的な価値もありうるし，この3つをさらに細かく分類することも可能だろう。また，公共政策はつねにこれら3つの価値を重視すべきである，というわけでもない。政策によっては，たとえば個人の尊厳についてのみ考慮すればよい，ということもありうる。それゆえ，政策をデザインする際には，それによってどのような価値を実現しようとしているかをよく考えるとともに，できるだけ多くの人が合意できる価値に基づいて目標を設定する必要がある（佐野 2010）。

とはいうものの，繰り返し指摘してきたとおり，公共政策によって実現すべき価値について，つねにすべての関係者から合意がえられるわけではない。それどころか，価値をめぐって激しい対立が生じるのが一般的とすらいえるかもしれない。そこで最後に，ある価値を実現しようとすると別の価値を損なってしまう場合，あるいは，ある人はAという価値の実現を優先するが別の人はBという価値を優先し，しかもこれら2つの価値を同時に実現できないような場合，どのようにしてこうした衝突・対立を「解決」すべきか考えたい。

先に触れたとおり，このような対立が生じた場合，多くの人が最初に思い浮かべるのが裁判による決着だろう。実際，公共の利益と権利の対立，あるいは権利と権利の対立といった，価値にまつわる紛争は裁判によって解決すればよい，と考える人は少なくないものと思われる。事実，多くの社会問題が裁判によって解決されてきたし，いまなお，画期的な判決がくだされることによって

301

第Ⅲ部　政策をどうデザインするか

一気に政府政策が変化することはめずらしくない。

　また，多くの人は，裁判所の判断を信頼していると同時に，裁判所の側も一般の人々の価値観の変化にかなり敏感である。このような意味において，価値をめぐる紛争や衝突が生じた際に，裁判によって決着がつけられることには小さくない意義がある。ただし，とはいうものの注意すべき点もある。第1に，すべての価値の衝突が裁判によって解決されるわけではないこと，第2に，裁判はあくまで既存のルールにもとづいて判断をおこなっているにすぎないこと，である。

司法的解決

　少しでも法律を学んだ経験のある人であれば知っているとおり，裁判所はあらゆる訴えを受け付けてくれるわけではない。訴えることができるのは，具体的な権利侵害を受けた場合だけであり，たとえば，自分の住んでいる町に図書館がないからといって裁判所に訴えたところで，「すべての町に図書館を設置しなければならない」という法律が存在しないかぎり勝てる見込みは薄い。つまり実際には，法律上，権利侵害とまではいえないが社会的には問題があるというケースが数多く存在するにもかかわらず，こうした問題は裁判によっては解決できないのである。いいかえれば，ある訴えが裁判で棄却されたからといってその要求が不当であるということにもならない。したがって，裁判とは別の場で，あくまで公共政策のデザインという観点から，価値の衝突の問題を解決することを考える必要がある。

組織的解決

　それでは，裁判以外に，どのような方策が考えられるだろうか。たとえば，制度的にあらかじめ複数の価値が衝突しないようにしておく，ということも考えられる。たとえば，文化や芸術の振興について決定する組織と，経済発展をめざす組織を別にしておき，それぞれ互いに口出ししないようにする，といった方法がある。実際問題として，政策デザインにおいて，うえに見たような数多くの公共的な価値をすべて同時に考慮することはかなり困難であり，それゆえ，このような方法にはそれなりの合理性がある。実際，組織的な分業はその

302

ような趣旨でおこなわれているとみることもできる。ただ当然のことながら，たとえば予算が豊富な場合にはこのような「棲み分け」はおこないやすいが，予算の制約が厳しくなるにつれて難しくなってしまう。よく知られているとおり，特に不況時には，文化や芸術の振興のための予算を削ってでも，経済成長政策を充実させるべきだ，という声が大きくなりやすい。また仮に予算に余裕があるとしても，最終的にはかぎられた資源を何にどれだけ振り分けるか考えなければならず，結局はどこかで価値の衝突の問題を「解決」する必要がある。そして，どのように調整するか決めておかなければ，結局は，その時々の力関係で調整が行われてしまう可能性が高い。

多数決による解決

そこで，価値の衝突のような「ややこしい問題」は多数決で決着をつければよい，とする考え方もありえよう。何を正しいとするかは結局人それぞれなのだから，さっさと多数決で決めてしまえばよい，というわけである。事実に関する問題とは異なり，そもそもどのような価値を重視すべきなのか，また，公共政策によって実現すべき価値とは何かという問題は，議論したところで決着はつかないのだから多数決で決めてしまえばよい，と考える人もいるかもしれない。

こうした考え方にはもちろん一理あるのだが，ただし，こうした主張をおこなう人は多くの場合，自分自身は少数派でないことを（暗黙のうちに）想定している。たしかに自分がつねに多数派の側にいられるのであれば，価値のようなややこしい問題について議論したいとは思わないだろう。しかしながら，民主主義のもとでは，実際にはだれであれつねに多数派の側にいられる保証はない。そして，少数派として，現状の政策のあり方に対して異議申立てをおこなおうとすれば，多くの人が認めるなんらかの価値を持ち出さざるをえないはずである。とりわけ少数派がみずからの主張をおこなう場合には，単に自分たちの私的な好みや利害に基づいて主張しているわけではなく，あくまで公共的な価値の実現を目的としていることを強調せざるをえない。にもかかわらず，「価値をめぐる問題は議論しても仕方がない」といって，十分な議論をしないまま多数決で物事を決めてしまうと，いつまでたっても少数派は無視され続け

第Ⅲ部　政策をどうデザインするか

ることになりかねない。公共政策とは，結局のところ「強い者のために存在するにすぎない」と考えるのでなければ，こうした事態はあまり好ましいとはいえないだろう。また，のちに触れるように，価値をめぐって，異なった価値観の持ち主同士のあいだで建設的な議論をおこなうことは決して不可能なわけではない。

　そこで最後に，複数の価値を調整する他の方法を紹介しておこう。

規範理論研究

　まず考えられるのは，規範理論研究を発展させることで，さまざまな価値を網羅した体系的な価値の順序づけをおこなうことである。このような体系的・整合的な理論が存在すれば，たしかに価値の衝突をめぐる問題は解決，ないし軽減されるだろう。だが，現実には，このような「大統一理論」が打ち立てられ，しかもすべての人がそれを受け入れることは，少なくとも当面は期待し難い。研究としてそのような方向をめざすのはもちろん意義あることではあるものの，実際の政策デザインですぐに使えるような，辞書的な諸価値の序列リストをつくることは，理想ではあるが当面は難しそうである（cf. 松元 2015）。

　そこで，もう少し「要求水準」をひきさげて，異なった価値の間で合意が成立する領域を探求する，という方法も考えられる。たとえば，ある政策によって教育水準をひきあげると，経済成長に寄与するだけでなく，いわゆる弱者に対するエンパワーメントにもつながり，しかも文化や芸術の振興にも貢献するとすれば，異なった価値を重視している人同士の間でも，その政策については合意が実現しそうである。

　異なった価値は互いに対立・衝突すると思われがちだが，実際には具体的な政策の是非については合意が成立する可能性がある。また，そうした合意可能な領域は一般に考えられているよりずっと広い可能性がある。実際，日常生活を振り返ってみれば，私たちはそれぞれに多様な価値観を有しているにもかかわらず，具体的な問題の解決については結構合意が成立しているように思われる。価値の衝突が起こってしまった場合にも，丁寧に合意可能性を探ってみることが必要だろう。

社会的妥協

とはいうものの，こうした試みもつねに成功するわけではない。どうしても折り合いのつかない価値の衝突が発生してしまうこともあるだろう。こういう場合にはやはり多数決で決着をつけるしかない，ということになりがちだが，さらに努力して，異なった価値を重視する人同士の間で妥協的な合意を追求することも考えられる。たとえば，ある人は，文化財に関して，観光への活用に消極的であり，それゆえ神社仏閣などの木造の建物内で水や火を使用することに反対しているが，それとは逆に，別のある人は，積極的に文化財を観光に活用して経済を活性化すべきであり，そのためには木造の建物内でも火や水を使えるようにすべき（それによってたとえば観光客にお茶をたてて振る舞うイベントが開催できるようになる）と考えている場合，両者の間に合意が成立することは難しそうである。だが，現実には，互いに妥協して，非常に限定的な条件と場所についてのみ火と水の使用を許可する，とか，火は禁止だが水は認める，ということで合意が成立する可能性もある。火や水の使用について，単純に賛成か反対かだけで多数決をとってしまうと，こうした「中途半端な結論」に到達することは難しく，完全に禁止になるか，あるいは「なんでもあり」ということになりやすい。だが，異なった価値観の持ち主の間でも，粘り強く合意を形成する努力をおこなえば，必ずしも論理的に「筋の通った」中身ではないとしても，それなりにバランスのとれたリーズナブルな結論に到達できる可能性がある（平井 1999）。

4 社会的な対話のために

妥協も含めた諸価値の調整を適切におこなうには，公共政策と価値の関係について日ごろから議論を深めておく必要がある。公共政策をめぐる議論は，多くの場合，適切な手段の選択にかかわる問題として捉えられ，そのためのエビデンスや統計分析の必要性が説かれるか，あるいは現場での関係者同士の合意形成の話に還元されてしまいがちである。むろん，いずれも重要に違いないが，先に述べたとおり，そもそも公共政策は，なんらかの公共的な価値を実現するために存在するものである。

第Ⅲ部　政策をどうデザインするか

　私たちは，公共政策によってどのような価値を実現したいと考えているのか，また，そうした価値としてどのようなものがありうるのか，そして，それらの複数の価値の関係はどうなっているのか，また，それらの価値を実現する手段としてどのようなものがありうるのかを，さまざまな具体的な状況を念頭に置いて日ごろから議論しておくことで，政策と価値の関係について理解を深めることができる。また同時に，さまざまな価値観の持ち主同士の相互理解が進むことも期待できる。

　しばしば指摘されるように，公共政策の立案に際しては，「一石二鳥」どころか「一石三鳥」，「一石四鳥」がめざされることになりやすい。「この政策によって，こんないいことも，あんないいことも実現できる」ということだが，このような議論をしていると，本来の目的があいまいになりがちである。そしてあいまいなまま実施してしまうと，状況が変わってもいまさらその政策はやめられない，ということになりがちである。つねに，政策が実現しようとしている目的＝価値に立ち戻って考えることが必要であり，そのためにも価値に関する議論を意識的に続けていくことが必要である（佐野 2010）。

参考文献

小塩隆士（2014）『「幸せ」の決まり方——主観的厚生の経済学』日本経済新聞出版社。

佐野亘（2010）『公共政策規範』ミネルヴァ書房。

日本 GNH 学会編（2013）『ブータンの GNH に学ぶ（GNH 研究 1 ）』芙蓉書房出版。

平井亮輔（1999）「妥協としての法」井上達夫・松浦好治・嶋津格編『法の臨界 I 法的思考の再定位』東京大学出版会，187〜206頁。

松元雅和（2015）『応用政治哲学——方法論の探究』風行社。

Arendt, Hanna（1958）, *The Human Conditions*, University of Chicago Press.（志水速雄訳『人間の条件』筑摩書房，1994年。）

Frey, Bruno（1998）, *Not Just for the Money: An Economic Theory of Personal Motivation*, Edward Elgar.

（佐野　亘）

人名索引

あ 行

足立幸男　22, 68
アリソン，グレアム・T　144, 149, 153
アレント，ハンナ　299
イーストン，デヴィッド　117, 119
イェルン，ペニー　170
ウィルソン，ジェームズ・Q　129
ウィルダフスキー，アーロン　148, 165-167
ウェーバー，マックス　144
エルダー，チャールズ・D　118-120
大橋洋一　167
オズボーン，デイビッド　192
オルセン，ジョアン・P　140
オルソン，マンサー　129

か 行

キングダン，ジョン　85, 121-123, 130-131, 139
ゲーブラー，テッド　192
ケインズ，ジョン・メイナード　36
ケトル，ドナルド　62
ケネディ，ジョン・F　149, 153
コブ，ロジャー・W　118-120, 123

さ 行

サイモン，ハーバート　28, 146-147
サッチャー，マーガレット　37
サラモン，レスター・M　257
サンスティーン，キャス　245, 269
シャットシュナイダー，エルマー・エリック
　118
シュミット，カール　66
神野直彦　72
スミス，アダム　36
セイラー，リチャード　245
セン，アマルティア　292

た・な行

ダール，ロバート・A　47, 117

ダイ，トーマス　73, 77, 80, 157
ダウンズ，アンソニー　122
ダン，ウィリアム　221
チャーチル，ウィンストン　87
トゥールミン，スティーヴン　234
西尾勝　6, 25-26, 125
ヌスバウム，マーサ　292

は 行

バーダック，ユージン　221
ハイエク，フリードリヒ　37
バクラック，ピーター　118
橋本信之　142
バラッツ，モートン・S　118
ハンター，フロイド　117
フーコー，ミッシェル　53
フーバー，マルティン　110
藤田宙靖　168
フッド，クリストファー　250
フリードマン，ミルトン　37
フリーマン，ハワード　204-207
フルシチョフ，ニキータ　149
プレスマン，ジェフェリー　165-167
ヘクロ，ヒュー　130
ベック，ウルリヒ　12-13
ホーリィ，ジョセフ　174
ボウルズ，サミュエル　244
ホップ，ロバート　225
ボワイエ，ロベール　267

ま 行

マーチ，ジェームズ・G　140
松下圭一　6, 12, 22-25, 28, 67, 70, 86, 96, 108,
　110
真山達志　167, 197-199
マルクス，カール　36
丸山眞男　86, 266
ミュラー，ヤン=ヴェルナー　87
ミルズ，チャールズ・ライト　117

森田朗　127, 167-168

や・ら行

山川雄巳　22, 196
山谷清志　197
ラスウェル，ハロルド　22
リップマン，ウォルター　222
リプセイ，マーク　204-207
リプスキ，マイケル　169-170

リンドブロム，チャールズ・E　148, 150
レヴィ＝ストロース，クロード　273
ローズ，R. A. W.　171-172
ロールズ，ジョン　266
ロウィ，セオドア　118, 128
ロック，ジョン　25, 66
ロッシー，ピーター　204-207
ロドリック，ダニ　273
ワイス，キャロル　143, 174

事 項 索 引

あ　行

アイデア　7, 17, 132, 134-135, 219, 229, 256, 272
アウトカム　173-175, 181, 187, 190-191, 193,
　　196, 198-203, 205-206
　　——構造　173-174
　　——の断片化　190-191
　　——評価　205-206
アウトプット　67, 119, 174-175, 200-202
アカウンタビリティ（→説明責任）　171, 185
　　-186, 189, 206
悪構造（の問題）　126, 215-217, 222, 225, 228
　　-230
アジェンダ　11, 32, 74, 79, 82, 105, 115-124, 131,
　　139, 141, 143, 154-155, 224
新しい公共　23, 106
アドボカシー　100, 105
偉大な社会　167
イニシアティブ　76
インクリメンタリズム　144, 148-149, 155
インセンティブ　241-242, 244-245, 249-251
インフラ　10, 53, 59-61
ウエストミンスター・モデル　171
エビデンス　14, 16, 203, 268, 305
エリート　56, 58, 87, 110, 141, 232
　　——論　117-118
オークランド・プロジェクト　165-167, 199
オーラル・ヒストリー　278

か　行

階統型コントロール　171
概念レンズ　149, 153
外部主導モデル　118-119, 123, 141
外部要因　173-175, 190-191
格差　5, 8, 55, 155, 238, 278, 296
学際的（学際性）　21-22, 34, 38
革新自治体　8, 98
課題設定効果仮説　120
ガバナンス　33, 62, 171-172

貨幣経済　49, 55
完全合理性（→合理的決定のモデル）　27-29,
　　144-146, 149-150, 234
官房学　34-36
官僚（集団、機構、組織）　17, 41, 45-46, 48, 51
　　-52, 54, 56, 61, 79, 85-86, 122, 127-128, 132
　　-133, 145, 151-152, 157-159, 170, 224, 271
　　-272
　　——制　38, 47, 48, 51, 54, 66, 158, 169, 197
　　——内閣制　86
　　——優位（論）　127, 154
議院内閣制　156
企画立案（機能）　168, 175-176, 177
機関委任事務（制度）　7, 201
危険社会　12-14
疑似相関　230
規制　71, 108, 124, 129, 141, 199, 238, 239-245,
　　249-254, 256, 267, 291, 297, 301
　　——緩和（撤廃）　3, 15-16, 179, 253-254
　　——政策　128, 129
　　——（影響）評価　187, 194
客観性担保評価　194
キューバ危機（キューバミサイル危機）　2, 145,
　　149-153
教訓導出　264
強制競争入札制度　179
行政事業レビュー　30, 195
行政評価局調査　187, 194
業績測定　186, 188-191, 200
協働　23, 57, 81, 106-107, 170, 248
拒否権プレイヤー　59-160
近代化（論）　42-43, 49-50, 55, 58, 66-68, 70, 87,
　　92, 97, 233, 258, 277, 280
　　——Ⅰ型政策　70
　　——Ⅲ型政策　70, 92
　　——Ⅱ型政策　70
近代経済学　267, 280-281
近代主義　277
グローバル化　7, 60, 62-63, 65, 87, 264, 273

309

形成的評価 199-200
ケイパビリティ 292
啓蒙思想 35, 49, 193
経路依存性 273
ケインズ主義 37, 264
欠陥業績指標 191
決定アジェンダ 139, 141-142
原始スープ 131-132
限定合理性 28, 29, 144, 146-149, 151-152
公共 110
　——財 48-49, 96, 160, 201, 233, 252
　——事業 4-5, 44-45, 51, 54, 146, 165, 187,
　　192, 194, 199, 252, 255
　——性 50, 107, 128
　——の利益 128, 290, 292, 294-295, 298-299,
　　301
公的アジェンダ 118-119, 120, 122
行動経済学 244-245, 249
幸福 34, 217, 284, 292, 294-298
公平性 109, 288-291
公務員 6, 23, 63, 69, 81, 176-178, 248, 252
効率性評価（効率性の評価） 178, 206
合理的決定のモデル（→完全合理性） 140, 144
　-149, 186
合理的行為者モデル 149-153
合理的選択制度論 154
国際機構 70, 72-73
国民国家 49, 50, 63
55年体制 3
国会無能論 154
ゴミ缶モデル 140-141, 275
コミュニティ 11, 13, 22, 38, 44, 49, 62, 78, 109,
　117, 130-131, 133, 180, 238, 253, 257, 288,
　298
　——財団 103
　——メディア 78, 109
コモンズ 48, 49
コンテクスト 211, 213-214, 217, 233, 261-282

さ　行

サービス提供システム 171, 173-175, 187, 198
　-200, 202, 205, 207
再配分（政策） 103, 128, 129
裁量 35, 86, 169, 170, 251, 268-270

三位一体の改革 5, 7
参加型政策分析 60
産業革命 36, 49-50, 53
三割自治 6
資格任用制 158
事業仕分け 187, 192, 195
事後評価 194, 199-200
市場 2, 8, 49, 50, 55-56, 97, 124-125, 129, 146,
　163-164, 179, 233, 238, 252-258, 267
　——型コントロール 171-172
　——化テスト 179
　——セクター 95-96, 101, 104, 106
　——の失敗 36, 170, 233
システマティック・アプローチ 204-207
事前評価 194, 199
自治 19, 66-68, 70-71, 86-87, 91-110
　——・共和 97, 99, 101, 105, 106-108, 110
　——事務 7
　——体 5-10, 32-33, 61, 63, 67, 70-73, 75-81,
　　85-86, 125, 133-134, 159, 175, 178, 181,
　　187, 191-192, 194-195, 221, 227, 243, 251,
　　262-263, 269, 275
実施機能 168, 175-177, 179
実施構造 169, 170, 173
実施上の欠落 170
シビル・ミニマム 70
司法 13, 43, 51-52, 58, 75, 122, 159, 302
市民
　——革命 50
　——型政策（市民政策） 91, 96-97, 101, 103,
　　105
　——活動 74, 77, 79, 81, 93-107
　——自治 67, 91, 100, 109
　——社会 14, 38, 55, 79, 98-99, 163
　——社会セクター 81, 95-97, 100-102, 104
　　-107, 110
　——運動（住民運動） 57, 97-98
　——参加 60, 70-71, 79, 81, 110
　——陪審 60
社会
　——関係資本（ソーシャルキャピタル） 62,
　　101
　——的インパクト投資 101, 104
　——的企業 96, 101, 104, 107, 254

――的弱者（弱者） 48, 60, 304
――的妥協 305
充足モデル 145-149
重要業績評価指標（KPI） 193
証拠に基づくアプローチ 203
小選挙区 155-157
情報の非対称性 13, 155, 158
消滅可能性都市 9
審議会 35, 77, 79, 127, 128, 174, 227, 292
シンクタンク 11, 63, 74, 79, 131-132, 188, 271
人口減少社会 10
新自由主義 3, 37, 172
心理学 203, 218, 228, 232, 244-250, 280, 296
スキーマ 232
ストリートレベルの官僚制 169-170
成果重視 185-186, 192
請願 76-77, 80
政教分離 49, 277, 281
政権交代 3, 8, 85, 141-142, 155, 157, 201
政策
――移転 264
――型思考 28, 224
――起業家 131, 132, 142, 275
――形成能力 181
――決定論 139, 142, 147-148
――コミュニティ 131-132, 134, 141, 171
――実施 26, 28-30, 38, 74-75, 126, 134, 152, 163-182
――の失敗（失敗政策） 24, 166-167, 175, 196, 205-206
――仕分け 195
――ツール 124-125, 213, 222, 229
――デザイナー 214, 219, 221, 261-263, 271 -276, 281
――デザイン 28, 62, 165, 167-168, 173, 205 -206, 211, 213-214, 218-219, 221, 223
――ネットワーク 171
――の合理性 17, 21-29
――の循環性 21, 26, 32-34
――の体系性 21, 26, 29-32
――の窓 85, 123, 139-143, 155, 275
――評価法 194, 195
――分析 146, 186-189, 197-198, 200, 213, 218, 221

――立案 16, 33, 63, 74, 78, 80, 115-116, 124 -128, 131-132, 134, 139, 143, 154, 156-157, 167, 176
政治
――算術 52
――システム 117-120, 134, 144-145, 149, 154, 231
政党 3, 12, 16, 43, 54, 57, 63, 77, 82, 85, 98-99, 117, 119, 127, 133, 152, 155-157
――優位論 127
正当化（正当性） 44, 119, 233, 286, 288-289
正統化（正統性） 44, 66, 72, 75, 79-80, 82, 87, 95, 103, 109, 116, 134, 139, 144, 157
政府
――アジェンダ 116, 119, 125, 139
――間関係 167, 181
――セクター 94-96, 100, 104, 106
――内政治モデル 149, 152-153
セオリー評価 205-206
セクショナリズム（縄張り意識） 133, 166, 181
説明責任（→アカウンタビリティ） 185-186, 289
前決定過程 38, 115, 196
戦後民主主義 6
選択機会 140
専門家 13-14, 38, 41, 44-46, 51, 53, 56, 60-63, 79, 126, 131-132, 141, 151, 171, 213, 218, 223 -224, 226-228, 246, 271-272, 275, 286
総括的評価 199-200
相関関係 230
争点ネットワーク 130, 171
組織過程モデル 149, 151-153
尊厳 133, 290-295, 298-299, 301

た 行

第一次分権改革（2000年分権改革） 6-7, 71, 108
体系的アジェンダ 118-119, 122
多元化 61-62
多元主義 117-118, 127, 130, 152
多数決 80, 288-289, 303, 305
地方
――財政ショック 5
――消滅（論） 7, 9

311

──創生 8, 10, 193
──分権 6-8, 62, 71, 181, 201, 296
中央集権 6-7, 50-54, 56, 67, 70-71, 86, 97, 171
中期計画 178, 232
中期目標 178, 232
注目争点サイクル 122
超国家主義（ウルトラナショナリズム） 86
直接請求制度 76
テクノクラート 44-45, 56
手続の合理性 27, 36
鉄の三角形 130
デュヴェルジェの法則 155
統一性・総合性確保評価 194
東京一極集中 10
討論型世論調査 60, 82-83, 85
特定非営利活動法人（→ NPO） 99, 100
独法評価 178
独立行政法人 33, 168, 175, 177-181, 195
都市型社会 65, 67-71, 76, 86-88, 91-93, 95-97,
    99, 106, 109
トップダウン 123
──アプローチ 167-169, 170-171, 173, 180
    -181, 199

な 行

内容の合理性 27, 29, 37
ナショナル・ミニマム 60, 70
ナッジ 245
ニーズ 15, 22, 79, 105, 176, 205, 286
二元代表制 159
二大政党制 155, 157
ねじれ国会 157
ネットワーク型コントロール 171-172

は 行

発案者 120, 122
パブリック・コメント 77, 79, 134
ハラスメント 61, 293
非決定 118, 143
必要性の評価 205-206
評価階層の理論 204-207
評価研究 174, 188, 197-198
評価の重点化 189, 191
評価文化論 195

費用効果（分析） 199, 206
標準作業手続 151-152
平等 291
非理想理論 270
貧困 53, 55, 59, 107, 217, 238, 265, 284-285, 291
    -293
ファンドレイジング 103
不確実性 126, 134, 147-148, 152, 170, 215, 225,
    265, 268-269
不公平 5, 49, 284, 285, 289, 291, 293
不平等 56, 129
プラスティック・コントロール 132
フリーライダー 130
ブレイン・ストーミング 229
フレーミング 217-218
プログラム 26-27, 123, 125, 142, 146, 151-152,
    158, 165-166, 170, 173-175, 200-207
──構造 174
──評価 123, 186-189, 191, 193-195
プロセス評価 205-206
文化 61, 85-86, 91, 103, 143, 170, 180, 233, 251,
    258, 263, 273, 280, 284-285, 298-300, 302
    -305
分配政策 128
平成の大合併 5, 7
便益費用分析 146, 187, 199, 206, 255
法定受託事務 7
法の支配 46
補完性 7, 71
補助金 101, 103, 108, 124, 166, 238, 241-242,
    254, 269, 275
ボトムアップアプローチ 169-171, 173, 181
    -182, 199
ポピュリズム 87, 278
──政治 3, 16
ボランティア 97-100, 107, 253, 257
本質的価値 290, 298-301
本人─代理人モデル 154-155, 157

ま 行

マーケティング 63, 244, 246, 248
マスメディア 38, 55-56, 59, 74, 77-78, 109, 116
    -117, 120-121, 127, 142, 152, 157, 164
マドリング・スルー 148

事項索引

マニフェスト評価　192
真山モデル　197-199
マルクス（主義，主義者）　36, 277, 280, 299
見失われた環　207
民営化　3, 179
民主主義（民主政治）　1, 6, 13, 21-22, 24, 37-38,
　　43, 47, 65-68, 70, 75, 86-87, 110, 118, 134,
　　155-156, 186, 196, 273, 286, 289, 303
問題
　　——構造　225-226, 228-234
　　——の構造化　213, 222, 229, 231
　　——の定義　145, 149, 216, 218-219, 231-233,
　　　251
　　——の明確化　215, 229, 231, 233
　　——のモデリング　229, 231

や・ら行

厄介な問題　60, 216, 225
有効性
　　——検査　195
　　——（の）評価　178, 181, 205, 206
予測と調整　28, 29, 110
ランダム化比較試験　268
リーダーシップ　145, 157, 160, 166, 189
良構造（の問題）　215, 225, 228-229

レファレンダム　76
連立政権　156, 157, 195
労働組合　8, 55-56, 59, 129, 170, 271

欧　文

EBPM　16
EDA　165-166
GAO　187-188
GDP　53, 103, 292, 295, 298
GNH　298
GPRA（GPRAMA）　187, 189, 191, 192
in の知識　27, 134
KJ 法　229
NGO　62-63, 79, 100
NPM　8, 37, 172, 180, 189, 192
NPO（→特定非営利活動法人）　62-63, 79, 97
　　-104, 107, 180, 195, 238, 244, 253, 257-258,
　　271, 288-289
of の知識　27, 134
PDCA サイクル　193
PFI　179, 195
PPBS　37, 145-146, 187-188
SDGs　11-12
Society5.0　15

313

《著者紹介》

石橋章市朗（いしばし・しょういちろう）はしがき・第5・6・9章

1973年　生まれ。
2003年　関西大学大学院法学研究科博士後期課程単位取得退学。修士（法学）（関西大学）。
現　在　関西大学法学部教授。
主　著　『ポリティカル・サイエンス入門』（共編著）法律文化社，2020年。
　　　　「生活と政治の関係を認識することは政治への関心を高めるか──高校生の政治意識の分析」『関西大学法学論集』第63巻5号，2014年。
　　　　「国会議員による国会審議映像の利用──その規定要因についての分析」（共著）『レヴァイアサン』第56号，2015年。
　　　　『統治能力──ガバナンスの再設計』（イェヘッケル・ドロア著，共訳）ミネルヴァ書房，2012年。

佐野　亘（さの・わたる）はしがき・第2・10・11・12章

1971年　生まれ。
1998年　京都大学大学院人間・環境学研究科博士後期課程単位取得退学。
1999年　京都大学博士（人間・環境学）。
現　在　京都大学大学院人間・環境学研究科教授。
主　著　『公共政策規範』ミネルヴァ書房，2010年。
　　　　『政策と規範』（監修，共著）ミネルヴァ書房，2021年。
　　　　『公共政策学』（共著）ミネルヴァ書房，2003年。
　　　　『統治能力──ガバナンスの再設計』（イェヘッケル・ドロア著，共訳）ミネルヴァ書房，2012年。

土山希美枝（つちやま・きみえ）はしがき・第3・4章

1971年　生まれ。
2000年　法政大学大学院社会科学研究科政治学専攻博士後期課程修了。
　　　　博士（政治学）（法政大学）。
現　在　法政大学法学部教授。
主　著　『高度成長期「都市政策」の政治過程』日本評論社，2007年。
　　　　『質問力でつくる政策議会』公人の友社，2017年。
　　　　『質問力で高める議員力・議会力』中央文化社，2019年。

南島和久（なじま・かずひさ）はしがき・序章・第1・7・8章

1972年　生まれ。
2006年　法政大学大学院社会科学研究科政治学専攻博士後期課程修了。
　　　　博士（政治学）（法政大学）。
現　在　龍谷大学政策学部教授。
主　著　『政策評価の行政学』晃洋書房，2020年。
　　　　『政策と行政』（共著）ミネルヴァ書房，2021年。
　　　　『JAXAの研究開発と評価』（編著）晃洋書房，2020年。
　　　　『ホーンブック　基礎行政学（第3版）』（共著）北樹出版，2015年。

公共政策学

2018年6月30日　初版第1刷発行		〈検印省略〉
2024年3月10日　初版第5刷発行		

定価はカバーに
表示しています

	石　橋　章市朗
	佐　野　　　亘
著　　者	土　山　希美枝
	南　島　和　久
発 行 者	杉　田　啓　三
印 刷 者	江　戸　孝　典

発行所　株式会社　ミネルヴァ書房

607-8494 京都市山科区日ノ岡堤谷町1
電話代表 075-581-5191
振替口座 01020-0-8076

ⓒ 石橋・佐野・土山・南島, 2018　共同印刷工業・吉田三誠堂製本

ISBN978-4-623-08356-5

Printed in Japan

足立幸男・鵜飼康東 監修

BASIC公共政策学

全15巻

（Ａ５判　上製カバー　各巻平均250頁）

＊第 1 巻	公共政策学とは何か	足立幸男 著
＊第 2 巻	公共政策規範	佐野　亘 著
第 3 巻	政策的思考	那須耕介 著
第 4 巻	政策の原理と類型	宇佐美誠 著
＊第 5 巻	政策過程	森脇俊雅 著
＊第 6 巻	政策実施	大橋洋一 編著
＊第 7 巻	行政マネジメント	大住莊四郎 著
＊第 8 巻	公共ガバナンス	大山耕輔 著
＊第 9 巻	政策評価	山谷清志 著
＊第10巻	政策形成	小池洋次 編著
＊第11巻	費用対効果	長峯純一 著
第12巻	政策情報の解析	鵜飼康東 著
＊第13巻	政策研究のためのシミュレーション基礎	細野助博 編著
＊第14巻	政策研究のための統計分析	浅野耕太 著
＊第15巻	政策研究のためのゲームの理論	竹内俊隆 著

────── ミネルヴァ書房 ──────

https://www.minervashobo.co.jp/

（＊は既刊）